RÜDIGER MAAS

Generation arbeitsunfähig

GOLDMANN

Rüdiger Maas

Generation arbeitsunfähig

Wie uns die Jungen zwingen, Arbeit und Gesellschaft jetzt neu zu denken

GOLDMANN

Alle Ratschläge in diesem Buch wurden vom Autor und vom Verlag sorgfältig erwogen und geprüft. Eine Garantie kann dennoch nicht übernommen werden. Eine Haftung des Autors beziehungsweise des Verlags und seiner Beauftragten für Personen-, Sach- und Vermögensschäden ist daher ausgeschlossen.

MIX
Papier | Fördert gute Waldnutzung
FSC® C014496

Penguin Random House Verlagsgruppe FSC® N001967

3. Auflage
Originalausgabe April 2024

Umschlag: Uno Werbeagentur, München
Umschlagmotiv: © FinePic®, München
Redaktion: René Stein
Satz: Satzwerk Huber, Germering
Druck und Bindung: GGP Media GmbH, Pößneck
Printed in Germany
EB · CF
ISBN 978-3-442-31739-4

www.goldmann-verlag.de

»Lieber Arbeitgeber,
ich bin nicht hier, weil ich muss,
sondern weil ich mich für dich entschieden habe!«
Deine neue Generation-Z-Nachwuchskraft

»Also bitte schön, wo war dein Dank?«
Deine ehemalige Generation-Z-Nachwuchskraft

Inhalt

Vorwort

Die Situation für Arbeitnehmer und Arbeitnehmerinnen in Deutschland könnte nicht besser sein: Auf 100 Jobinteressenten kamen in Westdeutschland im Jahr 2022 109,3 und in Ostdeutschland 106,8 Jobangebote. Eine deutliche Verbesserung zu 2019, als 100 Nachfragern 96,7 Angebote in Westdeutschland und 94,7 Angebote in Ostdeutschland gegenüberstanden.[1] Abgesehen davon, dass nicht jeder Mensch jede Tätigkeit übernehmen kann und will, hätte 2022 zumindest theoretisch jeder Jobsuchende fündig werden können. Also, alles im grünen Bereich auf dem Arbeitsmarkt?

Ideale Startbedingungen für unsere Nachwuchskräfte, würde man meinen, doch irgendwie sieht es anders aus, als man aus den Daten herleiten würde. Die Fehltage der unter 30-Jährigen vor allem wegen psychischer Belastungen sind aktuell so hoch wie noch nie[2]. Jeder dritte Studierende der Bachelorabsolventenkohorte hat das Studium abgebrochen. Ähnlich sieht es bei den Ausbildungen aus: Fast ein Drittel bricht ab. 64 Prozent der Abbrecher finden einen anderen Ausbildungsplatz, ein Fünftel wechselt in einen anderen Betrieb, und 14 Prozent machen etwas ganz anderes oder schreiben sich für ein Studium ein.[3] Fragt man die ehemaligen Azubis nach den Gründen, nennen sie am häufigsten Konflikte mit Ausbildern und Vorgesetzten, eine schlechte Ausbildungsqualität, ungünstige Arbeitsbedingungen sowie falsche Berufsvorstellungen. Fragt man hingegen die Arbeitgeber, woran es hapert, beklagen die Betriebe mangelnde Motivation der Nachwuchskräfte, geringe Integration in das Betriebsgeschehen sowie falsche Berufsvorstellungen.[4] Ein Drittel der Abbrecher ergreift in der Probezeit die Flucht, ein weiteres Drittel im ersten Ausbildungsjahr, und etwa 10 Prozent schmeißen maximal 25 Monate nach Beginn der Ausbildung das Handtuch.[5]

Wohin wird uns das führen? Und wieso spricht man nicht direkt mit den Beteiligten, sondern nur – vor allem medial – *über* sie?

Krudeste Theorien zirkulieren als Folge durch die Medien, um die vermeintlich unerklärbare Generation Z (geb. 1996–2010) beziehungsweise unsere heutigen Nachwuchskräfte zu erklären. Sie suchen nach dem Sinn in der Arbeit, so die einhellige Meinung, und kündigen sofort, wenn er ausbleibt (und das natürlich bei gleichzeitiger Work-Life-Separation, so die Erklärungen vieler vermeintlicher Experten). Und tatsächlich findet man im Gesamtvergleich die wenigsten Überstunden bei den unter 25-Jährigen. Nun stehen wir doch vor einem Dilemma, denn erstens, ist es tatsächlich so verwerflich, keine Überstunden zu machen? Zweitens scheint der scheinbare Sinn in der Arbeit pünktlich mit dem Feierabend zu enden. Auch suggeriert dieser Ansatz, dass alle älteren Arbeitnehmer davor sinnbefreiter waren in ihrer Berufswahl, aber dennoch Überstunden machen. Wieso hinterfragen wir plötzlich solche pauschalen und unbegründeten Expertenaussagen so wenig?

All die Dinge, die man zurzeit über die Generation Z so liest und hört, lassen einen eigentlich nur den Kopf schütteln, und zwar über uns Ältere.

Vor Kurzem war ich auf einem Event eingeladen, bei dem ich wieder so ein widersprüchliches Verhalten erleben durfte. Eine junge Dame, die sich selbst als Gen-Z-Fluencer bezeichnete, betrat selbstsicher die Bühne. Die Scheinwerfer auf sie gerichtet, hat die 23-Jährige Lehramtsstudentin 30 Minuten Zeit, das Publikum von sich zu überzeugen. Sie spricht über ihr Leben, ihre Erfahrungen mit älteren Menschen, die ihr, als Stellvertreterin der Generation Z, das Leben schwer machen. Zu groß wären die Vergehen der Boomer gewesen, als dass es die junge Generation heute einfach haben könnte. Gipfelnd in einem Poetry-Slam über Rücksichtslosigkeit im generationellen Zerwürfnis, schließlich habe jeder Mensch eine Chance verdient, geht die Lehramtsstudentin ab. Der vollbesetzte Stadtsaal mit hauptsächlich älteren Zuschauern honoriert ihren Auftritt mit tosendem Applaus.

Selbstsicher steht auch der nächste Vortragende auf der Bühne. Er berichtet über die Merkmale seiner Alterskohorte – der Generation Z. Die zwischen 1996 und 2010 Geborenen müssten ihren Fokus mehr auf Freizeit richten, schließlich sei die Arbeitswelt von Boomern dominiert, die mit ihren eingefahrenen Strukturen jegliche jugendliche Kreativität im Keim ersticken. Nur in der Freizeit können sich die Gen Z'ler ausleben. »Wenn du an dich glaubst, kannst du es aber trotzdem schaffen, dann stehen dir alle Türen offen, du musst nur das Gespür für den richtigen Zeitpunkt haben«, so der 22-jährige Firmenerbe, Studienanfänger der Betriebswissenschaften. Anders als die Boomer müsse man seine Eitelkeiten ablegen, um erfolgreich zu sein: »Work hard, play hard«, ruft er ins Mikro und verlässt unter ebenfalls frenetischem Beifall die Bühne.

Was halten Sie vom Auftritt der 23-jährigen Lehramtsstudentin beziehungsweise Gen Z-Fluencerin, wenn Sie 30 Minuten hören durften, dass sie Gymnasiallehramt studiert und sich vor allem den Chancen von Menschen ohne Schulabschluss verschrieben hat, die in den zwei Dritteln ihrer Sprechzeit nur ihre Sicht auf die Dinge wiedergab und diese Sicht noch ihrer ganzen Generation überstülpte, um dann in einer Art Poetry-Slam für mehr Rücksicht zu plädieren? Und wie gefällt Ihnen der Vortrag des 22-jährigen Studienanfängers, der als Firmenerbe in spe und wohnhaft bei seinen Eltern ganz uneitel zu *work hard, play hard* aufruft?

Beim Netzwerken und gegenseitigen Kennenlernen im Anschluss der Veranstaltung über »Generationenkonflikte«, bei der ausschließlich Angehörige der Generation Z als Bühnenredner auftraten, mischte ich mich unter das Publikum. Ich wollte wissen, warum die wesentlich älteren Zuhörer, wohl um die Vita der Vortragenden wissend, überdurchschnittlich viel Applaus gespendet hatten. Ob sie ähnliche Widersprüche bei den Vorträgen wahrgenommen hatten oder ob ich in diesem Fall eine zu kritische Sichtweise an den Tag legte? Wieso, trotz allem, der tosende Applaus?

Den gab es, laut der Befragten, nicht für die Originalität der Darstellung, innovative Gedanken oder eine gelungene Bühnenperformance, sondern ausschließlich, weil es junge Leute sind. Das sozial erwünschte Klatschen in allen Ehren, niemand sollte auf der Bühne ausgebuht, gar bloßgestellt werden. Doch wieso spendete das Publikum frenetischen Beifall und stellte keinerlei kritische Fragen an die Referenten, wenn sie die Auftritte mir gegenüber als »belanglos«, »unterirdisch«, »schlecht« oder »einseitig« beschrieben? Wenn es sie störte, dass mittelmäßig gute Gedichte vorgetragen, viel über sich selbst und inhaltslos gesprochen wurde? Wenn sie es widersprüchlich wahrnahmen, dass ein 22-jähriger Unternehmenserbe zu hartem Arbeiten aufruft und eine privilegierte 23-jährige Lehramtsstudentin einseitig Chancengleichheit predigt?

Das Problem ist nicht der Vortrag, sondern das Publikum. Keiner der älteren Zuhörer war bereit, den jungen Akteuren auf der Bühne den Spiegel vorzuhalten. Auch beim Netzwerken im Anschluss ernteten die Referenten den unehrlichen Zuspruch, eine Schar von Zuhörern scharwenzelte um die Vortragenden, um sich für die couragierten Präsentationen zu bedanken – auch die, die mir gegenüber höchstwahrscheinlich ehrlich ihre Meinung bekundet hatten. Am Ende muss man konstatieren: Wirklich ehrlich waren nur die jungen Referenten gewesen, die ihre Perspektive auf die Generationenkonflikte preisgaben, unabsichtlich unreflektiert, da keiner aus dem Publikum den Mumm hatte, ehrliches Feedback abzugeben oder bei den aufgetretenen Unklarheiten und Widersprüchen zumindest mal nachzufragen. Als die jungen Referenten ihren Vortrag zusammengestellt und eingeübt hatten, gaben etwaige Zuhörer einer etwaigen Generalprobe oder die Veranstalter vermutlich auch keine ehrliche Rückmeldung. Anders kann ich mir eine solch desolate Vorstellung nicht erklären. Wer hätte sich noch vor zehn Jahren getraut, das auf der Bühne abzuliefern, geschweige denn in jungen Lebensjahren? Bedauernswert, in was die Alten die Jungen da reingeritten haben.

Gut gedacht, schlecht gemacht, sagt man beim Fußball, wenn die Absicht zu einem guten Pass erkenntlich ist, der Pass aber nicht ankommt. Im Streben danach, die junge Generation zu »empowern«, räumen ältere Menschen Schwierigkeiten aus dem Weg und betätigen sich bereitwillig hier und da als Steigbügelhalter. Sie überbehüten. Die Jungen wiederum haben kaum die Möglichkeit, sich in Auseinandersetzung mit Kritik weiterzuentwickeln, die Herausbildung ihrer Fähigkeiten wird vernachlässigt.

Die junge Generation fällt sozusagen der überbehütenden Vernachlässigung der älteren Generationen zum Opfer.

Wie wird das aussehen, wenn die junge Generation eigene Entscheidungen fällen oder auf eigenen Beinen stehen muss, ihr keine helfende Hand gereicht wird und der tosende Applaus ausbleibt?

Genau das scheint einer Influencerin passiert zu sein, deren Video ich in kürzester Zeit aus sämtlichen Kanälen zugespielt bekam. Eine junge Frau, die unter Tränen in die Kamera schluchzt, wie extrem ungerecht die Arbeitswelt ist. Ihr wurden 38.000 Euro Jahresgehalt angeboten, 30 Urlaubstage, wofür sie bitte schön von Montag bis Freitag acht Stunden arbeiten solle. Sie gab einen Einblick in ihre Gefühlswelt: Sie sei nah an einem Nervenzusammenbruch, obwohl sie nichts anderes als nahezu den Alltag eines jeden Arbeitnehmers beschrieben hatte. Ich bekam das Video von vielen Bekannten der etwas älteren Arbeitgeber- und -nehmer-Generation mit dem Hinweis zugesandt, was los sei mit der Generation Z?

Doch was ist wirklich passiert? Vor allem: Was ist mit uns älteren Menschen passiert? Wieso teilen wir ein Video von einer Person, die ja schon eine große Reichweite hat, von der wir aber wissen, sie sollte besser kein Rollenmodel sein? Zudem: Solche Menschen gab es doch immer? Wo sind die Erinnerungen an die Talkshows, in denen Menschen saßen, die ganz Ähnliches von sich preisgaben? Keiner hatte damals die Jugend des Verfalls bezichtigt, sondern man sah die Person als das, was sie war, als Sonderling in einer Talkshow, die genau deshalb dort saß: weil sie ein Sonderling war.

Genau so einen Talkshowgast hatten wir bei uns am Institut für Generationenforschung – Praktikant Simon. Irgendwie scheint es mittlerweile mehr von ihnen zu geben, oder fallen sie immer mehr auf?

Würden wir allen Angehörigen einer Generation einen Stempel aufdrücken, wären wir ähnlich unreflektiert wie die Vortragenden der Veranstaltung zu Generationenkonflikten und diejenigen, die unreflektiert beipflichten. Nein, Pauschalierungen sind nicht unsere Absicht. Unser Praktikant Simon, auf den ich später noch genauer eingehen werde, eignet sich dennoch als Beispiel, weil immer mehr Menschen auf den Arbeitsmarkt drängen, die uns immer mehr befremden.

Um zu verstehen, was gerade passiert, möchte ich Sie auf eine Reise einladen, um die »Generation arbeitsunfähig« zu verstehen. Mit meinem Team aus Soziologen, Psychologen, Wirtschaftswissenschaftlern und Philosophen aus dem Institut für Generationenforschung haben wir dieses Phänomen nun einige Jahre aus verschiedenen Blickrichtungen erforscht. Ich möchte Sie dazu einladen, unsere Reise mitzugehen und auch durchzuhalten, selbst wenn Ihnen einige Stationen oder ihre Beteiligten sauer aufstoßen werden …

Der Nachwuchs

Smartphone, Smartphone in der Hand, wer sind die Faulsten im ganzen Land?

»Das Wichtigste im Leben ist chillen.
Ich werde nie an Burn-out erkranken
wie all die Boomer, die sich kaputtgearbeitet haben.
Und wofür haben sie das überhaupt gemacht?
Für einen verdreckten Planeten?«

Wenn dieses Zitat bei Ihnen Anklang findet, dann gehören Sie sehr wahrscheinlich der Generation Z, kurz Gen Z, an. Das »Z« in Gen Z, der Sie angehören, wenn Sie zwischen 1996 und 2010 geboren sind, steht sehr wahrscheinlich für »Zombie«, und Sie wandeln – mit Ihrem Blick ans Smartphone gefesselt – ferngesteuert durch die Gegend. Übrigens: Sie sind Teil der faulsten Generation seit Menschengedenken. Zudem fordern Sie Dinge, die Ihnen nicht zustehen, weil Sie über beide Ohren verwöhnt sind. Das lassen Sie sich aber alles nicht gefallen! Sie haben den Alten den Kampf angesagt und denunzieren in »Ok, Boomer«-Videos den verschwenderischen Lebensstil der Babyboomer (geboren in den1950er- bis Ende der 1960er-Jahre), die den Jungen die Zukunft verbaut haben.

Beide werfen sich jeweils die Schuld am Untergang vor, zumindest sieht es gerade in Deutschland, Österreich und der Schweiz so aus. Vor allem in der Arbeitswelt kommt es gegenwärtig zu einer explosiven Gemengelage. Fünf Generationen, von den Babyboomern über die Generationen X, Y, Z bis zu den Jüngsten, der Generation Alpha (ab 2010 Geborene), treffen dort aufeinander. Die Arbeitswelt ist einer der wenigen Bereiche, in denen die Unterschiede gravierend auffallen, denn in der Regel müssen sich Jung und Alt am Arbeitsplatz zusammenraufen. Hier trifft »Das haben wir immer schon so gemacht!« auf »Ich habe zwar noch nie gearbeitet, aber so, wie Sie das machen, kann es nur falsch sein!«.

Doch wohin führt dieses Unverständnis?

Zumindest zu einem enormen Anstieg an Generation-Z-Experten, die Unternehmen diese neue Generation schmackhaft, gar *snackable*, machen wollen. Oft jedoch vergebens, denn mittlerweile gibt es mehr Experten als Nachwuchskräfte, da die Generation Z seit dem Zweiten Weltkrieg die kleinste Alterskohorte ist.

Aliens im Unternehmen …

Auf eine Praktikumsstelle bei uns im Institut für Generationenforschung hat sich Simon, 25 Jahre alt, beworben. Für sein Studium benötigte er ein Dreimonatspraktikum. Er machte beim Vorstellungsgespräch bei seiner Vorgesetzten Sandra einen sehr guten Eindruck. Als Simon am ersten Tag kam, erzählte er uns von seinem Studentenleben: Geld spiele für ihn keine Rolle, er wohne noch bei seinen Eltern, die mehr oder weniger für alles aufkommen, auch für seine 1.200 Euro teure Uhr, die quasi nur aus einem Armband besteht. An der Stelle, wo eigentlich für gewöhnlich das

Uhrwerk sitzt, war nur ein Rahmen – quasi ein Loch ohne Zifferblatt. Eigentlich konnte man nur sein Handgelenk sehen. »Timeless design«, erklärte uns Simon auf unsere ungläubigen Blicke hin. Eine Uhr, die keine ist – für ältere Generationen wahrscheinlich lediglich ein viel zu teures Armband. Eine Armbanduhr ohne Uhr bleibt für die älteren Generationen schlicht ein Armband, da fehlt es an Fantasie.

Beim Praktikum kam Simon schon am zweiten Tag zu spät. Seine Eltern hätten den Verkehr unterschätzt, sie seien zu spät losgefahren. Spoiler-Alert: Am Ende des Praktikums gab es nur vier Tage, an denen Simon pünktlich war. Die Gründe, warum er vier Mal pünktlich kommen konnte, haben wir nie erfahren. Wir haben uns scherzhaft darauf geeinigt, dass Simon wegen seiner Uhr wohl öfters die Zeit aus den Augen verliert, schließlich ist die ja zeitlos.

Für uns war nahezu alles unverständlich, die komische Uhr, dass ein 25-Jähriger sich von seinen Eltern fahren lässt, dass er sie unverblümt als Ausrede benutzte, wenn er unpünktlich war, dass er prinzipiell zu spät kam, aber immer pünktlich ging, dass er freitags nicht länger als bis 12 Uhr arbeiten wollte, dass er mindestens fünfmal am Tag mit seinen Eltern telefonierte und sein Smartphone wie selbstverständlich benutzte – alles während der Arbeitszeit. Auch, dass seine Eltern ihn mehrmals während der Praktikumszeit im Institut besuchten.

Ein Praktikum, bei dem man etwas lernen möchte, sieht für uns anders aus. Simon wollte auch komischerweise gar nichts lernen, sondern uns erklären, was wir alles besser machen können. Leider war kein Vorschlag brauchbar, was ihn jedoch nicht davon abhielt, uns täglich mit neuen Vorschlägen zu »beglücken«. Hinweise auf seine Orthografie- und Grammatikschwäche schob er auf sein Gymnasium, wo man angeblich nie auf Rechtschreibung Wert gelegt habe. Simon war kurz vor seinem Bachelorabschluss und hatte keine einzige Aufgabe ohne Logik- und Rechtschreibfehler erledigt. Das Skurrilste aber ereignete sich schon in der ersten »Arbeitswoche«. Simon fragte am Ende seines dritten Arbeitstags, ob er den Standrechner, der ihm zugewiesen wurde, in einen großen Rucksack packen könne, den habe er eigens für den Transport nach Hause mitgebracht. Er wolle morgen Homeoffice machen und nehme den Rechner deshalb am besten gleich mit … Homeoffice war für einen Praktikanten gar nicht vorgesehen. Auf die Nachfrage, wie er auf die Idee komme, antwortete er, dass jeder Mensch jederzeit Homeoffice machen kann in Deutschland …

Wow, was war denn das alles? Wer kommt auf die Idee, einen Standrechner mit nach Hause zu nehmen oder einfach remote zu arbeiten, wann immer man will?

Waren wir weltfremd und spießig, dass wir all das seltsam fanden? Eine Uhr, die keine war, ein Praktikum, das keines war, ein Akademiker, der nicht erkennbar war, ein Erwachsener, der sich von seinen Eltern immer noch bedienen lässt und sie als Sündenböcke benutzt?

War sein Verhalten typisch, atypisch oder irgendwo dazwischen? Wir hörten immer wieder von solchen und ähnlichen Fällen, aber so können doch bei Weitem nicht alle sein? Hatten wir also Pech gehabt? War sein Verhalten nicht an die Arbeitswelt angepasst, oder müssen wir uns als Arbeitgeber anpassen? War er einfach zu ehrlich, zu direkt, zu naiv oder unwissend? Oder alles in einem?

Nun, er war vor allem eines, er war für uns extrem. Nur darf man eben nicht von einer sich außerhalb der gängigen Norm verhaltenden Einzelperson auf eine ganze Gruppe schließen, natürlich nicht! Es war nicht typisch für diese Generation, es war erst mal typisch Simon.

… mit unangepasstem Verhalten

In meiner ersten Stunde Klinische Psychologie im Studium wurden wir mit Aussagen von Patienten konfrontiert, die wir nach Wahrheitsgehalt bewerten sollten. Bei der Auflösung dann die große Überraschung: Es ist nicht möglich, herauszufinden, ob etwas stimmt. Denn jeder Mensch nimmt die Umgebung anders wahr. Wir alle haben eine »Brille« mit einer individuellen Tönung auf, mit der wir unsere Umgebung betrachten. Es gibt – mindestens – so viele Wahrheiten wie Menschen.[6] Die meisten Menschen nehmen die Welt ohne Scheuklappen wahr: Sie können in alle Himmelsrichtungen schauen, das heißt, sie nehmen ihre Umgebung wahr und richten ihr Verhalten nach ihrer Umgebung aus. So wie Sandra, die Vorgesetzte von Simon, die sich, als sie selbst einst Praktikantin war, die Verhaltensrichtlinien im Unternehmen aneignete, auf den Dresscode bei Veranstaltungen außer Haus achtete und ihrer Ausbilderin aufmerksam beim Telefonieren zuhörte, um es selbst richtig zu machen.

In der Vorlesung wurden wir ein zweites Mal überrascht. Es gibt anscheinend drei Gruppen, deren Verhalten umgebungsunabhängig sein kann. Sie verhalten sich in einer bestimmten Weise, egal, ob etwas in ihrer Umgebung anders ist oder nicht, und sagen somit umgebungs- und situationsunabhängig aus ihrer Sicht unverblümt die Wahrheit und handeln entsprechend: Dazu gehören Menschen im Drogenrausch (wie Alkohol – nicht umsonst lautet die lateinische Redewendung *in vino veritas*), Kleinkinder oder Schizophrene. Heute würde ich noch Mitglieder der Generation Z in der Arbeitswelt ergänzen, die zwar nüchtern, erwachsen und nicht pathologisch auffällig sind, sondern einfach nur Generation Z. Die ihren Stiefel durchziehen, egal ob es für die Älteren gerade passend ist oder nicht. Genau diese Attitüde kommt bei den Älteren als unverfroren, zu »ehrlich« oder unangepasst direkt an. Sie ecken an. Es könnte aber auch eine bedingungslose Authentizität sein, denn je nach Generation betrachten wir die Umgebung anders, und Simon zum Beispiel ist mit dem, was er tut und macht, innerhalb seiner Wahrnehmung der Umgebung im Reinen. Vielleicht nimmt er aber nur bedingt Dinge wahr, die für ältere Generationen im Fokus standen und immer noch stehen, wie Etikette oder Verhaltensnormen gegenüber Vorgesetzten. Eventuell ist sein Blick nur ein anderer, er nimmt Dinge, die wir als wichtig erachten, weniger intensiv wahr – und umgekehrt.

Der gleiche Simon hatte am Tag, als er Homeoffice nehmen wollte, Lust auf Pralinen, also hat er sich eine Schachtel aus dem Instituts-Kühlschrank geholt, aufgemacht und Stück für Stück allesamt aufgegessen. Sie waren nicht nur schön verpackt, sondern als Geschenk für einen Kunden gedacht. Dass das seiner Vorgesetzten Sandra, die den Kunden beschenken sollte, aufstieß, war für ihn unverständlich. Er hatte nämlich nicht daran gedacht, dass die Pralinen jemand anderem gehören könnten, als er die ganze Packung auf einmal leer gegessen hat … Er hatte dabei anscheinend überhaupt nicht gedacht, schließlich war er eine Stunde allein in seinem Arbeitszimmer, da seine Vorgesetzte ein Meeting hatte; ganz im Gegenteil: Er verstand die Aufregung nicht, man könne doch neue kaufen. Simon kam drei Monate nicht auf die Idee, dass er dieser »man« sein könnte …

Egal, wie lange beziehungsweise kurz die Gen Z'ler in der Arbeitswelt sind und wer ihnen gegenübersteht, diese Direktheit, Ehrlichkeit oder aus Sicht von Sandra eben Unverfrorenheit kennt keine Hierarchien oder Grenzen und hatte bisher kaum Konsequenzen. Das berichten nun auch immer mehr Unternehmen. Simon war anscheinend keine Ausnahme, kein Einzelfall, sondern eine Anhäufung von nicht nachvollziehbaren Handlungsweisen unserer heutigen Nachwuchskräfte. Eine neue »Norm«?

Dabei dürfen wir jedoch nie vergessen, diese »Norm« ist so geworden, wie wir Älteren sie geformt haben. Es ist auch unsere Suppe, und wir müssen sie auslöffeln, auch wenn sie manchmal fad schmeckt.

Es ist wünschenswert, wenn Mitarbeitende und Mitmenschen immer ehrlich und direkt sind, wenn sie ihre Meinung und ihr Unbehagen äußern können, und zwar zu jeder Zeit. Das Problem ist nur, wenn das in einer Form stattfindet, die anderen schadet. Dann, wenn beispielsweise Daten auf Social Media landen. Es hätten auch weitreichendere Folgen eintreten können, man stelle sich vor, welchen Schaden Simon angerichtet hätte, hätte er den PC mit nach Hause genommen, jemand anderes zu Hause hätte ihn genutzt und/oder sein Computer wäre gehackt worden. Der Schaden, den der Missbrauch sensibler Daten anrichtet, ist keineswegs nur finanzieller Natur, sondern schädigt in erster Linie andere Menschen. Aber in Simons Fall mussten natürlich auch die Pralinen neu gekauft werden, schließlich hat sie seine Vorgesetzte Sandra aus eigener Tasche bezahlt ... Von Simon bis zum Ende hin keinerlei Einsicht.

Das ist ein Phänomen, welches vielen Unternehmen mittlerweile Kopfzerbrechen bereitet. In einer großen Privatklinik führte ich Gespräche mit dem Eigentümer und jeweils einzelnen Mitarbeitern. Wir wollten herausfinden, wie wir die Organisation auf neue Beine stellen können. Eine junge MTA[7], die seit einem Jahr mit ihrer Ausbildung fertig und direkt übernommen worden war, antwortete auf meine Fragen, wie sie es in der Klinik fände, direkt mit Kritik. Sie habe im ersten Jahr der Übernahme keine einzige Fortbildung wahrnehmen können, und obwohl dies zum Teil auch ihr Verschulden war, da sie sich nicht dafür angemeldet hatte, warf sie dies dem Inhaber direkt vor. Er hätte sich darum kümmern müssen, schließlich brauche sie einige Zertifikate und Zusatzausbildungen, um bei anderen Einrichtungen höher einsteigen zu können. Das Ganze bitte zeitnah, denn sie sei schon auf Stellensuche … Und hier war er wieder, der Cocktail aus Ehrlichkeit, Direktheit, Forderung, Frechheit und Unverfrorenheit, ja auch irgendwie Naivität, der für uns Ältere so nach »Unverständnis« schmeckt. Der Eigentümer hatte das Verhalten der MTA als Frechheit empfunden, was die junge Mitarbeiterin verwunderte.

Das ist sie, die Generation Z, aus den Augen der Älteren: fordernd, frech und faul, die am liebsten nur halbtags arbeitet, sodass das Pendel der Work-Life-Balance sehr stark Richtung Life ausschlägt.

Wir, eine Gruppe von Soziologen, Psychologen, Philosophen sowie Wirtschafts- und Erziehungswissenschaftlern vom Institut für Generationenforschung, untersuchen seit vielen Jahren die Generation Z mit Fokus auf den Arbeitsmarkt. Ich möchte Ihnen in diesem Buch die Ergebnisse unserer Forschungen, die Perspektive der Jungen sowie die veränderten Rahmenbedingungen unseres Zusammenlebens näherbringen. Aber auch die Fragen beantworten:

Was ist dran an dem Gefühl, dass die heutige Jugendgeneration anders tickt? Wie sollten wir ihr begegnen? In diesem Buch nehme ich Sie mit auf eine Spurensuche. Anhand von einigen Protagonisten erfahren Sie, warum die heutigen Nachwuchskräfte so sind, wie viele von uns sie wahrnehmen, aber auch, inwieweit wir sie in der Regel richtig und wo falsch wahrnehmen – oder zumindest meinen, sie richtig wahrzunehmen. Zudem, wie sehr all das unsere Gesellschaft verändern wird. Das Buch soll Ihren Blick schärfen auf die Neuen, auf uns und unsere Gesellschaft, aber auch auf die Reise, auf die wir alle gemeinsam gehen werden. Um das zu ermöglichen, müssen wir viele verschiedene Blickwinkel einnehmen.

PS: Bei Personen, die mir real begegnet sind, habe ich lediglich den Namen geändert … Auch ihnen wünsche ich viel Spaß beim Lesen ☺

Die Zeit

New York, New World & New Work

Vieles haben die geleistet, die vor uns gewesen sind;
aber sie haben es nicht zu Ende geleistet.
Lucius Annaeus Seneca

Talkshows sind voll mit den verschiedensten Politikern, Unternehmern, Interessensvertretern, Schauspielern oder anderen Meinungsträgern, die davon überzeugt sind: Deutschland ist dem Untergang geweiht, wir haben die schlechtesten PISA-Ergebnisse und auch die verwöhnteste Generation, die es jemals gab und auf den Arbeitsmarkt … nun ja, drängt. Und endlich haben sie hierfür einen Namen: Generation Z. Die Angehörigen dieser Generation können nicht richtig arbeiten, denn Bewerber werden immer dümmer, fauler und haben immer weniger Durchhaltevermögen. Medien nehmen diese Zitate gerne als Headline auf, um mehr Klicks zu bekommen – da man ohnehin nur den Titel sowie die ersten zwei Sätze lesen kann, reicht »Gen Z« als Buzzword: Natürlich möchte man dann mehr wissen! Clickbaiting eben. Aber das Schimpfen auf die aktuellen Nachwuchskräfte gab es schon immer, nur mittlerweile hat es eine Dimension angenommen, die mich bewegt hat, dieses Buch zu schreiben.

Man sieht den Berg nicht, wenn man auf ihm steht, lautet eine alte buddhistische Weisheit. Ganz diesem Spruch folgend, begeben wir uns nun auf die Reise. Und dafür müssen wir ein halbes Jahrtausend in die Vergangenheit. Wir befinden uns nun nicht mehr in der Talkshow, sondern im toskanischen Chianti des 15. Jahrhunderts. Den Seefahrer Giovanni da Verrazzano ereilte ein Auftrag aus dem fernen Paris, und zwar direkt vom französischen König Franz I. Er wurde für eine beachtliche Entlohnung beauftragt, eine nördliche Seeroute nach Asien zu finden. Giovanni da Verrazzano aus Chianti war nicht irgendwer, sondern genau der richtige Mann für diese Mission, denn es ging um zukünftigen Handel und Gewinn, wofür man jemanden mit hervorragenden Seefahrer-Kenntnissen brauchte. Auf dieser Mission stieß Giovanni da Verrazzano zufällig auf die Bucht von New York. Eigentlich sah er nur einen kleinen Teil der Bucht: Er bekam weder die Insel noch die damaligen Bewohner zu Gesicht, die Lenni Lenape – auch bekannt als Delawaren –, die diese Insel »Manna-hatta« nannten. Das war auch nicht Teil seiner Mission. Dennoch war Giovanni da Verrazzano nach unseren Geschichtsbüchern der erste Fremde, der dort vorbeisegelte. Lange nach da Verrazzanos Tod und etwa achtzig Jahre nach seiner Entdeckung der Bucht von New York landete der nächste bekannte Seefahrer dort an: niemand Geringerer als der Engländer Henry Hudson, der wiederum holländische Auftraggeber hatte und nun auf die Delawaren traf. Seinen Auftraggebern berichtete er von einer Unmenge an Bibern und Ottern auf Manna-hatta, mit deren Pelzen und Fellen man doch sehr gut ein Vermögen machen könne. Es dauerte aber weitere zwanzig Jahre, bis die Holländer einen Handelsposten auf Manna-hatta errichteten. Langsam ließen sich auch europäische Siedler dort nieder. Ein Jahr später kaufte der Deutsche Peter Minuit, der Generaldirektor der verantwortlichen Westindien-Handelsgesellschaft war, den Delawaren die beschriebene Insel Manna-hatta ab. Er taufte die entstandene Siedlung in »Nieuw Amsterdam« beziehungsweise »Neu-Amsterdam« um.

In den Folgejahren kam es immer wieder zu Korruption und Kämpfen rund um die Siedlung Neu-Amsterdam. Erst unter dem niederländischen Generaldirektor Petrus Stuyvesant, der 1647 seinen Dienst antrat und mit der Verwaltung der Insel betraut wurde, ging es wieder bergauf mit Neu-Amsterdam. Er ließ einen Hafen bauen und errichtete neben einem Straßennetz auch Krankenhäuser und viele Gebäude, die die Siedlung langsam zu einer zeitgemäß entwickelten Stadt anwachsen ließ. Das damals angelegte Straßensystem kann man stellenweise heute noch bewundern. Bald stellte sich auch wirtschaftlicher Erfolg ein, der wiederum Begehrlichkeiten bei den Engländern weckte, die etwa siebzehn Jahre später mit vier Kriegsschiffen und etwa zweitausend Soldaten dort anlegten. Stuyvesant hatte keine Lust auf einen Konflikt und ergab sich kampflos.

Nun waren die Engländer am Zug. Als Erstes tauften sie Neu-Amsterdam in »New York« um. Die Siedlung sollte nach dem Herzog von York, Bruder des damaligen englischen Königs Karl II., benannt werden und nicht länger holländisch klingen.

Von Manna-hatta nach Neu-Amsterdam hin zu New York: eine bewegte Ortsgeschichte mit wechselnden Akteuren, Inselbesitzern, Nationen und Namen – aber dennoch immer die gleiche Insel beziehungsweise der gleiche Ort, der aber einen Veränderungsprozess durchläuft und sich heute zu einer der bekanntesten Metropolen der Welt gemausert hat. Über die Delawaren spricht man heute kaum noch. Gehört hat man in der Regel aber vom Bundesstaat Delaware sowie dem Hudson-River oder der Zigarettenmarke Stuyvesant. Menschen, die nahe der Bucht lebten, die die Veränderung von Manna-hatta über Neu-Amsterdam hin zu New York miterlebt hatten, und deren Nachfahren, die heute in einer prosperierenden Stadt leben, schätzten die verschiedenen Errungenschaften jeweils auf sehr unterschiedliche Art und Weise. Jene, die die Entwicklung von Beginn an miterlebt hatten, wussten die Straßen viel mehr zu schätzen als jene, die New York nie anders kennengelernt haben. Aber dürfen wir den Neuen vorwerfen, nicht zu erkennen, was die Alten mitaufgebaut haben?

Auf eine bewegte Geschichte können auch die meisten Unternehmen zurückblicken. Sie durchlaufen oft verschiedene Firmenkulturen, haben die unterschiedlichsten Mitarbeiter und Führungsstile. Auch Mitarbeiter, die lange in einem Unternehmen sind, erleben die verschiedensten Perioden des Unternehmens. Sie empfinden meist den zweiten Abschnitt als den besten, und danach geht es bergab. Früher, da wurde man noch als Mensch wahrgenommen. Oft war es genau diese Zeit, die nicht sehr dafür bekannt war, dass die Mitarbeiter wertgeschätzt wurden. Aber so weit das Narrativ: Für viele, vor allem für die Generation der Babyboomer, gehörte es zu einer normalen Biografie, lange in einem Unternehmen zu verweilen. Stolz blicken sie auf dreißig Jahre Arbeitszeit im gleichen Unternehmen zurück. Ein Phänomen, das den meisten heutigen Nachwuchskräften nicht mehr erstrebenswert erscheint.

Zurück zur Talkrunde, in der immer noch die gleichen Gäste, alle Ü50 und kein Vertreter der Generation Z, über die faule Jugend schimpfen. Als Vergleich bewusst keine typische Unternehmenserfolgsgeschichte, in der ein junger Millennial-Nerd in der Garage seines Vaters herumtüftelt, ohne einen Cent in der Tasche, dreimal scheitert und beim vierten Mal mit wenigen Klicks ein

Weltunternehmen errichtet. Dass es der Nerd ohne Finanzspritzen von Eltern und Business Angels einfach geschafft hat, weil er an sich glaubte und effektiv aus Niederlagen lernen konnte, stimmt in den meisten Fällen sowieso nicht, auch wenn man es immer und immer wieder hört. Oft werden Mithelfer und Supporter ausgeblendet, beim Storytelling geradezu aus dem Unternehmen entsorgt. Und ganz so »anständig« verlief dann die Unternehmensgenese der Vorzeige-Heroes eben doch nicht.

In unserer Arbeitswelt haben viele Firmen ähnliche Veränderungsprozesse durchlaufen, wie es die Geschichte von New York oder vielen anderen Städten erzählt. Es gibt Zeitpunkte und Perioden, in denen das Unternehmen einen Entwicklungssprung macht, wieder zu alten Strukturen zurückkehrt oder die Strategie komplett neu auslegt. Die langjährigen Angestellten einer schnell wachsenden Firma können das miterlebt haben. Mit der Zeit änderten sich nicht nur die Bedingungen, sondern auch die Arbeitsbeziehungen. Heutige Nachwuchskräfte kennen die Entwicklungsgeschichte nicht. Sie finden eine bestimmte Struktur vor, die aus ihrer Sicht vielleicht keinen Sinn ergibt und verkrustet wirkt, aber historisch gewachsen ihre Berechtigung hat. Oft finden sie Boomer vor, die von der Vergangenheit schwärmen. Aber ist es wirklich gerecht, wenn die Boomer in der Vergangenheit mitgestalten durften, gleichzeitig aber den jungen Gen Z'lern das Mitgestalten mit der Begründung der eigenen Historie verwehren?

New York änderte sich in unserer Beispielbeschreibung durch die jeweiligen Besitzer und deren Kultur und vor allem deren Geldgeber, nicht unbedingt durch die Siedler selbst, die kamen zu Beginn ja versetzt. Wären hier die Siedler nun stolz auf die Straßen, war es nur bedingt ihr Verdienst, was das Einfordern des Erkennens dieser Leistung für die neuen Stadtbewohner ebenfalls erschweren könnte.

In unseren Befragungen erleben wir aber immer wieder genau das. Die Jungen fordern Veränderungen, während sich Ältere vehement wehren, die Stellschrauben der Veränderung anzufassen, und jedes Nachjustieren verhindern. Dabei kommunizieren Jung und Alt mit unterschiedlichen Erfahrungshintergründen, verwenden Logiken und Konstrukte der jeweiligen Zeit, die aber mit denen der anderen Kohorten nicht kompatibel sind. Die Älteren berichten gerne aus der unglaublich schweren, hart verdienten und paradoxerweise gleichzeitig großartigen Vergangenheit. Doch genau das ist es, was die Jüngeren nicht nachvollziehen können oder bei ihnen nicht als Argument zählt. Kann ich jemandem, der im heutigen New York aufwächst oder dort hinzieht, vorwerfen, dass er die dortigen Straßen nicht wirklich zu schätzen weiß, wenn er keine Ahnung von der Geschichte von Neu-Amsterdam hat? Und selbst wenn er die Geschichte kennt, kann es nicht auch sein, dass er oder sie sich in New York wohlfühlt, ohne dass ihm die Straßen wichtig sind?

Es ist großartig, wenn Mitarbeitende stolz sind auf das, was entweder sie, die Kollegen, die Unternehmensleitung oder andere Akteure im Unternehmen geschafft haben. Für die Jungen ist das alles aber oft sehr schwer nachzuempfinden, da es sehr wenig Räume in ihrer Lebenswirklichkeit gab, die sie erst erschaffen mussten. Vieles war für sie gefühlt schon immer da. Für die dritte Generation sind Straßen so normal, dass diese wertzuschätzen keinen Sinn ergeben würde. So wie es für die Delawaren völlig normal war, in der Bucht zu jagen.

Warum früher nicht alles besser sein konnte …

»Dreifach ist der Schritt der Zeit:
Zögernd kommt die Zukunft hergezogen,
Pfeilschnell ist das Jetzt entflogen,
Ewig still steht die Vergangenheit.«
Friedrich Schiller

Wenn Gen Z'ler über Boomer schimpfen, blenden sie oft aus, dass die Zeit, die sie heute vorfinden, anders ist als die der jugendlichen Boomer; somit folgt oft ein kontrafaktischer Vorwurf. Wenn Boomer über Gen Z'ler schimpfen, wie schlecht es heute sei und wie gut es früher war, sprechen sie in der Regel über vermeintliche Erinnerung, die sich mit hoher Wahrscheinlichkeit so gar nicht abgespielt hat.

Wenn wir von früher schwärmen, beschreiben wir in der Regel ein Fantasiekonstrukt mit nur bedingt tatsächlich so erlebten Anteilen. Unser Gedächtnis ist flexibler, als die meisten Menschen glauben. Das sogenannte autobiografische Gedächtnis, das wichtige Erinnerungen abspeichert, speichert nicht jeden Tag minutiös genau ab, wie wir den Moment der Abspeicherung objektiv aus allen Perspektiven erlebt haben[8]. Zudem ändert sich der abgespeicherte Inhalt mit jedem neuen, der dazukommt. Und erleben wir immer das Gleiche, fasst unser Gehirn gerne mal zusammen. Alles in einem Ordner und ab in den kognitiven Speicherschrank. Auch die Emotionen, die wir rückblickend mit einem bestimmten Ereignis verbinden, können sich ändern, was den Inhalt des scheinbar Erlebten gravierend beeinflussen kann. Neben emotionalen Veränderungen speichern wir Dinge je nach Lebensalter anders ab. Theoretisch können wir uns zum Beispiel gar nicht an die Zeit vor dem dritten Lebensjahr, die Phase der »infantilen Amnesie«, erinnern. Meinen wir doch, uns erinnern zu können, handelt es sich mit hoher Wahrscheinlichkeit um »Fabulierungen«. Viele Teile unserer Erinnerung sind oft nur fragmentiert verfügbar, Erinnerungslücken werden dann gerne mit neuen, oft auch anderen Inhalten geschlossen. Das macht es für uns greifbarer. Ähnlich einer Knetmasse, die mit jedem neuen Druck eine andere Form annimmt, aber stets die gleiche Knetmasse bleibt. Dieser Mechanismus geschieht in vielen Bereichen zu großen Teilen unbewusst, in Experimenten konnte man dieses Phänomen gut belegen. Probanden bekamen die Aufgabe, sich an erzählte Geschichten zu erinnern. Viele von ihnen integrierten diese im späteren Verlauf als ihre eigenen Erfahrungen und Konzepte in ihre Erzählungen, wodurch die Geschichte durch andere Details und Merkmale als in ihrer ursprünglichen Fassung ausgeschmückt wurde. Jedoch folgen diese Beschreibungen oft einem kulturellen Muster[9]. Wir erfinden uns also täglich neu, indem wir – oft unabsichtlich – dann Personen, Dinge, Ereignisse oder Handlungen hinzu- oder wegnehmen, um Erinnerungslücken zu schließen. Um am Ende eine logische Geschichte von uns selbst zu erhalten. Oft sind wir uns dann relativ sicher und meinen, es hätte all dies wirklich gegeben. Besonders intensiv sind unsere Erinnerungen an die Zeit zwischen dem 15. und 25. Lebensjahr, also genau an das Alter, in dem die Generation Z beziehungsweise unsere jungen Nachwuchskräfte in die Arbeitswelt eintreten oder studieren. Diese Zeit wird Reminiscence Bump, zu Deutsch Erinnerungshügel, genannt. Der Hügel ermöglicht kognitiv-emotionales Wiedererleben persönlicher Ereignisse, die in dieser Zeitspanne stattgefunden haben[10]. Grund hierfür ist, dass sich das menschliche Gehirn in dieser Altersspanne noch in der Entwicklungsphase befindet, es macht in dieser Zeit sogar den größten Wachstumsschub im Laufe seines gesamten Lebens[11]: Erfahrungen und Lernvorgänge schlagen sich in neuronalen Strukturen nieder, die alle weiteren Lernprozesse bis zum Erwachsenenalter wesentlich beeinflussen können[12], da die Reifung des Gehirns erst mit Beginn des Erwachsenenalters abgeschlossen ist.

Die Aussage »früher war alles besser« ist tatsächlich nicht aus der eigenen Erfahrung heraus beurteilbar, auch wenn wir ganz fest davon überzeugt sind. Vor allem bezogen auf die Generation Z hört man auch außerhalb von Talkshows und Leitmedien nicht selten die vermeintliche Feststellung: »Mit den heutigen Nachwuchskräften wird es bezogen auf die Arbeit immer schlimmer und schlechter!« Gefolgt von der Frage: »Wo soll das nur hinführen?«

Diese Aussagen und Fragen ergeben genauer betrachtet keinen Sinn. Sie sind rückblickend ebenso wenig zu beantworten, wie es eine lineare Steigerung des »Schlechter-Werdens« geben kann. Wenn es heute besser ist als morgen und morgen besser als übermorgen, müssen wir nur zurück in die Vergangenheit gehen, um den Optimal-Zustand zu finden: quasi einen Nullpunkt, einen Anfang, an dem alles perfekt war und von dort ausgehend mit jeder vergangenen Minute immer alles schlechter wurde. Gäbe es so einen Zeitpunkt, wieso nutzen wir ihn nicht als Blaupause und versuchen diesen wiederzubeleben?

»Make America great again« war Donald Trumps Slogan im Wahlkampf um die US-amerikanische Präsidentschaft 2016. Das hat super funktioniert, er wurde Präsident. Niemand hatte anscheinend darüber nachgedacht, wann Amerika eigentlich wirklich »great« war! Trump musste auch nicht mal ein Beispiel aus der Great Time nennen oder Handlungsanweisungen liefern, um diese Great Time gedanklich wieder aufleben zu lassen. Es reichte allein die fiktionale Vorstellung, dass es anscheinend in den USA einmal einen Nullpunkt der absoluten »Great-Haftigkeit« gab.

Bezogen auf New York: Wann genau könnte dieser Zeitpunkt für New York gewesen sein? Wann war New York wirklich *great* und für wen? Wann für die Delawaren, wann für die Italiener, die Franzosen, die Niederländer, die Engländer oder die Deutschen?

McTaggart (1866–1925), ein Philosoph aus Cambridge, führte weit vor Donald Trumps Geburt die Bezeichnungen »A-Reihe« und »B-Reihe« für eine Betrachtungsweise einer zeitlichen Ordnung von Ereignissen ein. In der A-Reihe geht man davon aus, dass Ereignisse im Fluss sind: Sie bewegen sich von der Zukunft in die Gegenwart und verbleiben schließlich in der Vergangenheit. In der A-Reihe sind die Ereignisse gemäß ihrem Eintreten natürlich geordnet: Für jedes Paar verschiedener Zeiten, t1 und t2, ist entweder t1 früher als t2 – oder umgekehrt. So würden die Boomer zum Beispiel sagen: »Früher war alles besser als heute.« Das *Alles* im Früher, das die Babyboomer erlebt haben, ist der Referenzpunkt, an dem sie das *Alles* im Heute messen. Die A-Reihe erlaubt uns »zeitformbehaftete« Aussagen, sogenannte *tensed propositions,* die ihren Wahrheitsgehalt mit der Zeit ändern. Denn je nachdem, ob ein Boomer oder Gen Z'ler die Aussage trifft, bedeutet »Früher war alles besser als heute« etwas anderes. Das Früher der Babyboomer fand zu einem anderen Zeitpunkt statt als das Früher der Gen Z'ler (was in der Regel oft nur Erlebnisbeschreibungen der eigenen Kindheit sind). Die B-Reihe dagegen setzt die Ereignisse an bestimmte Positionen, die unabhängig von der Zeit und vom Sprecher sind. Mit der B-Reihe können wir sagen, dass der Tag der Arbeit am 1. Mai 2024 nach dem Tag des Deutschen Bieres am 23. April 2024 stattfindet. McTaggert nennt die Aussagen auch *tenseless propositions,* also zeitformlose Aussagen, weil es egal ist, zu welchem Zeitpunkt man über die Ereignisse spricht. Egal ob Boomer oder Gen Z'ler über die beiden Ereignisse sprechen, es ist immer unzweideutig, wann die »Feiertage« stattfinden. Die Zeit fließt nicht, sie ist statisch. Um das Zetern der Boomer mit den Mitteln der B-Reihe auszudrücken, müssten sie sagen: »Am 2. Mai 1981 war alles besser als am 01.12.2023.« Ergibt das Sinn?

Die Boomer machen mit der Aussage »Früher war alles besser als heute« einen Fehler: Sie beziehen sich auf ganz konkrete Erfahrungen ihrer Vergangenheit, beispielsweise auf ihre Ausbildungszeit zwischen 1979 und 1982. Sie nutzen damit die Logik der B-Reihe, die unabhängig von den Boomern ist, weil sie auf Jahreszahlen basiert, verkaufen ihre Aussage aber als A-Reihe, die abhängig von den Boomern ist, da das Früher und das Heute, je nach Generation, zu einem anderen Zeitpunkt stattfindet. Ähnlich wie das Trumpsche Credo »Make America great again«, bezieht sie sich auf einen vergangenen Zeitraum, in dem Amerika großartig gewesen sein soll (B-Reihe), definieren diesen aber nicht konkret, sodass das Früher und das Heute je nach Generation (A-Reihe) etwas anderes bedeutet. Es ist vollkommen unklar, wann diese »Great-Haftigkeit« vorkam. Und wahrscheinlich ist es Trump und vielen Kritikern des Heute auch schleierhaft, wann es früher besser gewesen sein soll. Vielmehr nutzen sie eine vorgestellte, verklärte Version der Vergangenheit, die gerade deshalb so prächtig erscheint, weil sie allein unserer Fantasie entspringt. Übrigens: Simons Uhr mit *timeless design* lässt sich weder der A- noch der B-Zeit zuordnen. Da die A-Zeit davon ausgeht, dass die Zeit in Abhängigkeit der Person, die über sie spricht, und der tatsächlichen Zeit, in der sich eine Person befindet, abhängig ist (»früher war alles besser«), Simons Uhr aber aufgrund des fehlenden Ziffernblatts nicht imstande ist, ein »Früher« oder ein »Später« auszumachen, sondern zeitlos ist, kann sie nicht zur A-Zeit passen. Zwar ist die Uhrzeit, die Simons Uhr anzeigt, unabhängig davon, welche Person zu welcher Zeit auf die Uhr blickt, allerdings kann sie keine Auskunft über Zeitpunkte geben, gerade weil sie kein Zifferblatt hat. Somit kann sie auch nicht der B-Zeit zugeordnet werden. Die Generation Z weist so manchem Denker seine oder mancher Denkerin ihre Grenzen auf. Simons Uhr steht quasi diametral zu den beiden Zeiten und lässt nun auch Philosophen spüren, wo Konstrukte neu gedacht werden müssen. Es steckt also doch mehr Philosophie in seiner Uhr als in Donald Trumps Wahlslogan.

Was ist also der wirkliche Mehrwert aus so einer Debatte?

Sie kennen sicherlich die Floskel »zu meiner Zeit«. Ja, wann genau war denn »Ihre Zeit«? Und wann hat sie aufgehört, »Ihre Zeit« zu sein? Wer hat sie Ihnen genommen? Herr und Frau Boomer, was wollen Sie uns damit eigentlich sagen?

Auf eine ähnliche Frage antwortete übrigens der Nobelpreisträger in Physik, Richard Feynman, mit den Worten seines Doktorvaters, des Physikers John A. Wheeler, der 1976 wiederum ein Graffito auf einer Herrentoilette des Pecan Street Cafés in Austin, Texas, sah und es während seiner »Sitzung« so toll fand, dass er es sich merkte und immer wieder zitierte: »Time is nature's way to keep everything from happening all at once.«[13] (Frei übersetzt: Mittels Zeit verhindert die Natur, dass alles auf einmal passiert.)

Der Spruch auf der Herrentoilette in Texas stimmt, weil er eine Binsenweisheit ist. Natürlich kann nicht alles auf einmal passieren, so wie New York eben nicht plötzlich da sein konnte, sondern sich erst zum heutigen New York hin entwickelt hat. Alles hat irgendwann einmal begonnen, hat eine Historie, die nie für alle gut, aber auch nie für alle schlecht gewesen sein kann. Wir sollten uns also, wenn wir unbedingt den Satz »Früher war alles besser« verwenden wollen, fragen:

- Wo liegt der Nullpunkt, an dem alles besser war, und wie sieht dieser aus?
- Wieso haben wir den perfekten Nullpunkt hinter uns gelassen?
- Wieso kehren wir nicht zum Nullpunkt zurück?

Sofern wir nicht einen perfekten Nullpunkt haben, dem wir zustreben sollten, lässt sich über die Generation Z lediglich sagen, dass sie eine andere Arbeitslogik mitbringt: Es wird nicht zwangsläufig schlechter, sondern erst mal *anders*. Wertungen verbieten sich mit Blick auf die Logik. Anstatt zu beklagen, wie schlecht die Nachrücker sind, sollten wir vielmehr Energie aufwenden und uns gemeinsam überlegen, wie wir es schaffen, sie mitzunehmen auf unserem Weg nach New-Work-Land.

Allerdings können wir nur diejenigen mitnehmen, die Bock auf eine Reise haben. Eine Wandergruppe kommt eben nur dann an ihr Ziel, wenn alle das gleiche Ziel haben, das Gepäck untereinander aufteilen oder bereit sind, auch mal mehr zu tragen, wenn ein Teammitglied Hilfe benötigt. Simon brachte zu schwerem Gepäck auch noch wenig Ausdauer mit und verlor oft das Ziel aus den Augen. Auch sind wir uns unsicher, ob Simon wirklich Bock auf die Reise und auf uns hatte. Also gingen wir getrennte Wege. Wir hoffen, dass Simon eine Reisegruppe findet, die zu ihm passt …

Der verschwommene Blick auf die Generation Z und Alpha

In den Talkshows und Leitmedien kann das Narrativ über die verlorene Jugend so gut bedient werden, weil wir einen Begriff für sie gefunden haben: »Gen Z«. Der Begriff beschreibt für 90 Prozent der Deutschen etwas Negatives.[14] Ich muss also gar nicht die »schlechte Gen Z« sagen, da schlecht bereits in der Bezeichnung Gen Z angelegt ist. Habe ich einen negativen Begriff, mit dem alle etwas Negatives verbinden, wird es leichter mit negativen Zuschreibungen, und sie werden weniger hinterfragt. Denn Menschen verhalten sich entsprechend den Bedeutungen, die sie für sie haben:[15] Ein Kind, das von einer kratzbürstigen Katze eine mitbekommen hat, verbindet mit der Katze »Gefahr«, während ein anderes Kind, das Katzen gerne streichelt, die Katze als ungefährlich einstuft. Wir können nun unterschiedliche Ansichten über Katzen haben, da sie für uns prüfbar existieren. Jeder von uns kann aber auch eine böse Hexe beschreiben, obwohl es kein wissenschaftliches Konstrukt dafür gibt, ab wann etwas oder jemand eine böse Hexe ist. So trivial das klingt, aber auf dieser Grundlage mussten und müssen leider immer noch viele Menschen weltweit sterben.

Wenn wir also einen Begriff haben, können sich viele Menschen darunter etwas vorstellen, unabhängig von der Prüfbarkeit. Gäbe es keine Begrifflichkeit für das Konstrukt Hexe, wären sehr wahrscheinlich weniger Menschen gestorben, weil Frauen nicht als Hexe bezichtigt worden wären.

Unser Simon gehört der Generation Z an, also jenen, die zwischen 1996 und 2010 geboren und zu diesem Begriff stereotypisiert wurden. Doch woher kommt dieser Drang, plötzlich Menschen in Generationen-Schubladen zu stecken? Ist das eine Art, sich gegen die Jüngeren zu wehren? Oder ist es einfach nur eine Simplifizierung komplexer Konstrukte, die die Verständigung untereinander, wenn man übereinander, miteinander oder gegeneinander spricht, einfacher macht? Also Gen Z vs. Boomer, dann gibt es da noch Gen X und Gen Y ... aber was soll das?

Sie haben bestimmt schon von Generation Y, X oder Babyboomer gehört ... Der Begriff »Generation Babyboomer« geht auf die steigende Geburtenrate zurück, die im wirtschaftlich florierenden Nachkriegsdeutschland für volle Kreißsäle und später für reichlich Konkurrenz am Arbeitsmarkt sorgte. Bis heute jedoch ist unklar, woher die Einteilung der Generationen in X, Y und Z kommt. Vermutlich hatte der kanadische Künstler und Autor Douglas Coupland mit seinem Roman *Generation X* über die Jugend der Achtzigerjahre den Grundstein für die generationelle Einteilung gelegt. Coupland, 1961 in Deutschland geboren, gilt für viele als der Schöpfer des Begriffs Generation X, während die Begriffe Generation Y und Z sehr wahrscheinlich auf die Kappe von Marketingexperten gehen. Diese haben dem Alphabet folgend die Nachfolgegeneration mit dem Y versehen. Dann kam ein pfiffiger Berater auf die Idee, dass das »Y« ja im Englischen phonetisch als »why« ausgesprochen wird. Voilà, das passt doch wie die Faust aufs Auge zur Sinnsuche der Generation Y! Die Gen Y'ler sind die Ersten, die nach dem Sinn der Arbeit suchen, allen Generationen zuvor ist es egal, ob die Arbeit sinnlos ist. Das alles erscheint Ihnen nicht sinnvoll? Kein Wunder, denn Douglas' Kategorie der Generation X ist nicht mehr als eine Erfindung. Bis heute ist vielen Verwendern der Begriffe nicht klar, wie man die Generationen voneinander abgrenzt und welches wissenschaftliche Konstrukt die Einteilung von Menschen in Generationen begründet.

Schwung in die Sache kam, als Marketingexperten versuchten, das Generationenkonzept wissenschaftlich zu untermauern. Sie übernahmen eine etwa einhundert Jahre alte Idee eines Generationenbegriffes, der auf den Soziologen und Philosophen Karl Mannheim zurückgeht. Das jedoch mehr schlecht als recht.

Mannheim schrieb 1928 einen Essay über die Einteilung der Generationen. Er entwarf die Theorie, dass Geburtenjahrgänge einen Einfluss haben könnten, wie Menschen ihre Kindheit und Jugend verbringen. Mannheim hatte damals die unterschiedlichen Lebenswirklichkeiten vor allem um die Zeit vor, während und nach dem Ersten Weltkrieg vor Augen. Er dachte dabei jedoch nur an Männer, Frauen spielten in seiner Betrachtungsweise keine Rolle. Damit war Mannheim damals nicht der Einzige in der Wissenschaft.

In der Medienlandschaft wird das Konstrukt von Mannheim ohne wirkliches Verständnis nun auf Menschengruppen angewendet. Sternzeichenartig werden anhand des Geburtstags, Verzeihung, anhand des Geburtsjahrs, Menschen Attribute oktroyiert. Ein Blick in die Antike zeigt, dass Menschen seit jeher immer wieder mit negativen Beschreibungen konfrontiert werden. Vorurteile über andere Menschen, häufig über die Jugend, sind so alt wie die Menschheit selbst. Auch heute gibt es Vorurteile gegenüber Menschen bestimmter Alterskohorten. Vor allem die jeweilige Jugend sieht sich regelmäßig den Zuschreibungen ausgesetzt. Gegenwärtig ist der Begriff dafür »Generation Z«, nun vergleichbar mit einem Schimpfwort.

Wie jedoch bestimmte Vorstellungen über andere Menschen entstehen, ist auch heute häufig unklar. Meist transportiert als festgeschriebene Urteile, kann der Eindruck entstehen, sie wären immer schon da gewesen. Die Zuschreibungen eilen menschlichen Interaktionen voraus und können voreingenommenes Verhalten gegenüber den betreffenden Personen verursachen. Die aktuelle populär- und unwissenschaftliche Debatte um die Generation Z schreibt ihr eine Vielzahl von Vorurteilen, Meinungen und Attributen zu. Beispielsweise diskutiert die Zeitung *Die Welt*, ob die Generation Z weniger leistungsbereit sei. Die Konrad-Adenauer-Stiftung hingegen resümiert in einer Metastudie zur Generation Y (Angehörige der Geburtenjahrgänge 1980–1995) und Z, die Generation Z würde sich in besonderem Maße für soziale Gerechtigkeit und soziale Verantwortung interessieren. Während der Tagesspiegel verkündet, die Generation Z strebe nach »Vorschriften und Grenzen«, hat die Generation Z laut Rheinischer Post absolut keinen Sinn für Strukturen, ihr sei vor allem Flexibilität in der Arbeit wichtig. So unterschiedlich die der Generation Z zugeschriebenen Attribute sein können, so eint sie jedoch ihr Plädoyer: Da die Generation Z eine sehr kleine Alterskohorte ist und die jungen Arbeitskräfte dringend auf dem Arbeitsmarkt benötigt werden, müssen Arbeitsplätze so gestaltet werden, dass sie für die Generation Z attraktiv sind.

Ironischerweise greift Mannheims Werk *Das Problem der Generationen* bereits 1928 voraus, was ungefähr 100 Jahre später wirklich zum Problem wird: Es existiert ein wahrlicher Dschungel an Generationendefinitionen. Mittlerweile hat sich ein riesiges Spannungsfeld entwickelt, das um die Generationenforschung kreist. Die einen kreieren munter Attribute für verschiedene Generationen, die anderen finden unzählige Beweise für die Nicht-Existenz von Generationen und warum die Begriffe Generation X, Y und Z Humbug sind[16]. Trotz all der fundamentalen Differenzen stützen sich breite Teile des wissenschaftlichen Feldes als auch Vertreter und Vertreterinnen (wir wollen ja nicht so sein wie die damaligen Forscher) des populär- und unwissenschaftlichen Feldes auf den Generationenbegriff nach Karl Mannheim. Im ursprünglichen Sinne zeichnet sich der Generationenbegriff nach Mannheim dadurch aus, dass Menschen gemeinsame Merkmale aufweisen, die auf wirtschaftliche, kulturelle und soziale Umstände zurückgehen. Mannheim behauptet, dass Generation eine Kategorie ist, die sowohl »Natur« als auch »Kultur« integriert. Das heißt: Menschen, die in einer bestimmten Altersspanne geboren wurden (»Natur«), werden durch ähnliche Einflüsse (»Kultur«) geprägt[17].

Das Problem der Generationen heute

Bei der gegenwärtigen Verwendung des Generationenbegriffs wird häufig der Fehler gemacht, dass die Mannheimsche Generationenkonzeption mit einer Altersspanne von fünfzehn Jahren verknüpft wird. Innerhalb von fünfzehn Jahren vermutet man kulturelle Einflüsse, die so stark sind, dass sie Menschen einer Alterskohorte gemeinsame Merkmale verleihen. Mannheim ging es jedoch nicht um die stumpfe Abfolge von fünfzehn Jahren, sondern um einen Generationenbegriff, der auf drei Säulen aufbaut: der Generationenlagerung, dem Generationenzusammenhang und der Generationeneinheit. Die Generationenlagerung bezieht sich auf eine Gruppe von Menschen, die ähnliche Partizipations-, Erlebnis- und Erlebnisverarbeitungschancen aufweist. Eng verbunden mit der Chance sind für Mannheim Geburtsjahrgänge, das heißt, ähnliche Chancen resultieren aus einem ähnlichen Geburtszeitpunkt: »Durch die Zugehörigkeit zu einer Generation, zu ein und demselben ›Geburtenjahrgange‹, ist man im historischen Strome des gesellschaftlichen Geschehens verwandt gelagert.«[18] Eine Generationenlagerung kann sich dann zu einem Generationenzusammenhang verdichten, wenn die Gruppe eine ganz konkrete Erfahrung teilt. Personen einer ähnlichen Altersgruppe teilen dann spezifische gemeinsame Erfahrungen. Die dritte Säule, die Generationeneinheit, wird erreicht, wenn sich der Generationenzusammenhang in gemeinsamen weltanschaulichen, sozialen oder politischen Sichtweisen niederschlägt.[19]

Um dem Generationenbegriff schärfere Konturen zu verleihen, lohnt es sich, ihn mit dem oft verwechselten Begriff Kohorte (lat. »cohors«, zu Deutsch »umfriedeter Raum«) zu vergleichen. Kohorte bezeichnet eine Gruppe von Personen, die in einem bestimmten Zeitraum das gleiche bedeutsame Lebensereignis erfahren haben. Die Mondlandung (Generation Babyboomer, kurz GenBB), die Explosion des Atomkraftwerks in Tschernobyl oder der Mauerfall (Gen X, GenBB), die Anschläge vom 11. September 2001 (Gen Y, Gen X, GenBB) oder die Coronakrise könnten beispielsweise solche Lebensereignisse sein. Wird der Kohortenbegriff durch den Faktor »Alter« ergänzt – bitte nicht verwechseln mit »Alter«, was junge Menschen häufig ans Ende eines Satzes dranhängen –, bezeichnet man die Kohorte als »Alterskohorte«. Eine Alterskohorte durchläuft ein bestimmtes bedeutendes Lebensereignis, wenn sie sich in der gleichen Altersspanne befindet. Wird das Konzept durch den Zusatz »Geburt« ergänzt, stehen die Geburtskohorten im Vordergrund, die sowohl ein gemeinsames Ereignis als auch ein gemeinsames Geburtsjahr oder eine Spanne von Geburtsjahren teilen. Wird der Kohortenbegriff mit dem Alter oder dem Geburtsjahr verknüpft, entstehen Parallelen zum Generationenbegriff. Der Unterschied zum Mannheimschen Generationenbegriff besteht allerdings darin, dass Mannheim über den Kohortenbegriff hinausgeht, denn nicht jede Kohorte hat das Potenzial, gemeinsame Merkmale auszubilden. Eine gemeinsame Kohorte muss sich also nicht zu einem Generationenzusammenhang zusammenschließen lassen. Damit aber die dritte Säule erreicht werden kann, muss ein gesellschaftlicher Prozess in Gang gesetzt werden, der das Potenzial besitzt, dass sich bestehende Denk- und Handlungsweisen ändern. Erst dann lässt sich eine Generationeneinheit erkennen[20]. Karl Mannheim hat damit dem Generationenbegriff eine neue Färbung durch die Verknüpfung von Altersgruppierungen mit gemeinsamen Erfahrungen gegeben, die sich in bestimmten Sichtweisen manifestieren. Die etymologische Bestimmung des Generationenbegriffes, sein Entstehungskontext und der Generationenbegriff von Mannheim als Pionier der sozialwissenschaftlichen Generationenforschung unterscheiden sich deutlich von der Begriffsverwendung heute.

Neben der populär- und unwissenschaftlichen Verbreitung des Generationenbegriffes – wie Generation Golf, Generation Goldfisch oder Generation Greta – verwenden viele den Generationenbegriff auf unterschiedliche Weise. Viele gehen davon aus, dass sich ab 1950 alle fünfzehn Jahre eine neue Generation »ereignet«. Mit dem Wissen um den Mannheimschen Generationenbegriff ist das zu stark vereinfacht. Zudem wird die Generationenthematik derzeit in Deutschland stark aufgebauscht. Folglich entstehen noch mehr Einteilungen und Stereotypisierungen. Zusammenfassend könnte man sagen, dass eine zu vereinfachte – unterkomplexe – Basis eine Vielzahl von Konstrukten aushalten muss. Nur: Wenn das Fundament wackelt, ist keine aufbauende Theorie wirklich sinnvoll. Der Generationenbegriff, der in diesem Buch verwendet wird, wie zum Beispiel Generation Z bzw. Gen-Z, geht wie in der Mannheimschen Generationenkonzeption, davon aus, dass es Merkmale von Menschen mit ähnlichen

Geburtenjahrgängen gibt, die durch gemeinsame Erfahrungen in der Vergangenheit entstanden sind. Das nachzuweisen ist nicht einfach. Schließlich müsste man beweisen, dass Menschen ähnlichen Alters ein Ereignis in ähnlicher Weise wahrgenommen und verarbeitet haben. Obwohl wissenschaftlich nur schwer nachweisbar, wollen wir in diesem Buch den Generationenbegriff verwenden, um den medial inszenierten Stereotypisierungen einen Spiegel vorzuhalten. Denn, würden wir auf den Generationenbegriff verzichten, würden uns die Medien gar nicht zuhören. Zu verbissen suchen sie nach der nächsten polarisierenden Negativschlagzeile über unterschiedliche Alterskohorten, als dass sie Interesse an harmonisierenden Klarstellungen hätten. Generationen sind für uns Vehikel, um Phänomene zu überblicken und um gegen Zuschreibungen anzukämpfen. Nach genauerem Hinsehen bemerkt man aber oft, dass man diese Vehikel eigentlich gar nicht benötigt.

Von Millennial bis zu Zillennial: Im Kuriositätenkabinett ist einfach alles dabei

»Je mehr Käse, desto mehr Löcher!
Je mehr Löcher, desto weniger Käse!
Ergo: Je mehr Käse, desto weniger Käse!«
Autor:in unbekannt

Simon, unser paradoxer Paradepraktikant, sah sich zu unserer Verwunderung gar nicht als Gen Z, obwohl er wie die Faust aufs Auge als Bilderbuch-Gen-Z'ler, gar als Gen-Z-Fluencer, durchgehen würde. Er erfüllt alle Stereotypen, dennoch betonte Simon des Öfteren, dass er sich zu den Zillennials zähle. Menschen, die sich weder als Millennial, ein anderer Begriff für die Gen Y, noch als Gen Z sehen, bezeichnen sich selbst als »Zillennial«. Vertreter dieses Begriffs sprechen von einer Mikrogeneration: Hierbei werden die Rosinen aus beiden Zuschreibungen herausgepickt. Der Begriff Mikrogeneration ist wie der Begriff Zillennial sehr fragwürdig, denn er suggeriert, es gebe auch eine Meso- oder Makrogeneration. Wie überhaupt werden Mikro-, Meso- und Makrogeneration definiert? Durch die Zeitspanne, die Anzahl der Geburten oder die Anzahl der Zuschreibungen? Auch hier wird auf ein unbelegbares Konstrukt einfach ein neues aufgesetzt, als würde ein Hobbyforscher unbedingt beweisen wollen, dass das Monster von Loch Ness hellgrün ist. Da wissenschaftlich aber erwiesen ist, dass es das Monster von Loch Ness nicht gibt, erübrigt sich die Frage nach der Farbe des Monsters. Der Hobbyforscher aber, der die Existenz des Monsters nicht in Zweifel zieht, versucht fieberhaft, seine Theorie vom grünen Monster zu bestätigen beziehungsweise zu belegen, dass es nicht gelb sein kann.

Die größte Gabe des Menschen ist seine Fantasie, sie unterscheidet ihn von allen anderen Lebewesen auf der Welt. Wenn wir unserem Gesprächspartner von unserem Urlaub auf Sansibar erzählen, wo wir mit einer Gruppe von Kindern Fußball am Strand gespielt haben, dann weiß unser Gesprächspartner, wie das Spiel funktioniert, dass wir nur einen Ball haben und dass er normalerweise ins Tor geschossen werden muss, ohne dass er jemals auf Sansibar war. Wir verstehen uns, weil wir uns das gleiche Konzept vom Spiel vorstellen können. Hätte jemand keine Ahnung von Fußball, würde er oder sie sich vielleicht fragen, wieso es nur einen Ball gibt, warum ihm alle hinterherlaufen und wieso dieser eine Ball ständig weggeschossen wird?

Um zu verstehen, warum sich Menschen wie Simon in die Schublade Zillennials pressen, aber nicht in die der Gen Z oder Y, begeben wir uns über den großen Teich in die Mitte des letzten Jahrhunderts, nur diesmal zur Westküste. Hier war ein amerikanischer Professor für Sozialpsychologie auf dem Weg zu seinem Experiment an der Universität, an der er lehrte. Am Vortag kaufte Herr Forer, so hieß der Professor, an einem Kiosk sämtliche Horoskop-Magazine und stellte sie zu einer Art »Persönlichkeitstest« zusammen. Am nächsten Tag bat er seine Studenten, den Test zu beantworten. Im Anschluss bekamen sie die Auswertung. Diese bestand aus einer Beschreibung der Persönlichkeit des Studenten. Nun forderte Forer seine Studenten auf, die Testergebnisse nach dem Wahrheitsgehalt zu bewerten, also wie gut sie sich im Testergebnis wiedererkannt hatten. Das Bewertungsschema bestand aus der Vergabe von skalierten Punkten: 0 = trifft überhaupt nicht zu bis 5 = trifft sehr gut zu. Der Clou: Forer hatte auf der Grundlage von Horoskopen ein Portfolio von Persönlichkeitseigenschaften erstellt und diese als Testergebnis präsentiert. Können Horoskope also doch etwas über uns aussagen?

Alle Horoskop-affinen Zeitschriftenleser dürften jetzt enttäuscht sein: Forer gab jedem Studenten den gleichen Text als Beschreibung ihrer (jeweiligen) Persönlichkeit. Also alle haben tatsächlich genau das gleiche Ergebnis ihrer Persönlichkeitsbeschreibung erhalten. Ohne dass ihnen bewusst war, dass der Nachbar den exakt gleichen Text vor sich liegen hatte, sollten sie nun ihre vermeintlich individuelle Beschreibung bewerten. Durchschnittlich gaben die Studenten mehr als vier von fünf möglichen Bewertungspunkten für die Passung des Tests zu ihrer Persönlichkeitsbeschreibung ab. Der Test wurde mehrmals wiederholt und ergab immer ein ähnliches Ergebnis. Menschen tendieren dazu, generalisierte Charakterzuschreibungen auf sich zu beziehen. Grund dafür ist, dass Menschen wollen, dass wünschenswerte Voraussagen oder Zuschreibungen mit den eigenen Vorstellungen von sich übereinstimmen. Dieses im Nachgang als »Forer-Effekt« bezeichnete Phänomen tritt besonders bei Themen auf, die Ängste betreffen, die vielen in der Gesellschaft gemeinsam sind, wie es zum Beispiel bei diversen Finanzkrisen oder während der Corona-Pandemie der Fall war. Die Zuschreibung, jemand verspüre derzeit erhöhten Stress oder fühle sich verängstigt, werden in Zeiten von Corona nur wenige verneinen. Ein Volltreffer also für findige Horoskop-Entwickler, die mit ihren Zuschreibungen dann stets ins Schwarze treffen. Aber auch mit gesellschaftlichen und sozial erwünschten Themen wie Gesundheit, Arbeitsplatz, Einkommen, Beziehung, Kinder, Erfolg et cetera punkten Horoskope bei ihren Anhängern. Erstellt mit ungenauen Formulierungen, einfachen Polarisierungen oder Zuschreibungen erlauben sie, dass sich viele Menschen darin wiederfinden. Genau das alles passierte auch bei Simon: Der Begriff »Zillennials« umfasst nur die positiven Eigenschaften aus der Gen Z und der Gen Y. Und schließlich sonnt sich auch Simon am liebsten nur im besten Licht.

Der Effekt wird auch als Barnum-Effekt bezeichnet, benannt nach dem Kuriositätenkabinett von Phineas Taylor Barnum, der für jeden Gast eine andere Attraktion in seinem Kuriositätenkabinett in petto hatte – vielleicht zählte auch eine Armbanduhr ohne Uhr zu seinen Skurrilitäten? Der Barnum- oder Forer-Effekt fällt in der Psychologie in die Gruppe der »personal validation fallacy«, was übersetzt »Täuschung durch persönliche Validierung« heißt. Oder wie ich es mit Blick auf Simon bezeichnen würde: der »Zillennial-Effekt«.

Die Metamorphose

»Die Kunst des Lebens liegt in der ständigen Anpassung an unsere Umgebung.«

Kakuzō Okakura

Generation Z, eine andere Jugend

Zurück zu unseren Talkshowgästen und Zeitschriftenbeiträgen über die Gen Z. All das gäbe es nicht, wenn es sich einfach in Luft auflösen würde. Simon ist real und wäre noch vor zehn Jahren eine für uns undenkbare Person gewesen – oder ein äußerst schlechter Laienschauspieler, der bei »Versteckte Kamera« einen Studenten mimt. Es muss also doch irgendwas anders sein bei den Gen-Z-Mitgliedern. Etwas, was nichts mit den klassischen Stereotypisierungen zu tun haben kann. Denn auch viele andere Unternehmen berichten unabhängig voneinander von Simon:innen.

Wir vom Institut für Generationenforschung konnten zwar nur feine Unterschiede zwischen den Generationen X, Y und den Babyboomern feststellen, aber bezogen auf die Generation Z in einigen Bereichen doch recht große Unterschiede. Denn in unserer Generation-Thinking-Studie greifen wir zum Vergleich auf altersgleiche Daten in der Vergangenheit zurück. Wir vergleichen also

Jugendliche der Gen Z mit »Jugendlichen« der Gen Y und X et cetera, als diese im gleichen Alter waren. Mit anderen Worten: 18-Jährige von heute werden mit 18-Jährigen von »früher« verglichen.

Doch wie zu erwarten war, interessieren sich die Unterschiede nicht für die Spanne von fünfzehn Jahren. Corona, die Digitalisierung, die Einführung des Smartphones, Social Media, Kriege und alle erdenklichen weiteren Einflussgrößen haben eines gemeinsam: Sie ereignen sich unabhängig von der starren Fünfzehn-Jahre-Periode, die aber eigentlich für die Generationeneinteilung in X, Y und Z benötigt werden würde. Übrigens: Einige »Forscher« meinen heute schon zu wissen, dass nach der Generation Alpha, die von 2010 bis 2025 reichen soll, im Jahre 2026 die Generation Beta kommen muss … Wow, woher wissen sie, dass in dieser Phase wieder ein kohorten-, gar generationenprägendes Ereignis eintreten wird? Denn Mannheim hatte ja die Generationen rückblickend beschrieben und nicht in der Vorausschau. Die hellseherische Glaskugel hat jedoch nichts gegen empirische Erhebungen auszurichten …

Wir erleben derzeit alle ein Novum in Deutschland: Es verlassen etwa doppelt so viele Menschen den Arbeitsmarkt wie nachrücken. Den Neuankömmlingen stehen doppelt so viele Arbeits- und Ausbildungsoptionen zur Verfügung wie damals jenen, die jetzt den Arbeitsmarkt in Richtung Ruhestand verlassen. Die kleine Gruppe an Arbeitnehmern hat damit das große Los gezogen. Das ist kein Generation-Z-Spezifikum, sondern gerade eine Sondersituation auf dem Arbeitsmarkt. Jeder pickt sich zurzeit das Beste heraus.

Ein weiterer Effekt, den wir miteinbeziehen müssen, ist der Ansturm auf akademische Abschlüsse, die in Rekordgeschwindigkeiten erzielt werden. Mit 18 Abitur, bis 21 den Bachelor. Dann lautet es bei vielen frischgebackenen Alumni: »Hallo, hier bin ich, bereit für einen Teilzeitjob. Meinen Master mache ich nächstes Jahr, will eh nur ein Jahr lang arbeiten, idealerweise aber vier Tage bei vollem Lohn, ich habe schließlich studiert!«

Die Arbeitgeber, die auf die raren Jungen warten, hegen aber andere Vorstellungen. Planmäßig soll alles so weitergehen wie bisher. Ja, so etwas kann bei allen Beteiligten zu Verwunderung führen, aber auch hierbei haben wir kein Generation-Z-Spezifikum, sondern einen aktuellen Zeitgeist. Alles muss *instant* sein, wir alle werden ungeduldiger. Der Unterschied aber liegt darin, dass die Jungen keine andere Welt kennenlernen durften.

Zudem gibt es auch einen oft unbeachteten Paralleltrend, denn immer mehr Menschen in diesem Alter beenden die Schule ohne Schulabschluss. 2023 gab es davon über 50 000 Menschen davon in der Bundesrepublik, zudem schafft ein immer größerer Teil auch die Berufsausbildung nicht mehr. Der Mittelbau in der Generation Z ist wesentlich kleiner im Vergleich zu jenem, der bei den Babyboomern und der Gen X in diesem Alter vorhanden war. Diese Gemengelage kommt erschwerend hinzu und stellt Unternehmen vor immer größere Herausforderungen.

Das alles geschah aber nicht über Nacht, sondern mit einer großen Ankündigung, denn seit etwa 1969 geht die Geburtenrate rapide nach unten …

Regeln sind Regeln

Was ist dann nun typisch Generation Z? Was sind Eigenschaften, die die heutigen jungen Erwachsenen noch zu einem wesentlich späteren Zeitpunkt ihres Lebens mit hoher Wahrscheinlichkeit zeigen werden? Eigenschaften, die sich nicht mit dem Alter ausschleichen werden oder abhängig von gesellschaftlichen Trends sind?

Wir vom Institut für Generationenforschung konnten belegen, dass die Angehörigen der ab 1996 Geborenen ein regelkonformeres Verhalten zeigen als ihre Vorgängergenerationen. Während der Corona-Pandemie wurde das sehr deutlich. Wir befragten etwa 60 000 Menschen über einen Zeitraum von zwei Jahren, um herauszufinden, wie sich die Vertreter der verschiedenen Generationen über diesen langen Zeitraum verhalten. Die Coronapandemie war wie ein groß angelegtes Versuchslabor für uns, denn sie stellte mit ihren Lockdowns und Einschränkungen eine Disruption für alle dar: Zu Hause bleiben müssen, Maske tragen und/oder remote arbeiten. Umso spannender also, wie sich die verschiedenen Generationen verhalten würden. Rebelliert haben am Ende vor allem die Kohorten der Gen X und der Babyboomer, während sich die Gen Z'ler größtenteils an die Vorgaben der Regierung hielten, Maßnahmen als sinnig ansahen und Rücksicht auf die Alten nahmen. Eigentlich jugend-untypisch, oder?

Also forschten wir weiter nach. Alle vierzehn Tage befragten wir die Bevölkerung in Deutschland, wie sie zu den Maßnahmen stehen, wie sie mit Regelbrüchen bzw. Verstößen gegen die Coronaregeln und Regelbrechern umgehen würde und wie sie das Handeln der Regierung einschätzte. Wir konnten nicht nur belegen, dass die Jüngeren die Maßnahmen weniger stark infrage stellten und die Vorgaben sinnvoller fanden, sondern auch, dass relativ betrachtet viel weniger junge Menschen an »Alternative Fakten« oder Verschwörungstheorien glaubten. Die Jüngeren legten mit Blick auf die Vermeidung einer weiteren Ausbreitung der Pandemie ein reiferes Verhalten an den Tag als die Älteren. Die Jüngeren forderten auch, Regelbrecher stärker zu sanktionieren.

Ausschnitt der März- bis Mai-Befragungen 2020: Anteil der Personen, die ein härteres Durchgreifen der Politik fordern

	19.03. 2020	14.04. 2020	28.04. 2020	12.05. 2020	19.05. 2020	27.05. 2020
GenBB 56 - 88 Jahre	9,34%	5,89%	8,00%	6,12%	2,13%	5,88%
Gen X 40 - 55 Jahre	8,02%	9,30%	7,25%	8,18%	5,66%	7,25%
Gen Y 26 - 39 Jahre	9,34%	4,35%	8,33%	10,79%	4,44%	5,75%
Gen Z 16 - 25 Jahre	11,76%	10,87%	15,71%	12,00%	12,77%	13,09%

© Institut für Generationenforschung. 19.03.2020 n= 2.875 | 14.04.2020 n= 1.848 | 28.04.2020 n= 2.514
12.05.2020 n= 3.578 | 19.05.2020 n= 2.903 | 27.05.2020 n= 3.350 | GenBB (Geburtenjahrgänge vor 1964); Gen X (1965–1979); Gen Y (1980–1995); Gen Z (1996–2010)

Bezogen auf alle Vorgängergenerarionen, zeigte die Generation Z jugenduntypisches Verhalten. Sich außerhalb der Norm zu bewegen, ist eigentlich typisch für junge und pubertierende Menschen. Nein, angepasst und anständig sein, das ist der Gen Z-Hype.

Viele Junge haben sogar versucht, der Coronapandemie etwas Positives abzugewinnen, und das trotz Party- und Kennenlernverbot. Für viele hatte sich tatsächlich durch die Pandemie wenig in ihrem Freizeitverhalten geändert. Sie hatten während der Pandemie nur bessere Gründe als sonst, den Tag in der digitalen Welt zu verbringen. Ein aufgezwungenes »Weiter so« also.

Es verwundert daher nicht, dass vor allem viele junge Menschen bei der Frage »Sehen Sie in der Coronakrise auch eine Chance für die Menschheit?« zustimmten. Parallel dazu befragten wir in qualitativen Interviews junge Menschen, worin sie die Chance für die Menschheit in der Coronakrise sehen. Einen tiefgreifenden sozialen Wandel zu mehr Zusammenhalt, eine Erholung des Weltklimas durch eine CO_2-Reduktion sowie ein politisches Umdenken hin zu mehr Nachhaltigkeit und sozialer Gerechtigkeit konnten sich viele vorstellen.

Ausschnitt der März- bis Mai-Befragungen 2020: Anteil der Personen, die in der Coronakrise auch eine Chance für die Menschheit sehen

	19.03. 2020	14.04. 2020	28.04. 2020	12.05. 2020	19.05. 2020	27.05. 2020
GenBB 56 - 88 Jahre	75,00%	41,67%	72,00%	59,18%	46,81%	46,00%
Gen X 40 - 55 Jahre	80,85%	65,85%	65,22%	51,82%	58,49%	55,00%
Gen Y 26 - 39 Jahre	72,92%	74,51%	71,67%	61,15%	63,33%	57,47%
Gen Z 16 - 25 Jahre	90,20%	68,75%	82,86%	72,00%	70,21%	75,86%

© Institut für Generationenforschung. 19.03.2020 n= 2.875 | 14.04.2020 n= 1.848 | 28.04.2020 n= 2.514 | 12.05.2020 n= 3.578 | 19.05.2020 n= 2.903 | 27.05.2020 n= 3.350 | GenBB (Geburtenjahrgänge vor 1964); Gen X (1965-1979); Gen Y (1980-1995); Gen Z (1996-2010)

Über die Befragungszeitpunkte hinweg brach die Euphorie jedoch wieder ein, aber trotz des Einbruchs stimmten die Gen Z'ler weiterhin am ehesten zu. Schon einen Monat nach der ersten Umfrage war etwa ein Drittel der 18- bis 25-Jährigen nicht mehr von einem positiven Einfluss auf die Menschheit durch die Coronapandemie überzeugt. Wir vermuten, dass die Generation Z von allen Generationen den stärksten Wunsch hatte, die Coronakrise positiv umzudeuten.

Masse muss sein

Wir konnten belegen, dass die Mitglieder der Gen Z, bezogen auf unterschiedliche Geschlechter, ein homogeneres Ankreuzverhalten haben, das heißt, die Unterschiede zwischen den Geschlechtern geringer sind, als es zum Beispiel bei den Vorgängergenerationen der Fall war. In der Generation-Thinking-Studie wurden die Daten heutiger 18- bis 20-Jähriger mit den Daten von 18- bis 20-Jährigen von vor zehn Jahren verglichen. Wir verglichen also die Gen Z mit Gen Y, als sie jeweils im gleichen Alter waren. Auf die Frage »Wie wichtig ist dir dein Beruf und deine Arbeit?« antworteten unterschiedliche Geschlechter der Gen Z homogener als die der Gen Y. Ähnliches zeigte sich bei den Fragen nach der eigenen Familie oder genügend Zeit für die Familie.

Ein Angleichen des Ankreuzverhaltens verschiedener Geschlechter der Generation Z sehen wir aber nicht bei allen Fragen. Auf die Geschlechterrollen bezogen, geht es jedoch weit auseinander. Es scheint, dass der Generation Z, wie vermutlich auch älteren Generationen, der Metablick fehlt. Weshalb männliche

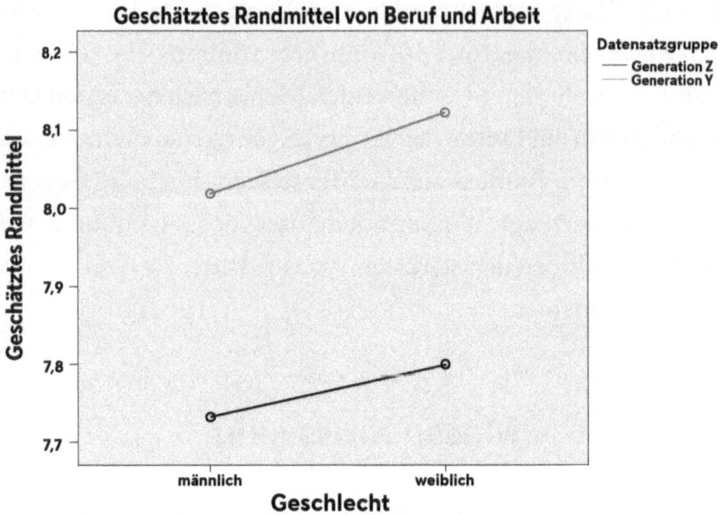
Geschätztes Randmittel von Beruf und Arbeit
Datensatzgruppe
Generation Z
Generation Y
Geschätztes Randmittel
8,2
8,1
8,0
7,9
7,8
7,7
männlich
weiblich
Geschlecht

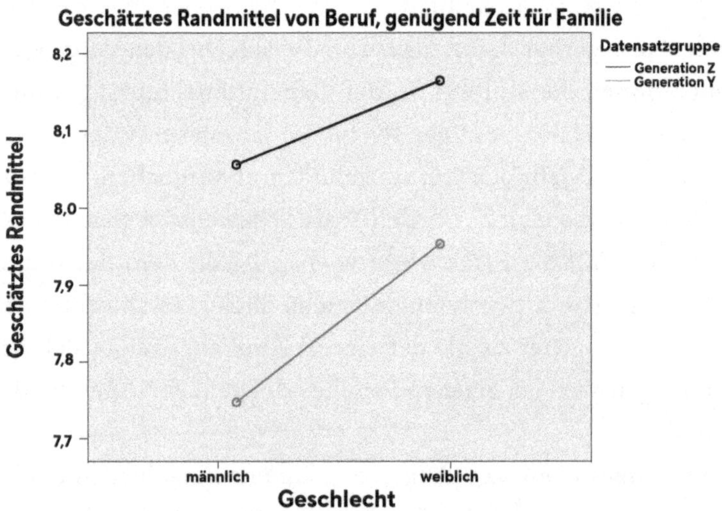
Geschätztes Randmittel von Beruf, genügend Zeit für Familie
Datensatzgruppe
Generation Z
Generation Y
Geschätztes Randmittel
8,2
8,1
8,0
7,9
7,8
7,7
männlich
weiblich
Geschlecht

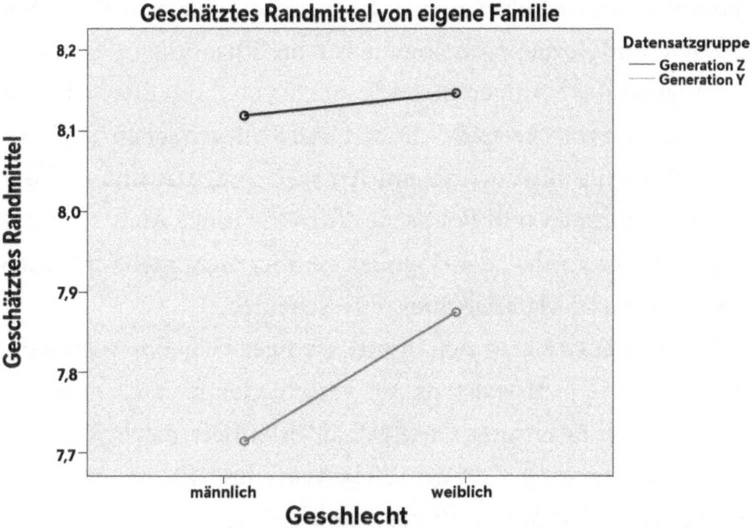

Vertreter der Generation Z eher konservativ wählen und weibliche in der Regel eher liberal. Dennoch können wir davon ausgehen, dass vielen Vertretern der Gen Z ähnliche Wertvorstellungen genauso wichtig sind wie Gleichaltrigen, eventuell wie auch bei Simon. Was jedoch über direktes Abfragen aus besagten Gründen nicht mehr so einfach herauszubekommen ist – Stichwort Attitude Behaviour Gap. Teile eines Gen-Z-Verhaltens weichen statistisch betrachtet wahrscheinlich nicht weit ab vom Verhalten anderer Personen der gleichen Altersgruppe. Während bei den älteren Generationen noch mehr Personen unterschiedlich stark zustimmten, gibt es bei der Generation Z weniger Personen mit extremem Antwortverhalten. Dies deckt sich auch mit den Erkenntnissen von Marc Calmbach und Kollegen[21]. Neo-Konventionalismus nannten sie das. Der Neo-Konventionalismus ist ein Kofferwort, bestehend aus dem altgriechischen *neo* für »neu« oder »jung«, aber auch »revolutionär« und dem lateinischen *conventio*: »übereinkommen«. Es beschreibt innerhalb der Soziologie und Sozialpsychologie das neue Phänomen des Nichtabgrenzens der heutigen Jugendkohorte von ihren Eltern. Einige Forscher wie zum Beispiel Schubart und Kollegen sehen den Neo-Konventionalismus auch als eine Art Wertepragmatismus[22]. Zwar seien Traditionen und Politisches für viele junge Menschen bedeutender geworden, dabei wollen sie aber nicht mehr zwischen Idealismus und Materialismus unterscheiden.

Folglich entwickeln sich immer weniger Gegenbewegungen. Im Gegenteil, in Koexistenz mit verschiedenen Interessen und Lebensstilen in unserer Gesellschaft orientieren sich Jugendliche der Generation Z an dem Lebensstil ihrer Eltern. Am Ende geht es den heutigen Nachwuchskräften eben nicht darum, der Mainstream-Kultur der Erwachsenen eine eigene »Subkultur« entgegenzusetzen[23], auch nicht um eine Gegenbewegung zur aktuell vorherrschenden Leistungsorientierung in der Arbeit mit einer Vier-Tagewoche, sondern darum, ihre Gewohnheiten zu erfüllen. Die jungen Nachwuchskräfte durften nie eine andere Welt kennenlernen.

Die digitale Welt fordert den Mainstream

Täglich 95 Minuten sind junge Menschen durchschnittlich auf TikTok, eine bis zwei Stunden auf Instagram, hinzu kommt die tägliche Dosis Snapchat, YouTube, WhatsApp, Tinder und natürlich YouPorn … Das originäre Geschäft dieser Plattformen besteht darin, Daten an Firmen zu verkaufen, um gezielter Werbung an den Einzelnen zu bringen. Die User sind also das Produkt. Um hierbei das Maximum herauszuholen, sorgen die Plattformanbieter durch Design-Elemente dafür, dass die Zeit wie im Flug vergeht. Der Like-Button ist mit dem großen Herzsymbol direkt am Daumen ausgelegt, YouTube zeigt schon das nächste Video an, bevor das eigentliche Video vorbei ist – das Ihnen sicherlich gefallen wird, weiß der Algorithmus. Dank kleiner Psycho-Tricks bleiben wir länger online, als wir es ursprünglich wollten. Dabei geben wir auch mehr Daten preis, als uns lieb ist. Wir sind Opfer des »Addictive Design«, zu Deutsch des »süchtig machenden Designs«.

So wachsen unsere Nachwuchskräfte etwa alle auf, da sind wöchentlich 60 Stunden auf Social Media keine Seltenheit. Einen großen Teil des Tages machen junge Menschen also genau das, was andere junge Menschen machen: Sie verbringen ihre Freizeit auf Social Media und damit im Cyberraum. Und dieser Cyberraum hat klare Regeln, wie man sich zu bewegen hat. Ein schlechter Post, keine Likes dagelassen, ein dummer Spruch, und der Shitstorm kommt wie ein Orkan aus Fäkalien als Dankeschön. Ein peinliches Video wird mit sich übergebenden Smileys quittiert. Werde ich als junger Mensch im Netz gemobbt, können schon mal Hunderttausende gegen mich sein. Man muss stets auf der Hut vor Cybergrooming (Erwachsene manipulieren Kinder, um sexuellen Kontakt aufzunehmen), Happy Slapping (Jemand wird geschlagen und dabei gefilmt) oder Cybermobbing (Viele Menschen beleidigen andere Menschen über das Internet) sein! Großer Druck für Jugendliche, also nur nicht negativ auffallen! Lieber innerhalb der Norm agieren und keine Fehltritte riskieren.

Meine wirkliche Meinung äußere ich nicht, stattdessen »gebe« ich eine Meinung, die viele hören wollen und von der Cybercommunity positiv bewertet wird.

Erinnern Sie sich noch an die tanzende Ministerpräsidentin Sanna Marin? Sie schwofte so vergnügt, dass die finnische Opposition einen Drogentest verlangte. Wer so viel Spaß hat, muss gekokst haben, so der politische Gegner. Der Vorwurf der Opposition sagt viel über sie selbst aus – dennoch machte die Ministerin den Drogentest, der negativ ausfiel (Wir erinnern uns an den Fall Christoph Daum – mit gegenteiligem Ergebnis). Zahlreiche Politiker, angefangen von Markus Söder und Friedrich Merz bis hin zu Annalena Baerbock, posteten ein Feierbild von sich unter dem Hashtag #SolidarywithSana. In den Kommentarspalten im Netz entbrannte eine Diskussion: Wie kann man nur gegen eine feiernde Person sein? Wir sind doch alle nur Menschen, auch Politiker! Wir vom Institut für Generationenforschung haben die Sozialen Medien rund um den Fall der tanzenden Ministerpräsidentin durchforstet und kaum jemanden gefunden, der sich a) negativ über die tanzende Ministerpräsidentin äußerte oder b) die Freunde von Sana Marin infrage stellte, die das Video im Netz gepostet haben sollen. Stattdessen fast ausschließlich Sympathiebekundungen für die »Tanzeskapade«. Nun, wenn niemand ein Problem mit dem Fall Marin hat, was bringt es dann, in einem Post zu betonen, wie sehr man solidarisch ist?

Der Kampf gegen die unsichtbaren Gegner Marins generierte Likes und machte die Trittbretttänzer, pardon, -fahrer wie Söder und Co. sympathischer. So wahrscheinlich die Annahme der Social-Media-Strategen der Politiker. Dass sich die Trittbretttänzer aber durch die bekundete Solidarität in künstlich generierten Lobeshymnen suhlten, klärte rückblickend niemand auf.

Wenn Erwachsene ihr Verhalten schon in Abhängigkeit der sozialen Medien ausrichten, wie geht es dann erst den Jüngeren, die schon im frühen Jugendalter damit in Berührung kommen?

Die fühlen sich inmitten der Gaußschen Normalverteilung eben nicht nur wohl, sondern vor allem sicher! Dort passiert am wenigsten Negatives. Man muss sich nicht für eine Position entscheiden und in dieser verharren. Mainstream ist ein Muss, willst du im Cyberraum überleben, dies gilt übrigens auch für die ganzen Bubble-Communitys, denn auch hier findet kein Dialog, sondern *nur* ein gegenseitiges Befeuern und Befeiern statt. Das alles führt dazu, dass im gesamten Netz, aber auch innerhalb der Foren das sozial erwünschte Verhalten dominiert. Für die Jungen könnte es sich auch so anfühlen, als seien sie es gewohnt, dass ihnen keiner richtig zuhört oder es unerheblich ist, ob sie ihre wirkliche Meinung äußern.

Firmen, die über das Netz junge Menschen mit ihren Produkten ködern wollen, haben ein leichtes Spiel. Viele Menschen wünschen sich ähnliche Produkte. Eine größere Menschenmasse kann mit mehr Massenprodukten versorgt werden. Wer sich nicht wie die Masse benimmt, wird weniger geliked, kommentiert und geteilt. Wieso sollte sich ein Süßigkeitenhersteller über die kleine anonyme Anti-Sugar-Gang scheren?

Von New York zu New Work

Kurt, der Vorzeigegeschäftsmann

Nach dem Bauingenieursstudium hat sich Kurt binnen weniger Jahre zur Führungskraft hochgearbeitet und ist heute Geschäftsführer einer Zuliefererfirma für die Automobilindustrie. Mit seiner knüppelharten Verhandlungstaktik und seinem eiskalt charmanten Blick wickelt »Knallhart-Kurt«, wie der 61-Jährige auch von seinen Mitarbeitern genannt wird, regelmäßig millionenschwere Deals ab. Finanzielle Sorgen hat er keine. Er gönnt sich des Öfteren Luxusurlaube, dabei ist er aber stets für seine Firma erreichbar.

Emilia, die Personalexpertin

Die 44-jährige Personalchefin einer Agentur für Veranstaltungsmanagement liebt ihren Job. Da sie aufgrund des Fachkräftemangels mit großen Personalschwierigkeiten zu kämpfen hat, versucht sie ihr Unternehmen so attraktiv wie möglich zu präsentieren. Als ehemalige Angestellte, die sich im Unternehmen hochgearbeitet hat, weiß sie, was den Berufseinsteigern wichtig ist.

New York veränderte sich durch Einwohner sowie die jeweiligen Besitzer mit ihrer Kultur. Je nach Zeit hatten die Einwohner von New York einen anderen Tagesablauf, ihnen waren unterschiedliche Tätigkeiten und Dinge wichtig, und sie gingen einer anderen Arbeit nach. Jede Zeit stellte ganz eigene Anforderungen an die Menschen.

Ähnlich ist das in der Arbeitswelt. Die Arbeitswelt der Babyboomer forderte Ellenbogenmentalität ein, um sich gegen Kontrahenten durchzusetzen. Nehmen wir als Beispiel Knallhart-Kurt. Er konnte sich durch seine knüppelharte Verhandlungstaktik sozusagen »vom Tellerwäscher bis zum Millionär« hocharbeiten. Als Führungskraft ist er geschätzt und gefürchtet, da er den Betrieb geradlinig regiert, wenn er es aber für richtig hält, Gnade walten lässt. Als sich Knallhart-Kurt zur Führungskraft hocharbeitete, suchte man standhafte Typen mit Gespür für Erfolg und Durchsetzungskraft, Deals entschieden über die Bühne zu bringen. Kurt, der schon immer mit dem Kopf durch die Wand ging, war dafür wie geschaffen und ist ein Paradebeispiel für die Great-Man-Theorie, die davon ausgeht, dass Führungskräfte nicht gemacht, sondern geboren werden.[24] Der schottische Historiker Thomas Carlyle entwickelte die Great-Man-Theorie während der Napoleonischen Kriege. Er war der Überzeugung, dass wahre Führungskräfte von Gott auf die Erde gesandt wurden. Beispiele nannte er in seinem 1841 veröffentlichten Buch Über Helden, Heldenverehrung und das Heldenthümliche in der Geschichte[25]. Durch ihre angeborene Fähigkeit zu führen bringen die großartigen Männer die Dinge zu einem guten Ende. So zumindest seine Theorie. Dass durch die geradezu darwinistisch anmutende Überlegenheit all jene als Führungskräfte ausgeschlossen werden, die sich nichts auf ihre angeborenen Fähigkeiten einbilden,[26] hatte Carlyle nicht bedacht, oder es war ihm vielleicht auch gar nicht wichtig. Knallhart-Kurt jedenfalls ist der Überzeugung, dass er sich seine unvergleichliche Karriere verdient hat. Auch den Führungskult, der sich um seine Person rankt, hält er für selbstverständlich, oder besser gesagt, Kurt bekommt vieles davon gar nicht mit, wenn sich beispielsweise die Angestellten im Büro noch einmal die Klamotten glatt streifen, bevor er das Büro betritt, seine Angestellten Fehler vertuschen, um nicht einem seiner berüchtigten Wutausbrüche anheimzufallen, oder am Wochenende Projekte fertigstellen, um über Hochglanzpowerpointpräsentationen eines seiner charismatischen Lächeln als Dank einzufahren.

Doch Kurt ist eines der letzten Exemplare. Als die Generation X und Y zu Führungskräften heranwuchsen, entwickelte sich eine neue Art des Führungsstils. Dieser lässt sich gut mit der Social Identity Theory erklären. Sie geht davon aus, dass Führung nur dann erfolgreich ist, wenn sich die Führungskraft gemeinsam mit ihren Mitarbeitern als Gruppe begreift, wenn ein »Wir-Gefühl« entsteht.[27] Nur wenn sich die Führungskraft ihren Mitarbeitern offen mit ihren Zielen, Ansichten und Ambitionen präsentiert, kann eine geteilte soziale Identität entstehen.[28] Emilia, die ambitionierte Personalerin einer Eventagentur, könnte ein Beispiel hierfür sein. Für ihre Bewerber tut sie alles. Indem sie ihnen viele Zugeständnisse macht, versucht Emilia ihr Unternehmen attraktiv zu präsentieren. Nur wer sich wohlfühlt, leistet mehr. Aber die Bewerber erhalten keinen Freibrief: Das, was Emilia geben kann, erwartet sie umgekehrt auch von ihren Mitarbeitern. Wenn die Mitarbeiter im Homeoffice sind, ist permanente Erreichbarkeit, auch über die Arbeitszeit hinaus, ein Muss. Um das Gemeinschaftsgefühl zu stärken, ist das wöchentliche Feierabendbier am Donnerstag obligatorisch. Wer früher geht und die After-Work-Party sausen lässt, wird kritisch beäugt. Dass die Mitarbeiter aber für die Anwesenheit bei der After-Work-Party, dem Bierchen oder dem Social Networking beim Geschäftsessen am Abend keine Arbeitszeit abrechnen dürfen, stört Emilia nicht. Schließlich ist Connecting für alle das Beste und Teil ihrer New-Work-Strategie.

Yes, New Work here, New Work there, New Work everywhere.

Viele glauben nun, mit dem New-Work-Modell die Neuen zu begeistern, für sich zu gewinnen und zu halten. New Work, the newest Shit, um die New:innen zu bekommen: Gen Z = New Work! Sie haben bestimmt auch schon davon gehört, gelesen oder newworken sogar gerade selbst.

New Work wird nur deshalb so häufig in den Mund genommen, weil keiner genau weiß, was es eigentlich bedeutet, so wie eigentlich Emilia es auch nicht wirklich weiß. Die meisten verstehen darunter agile Teams und Organisationen, Homeoffice, remote Arbeit oder den Einsatz von mehr digitalen Technologien am Arbeitsplatz, von Workation bis LAWA (*live anywhere work anywhere*), und am Ende ein enormes Work-Life-Blending. Also eine Mehrarbeit, ohne dass es den Leuten wirklich bewusst ist. Emilia versteht darunter zum Beispiel ein Connecten auf allen Ebenen. So new sich das Konzept oft anhören mag, so oldschool ist es. Frithjof Bergmann heißt der Urvater des »New-Workaholism«, ein österreichisch-US-amerikanischer Sozialphilosoph und Anthropologe – es gibt also neben Schwarzenegger noch andere US-Amerikaner mit österreichischer Provenienz, die in Deutschland bekannt sein könnten. Nach seiner Reise in die damaligen Ostblockstaaten in der Zeit von 1976 bis 1979 gründete Bergmann in den darauffolgenden Jahren das Zentrum für Neue Arbeit, sorry, New Work in Flint, Michigan. Er wollte einen Gegenentwurf zur kapitalistischen und sozialistischen Lohnarbeit entwickeln. Es folgten die ersten Center of New Work in Detroit. Bergmann versuchte, der Massenarbeitslosigkeit in der Automobilindustrie aufgrund der Ölkrise entgegenzuwirken. Heute haben wir nahezu Vollbeschäftigung in Deutschland, Bergmanns New-Work-Konzept ist also nicht eins zu eins auf unsere Zeit übertragbar, sondern muss an die heutigen Bedingungen angepasst werden.

Bergmanns Vision war eine »Arbeit, die man wirklich, wirklich will«. Eine Arbeit, die den Einzelnen zufriedenstellt in einer angenehmen und anregenden Arbeitsumgebung. Und eine Arbeit, die sinnvoll ist, für den Einzelnen und für die Gesellschaft. Sofern der einzelne Mitarbeiter das Feierabendbierchen, den Obstkorb oder das Connecting am Donnerstagabend in einem überteuerten Restaurant für sich selbst oder die Gesellschaft nicht als sinnvoll definieren kann, sich dabei nicht wohlfühlt und nicht hinter dem stehen kann, was er tut, muss also New Work mehr als das sein.

»Was« New Work auszeichnet, muss darum individuell sein, und »wie« man auf das Ideal einer sinnvollen Arbeit zustreben kann, ebenso. Bergmann lieferte lediglich einen Rahmen, in dem wir uns auf sinnvolle Arbeit zubewegen können. Maßnahmen vorzugeben, wie das Ideal des New-Work-Konzepts zu erreichen ist, wäre widersinnig, weil so das passieren würde, was Bergmann ja gerade verhindern wollte: dass die Individualität des Mitarbeiters geschluckt wird.

Was es heute braucht, so die Überzeugung des digitalen LinkedIn-Dorfes, ist New Work. Doch zeigt jeder Business Influencer ein anderes Modell, eine andere Idee, was New Work alles sein muss. »New Work« ist also in aller Munde; wieder eine Sau, die durchs digitale Social-Media-Dorf gejagt wird. Führung im Zeitalter von New Work muss nicht nur remote, sondern auch »empowernd« sein. Und schon gibt es eine ganze Armee von New Work Keynote Speaker, New Work Influencer und New Work Consultants. Und schon wieder hat man das Gefühl, es gebe mehr solche New Work Profis als tatsächliche New Workers.

Der sogenannte »Interaktive Führungsstil« geht auf die Besonderheiten der Mitarbeiter ein und verstärkt auf diese Weise die Bindung zwischen Mitarbeiter und Führungskraft,[29] denn durch die intrapersonelle Bindung zur Führungskraft und den intensiven Einbezug der Mitarbeiter in Entscheidungsprozesse wären sie dazu bereit, mehr Verantwortung zu übernehmen.[30]

Die meisten von uns werden sich wohl wünschen, so eine Führungskraft zu haben oder zu so einer zu werden. Das Konzept der interaktiven Führung ist ja schön und gut, doch wie nur soll eine einzige Führungskraft jedem ihrer Mitarbeiter generationenübergreifend diese Form der Unterstützung, Motivation und Entscheidungsverantwortung entgegenbringen? Und das Ganze noch remote bitte schön!

Bergmann hatte wohl alles im Sinn, aber kannte damals die virtuelle oder auch Remote-Arbeit noch gar nicht, hier wird also ein altes Konzept in eine »Neue Welt« transformiert, weil es sich aber dennoch »New« anhört, sollte es wohl klappen, so die Meinung. New York ist eben auch nicht mehr New Amsterdam!

Wir brauchen hier einen Kulturwandel. So wie New York viele Wandel durchgemacht hat, ist auch New Work zu verstehen. Einige sprechen nun schon von Future of Work. Der Trend der Flexibilisierung ist wohl nicht mehr aufzuhalten: Ort, Zeit, Tätigkeiten werden zukünftig immer mehr auf den Mitarbeiter zugeschnitten und infolgedessen weniger vom Unternehmen vorgegeben. Die Mitarbeiterpersönlichkeit wird also immer mehr in den Mittelpunkt rücken, und die Gen Z wird dies in naher Zukunft auch massiv einfordern.

Der potenzielle Vorgesetzte muss also wissen, was seine Simons & Co. brauchen, und auch verstehen, was sie wirklich, *wirklich* antreibt, um ihr Potenzial entfalten zu können. Die Grenzen hierbei sind die Rahmenbedingungen des Unternehmens, die ebenfalls im New Work auf Neudeutsch »gechallenged« werden müssen. Wie man schnell merken wird, geht es weit über Ort- und Zeitflexibilisierung hinaus und bedeutet in vielen Fällen eine Hinwendung hin zu einer People-Centred Culture beziehungsweise diversitätsorientierten Kultur. Also ein New York für bunte New Yorker von New Yorkern.

Will man New Work also etablieren, sollten die Teams kleiner und homogener sein, als wohl die meisten New Worker auf dem (Bild)Schirm haben. Zudem bedarf es einer sehr guten und souveränen Leitung, die es versteht, auf allen Ebenen zu kommunizieren, digital wie analog! Und wenn man diese Grundvoraussetzungen stringent weiterdenkt, fallen viele Aspekte raus, die nun unter »New Work« von vielen verstanden werden … Was bedeutet, New Work ist eben überhaupt nicht Gen Z, zumindest nicht der Schlüssel aller Problemlösungen.

Viele junge Menschen berichten in unseren Umfragen sogar, dass sie als ersten Arbeitsplatz einen Remote-Arbeitsplatz ablehnten. Zu groß die Grauzone und zu austauschbar, sieht doch jeder Arbeitgeber von zu Hause aus gleich aus. Wie darf ich was, wann und wie erledigen? Wer kontrolliert mich und gibt mir Feedback?

Wie weiß ich, ob ich meine Tätigkeit korrekt erledige, und wieso bekomme ich remote weniger Lob? Das sind die Fragen, die sich die Jungen stellen werden. Remote ist super für Menschen, die mitten im Arbeitsleben stehen, sich selbst gut koordinieren können, kleine Kinder haben oder einen langen Anfahrtsweg. Für viele Arbeitsanfänger kann es tatsächlich ein Albtraum sein.

Wir hörten in unseren Befragungen immer wieder: »Ich möchte was lernen!« Viele sehnen sich auch nach »einem Vorgesetzten, der mich an die Hand nimmt, der mir alles direkt zeigt und mir das Gefühl gibt, dass ich das, was ich mache, auch gut mache«.

Viele haben es nach der Coronazeit satt, digital zu lernen. Einige legten sogar genau deshalb während der Lockdown-Phase eine Studienpause ein, um nicht wieder digital bespielt zu werden. Die Gen Z kennt die digitale Welt hauptsächlich aus der Freizeitbespaßung, aus Entertainment-Gründen, also aus Konsumgründen. Hier mit einem Vorgesetzten zu kommunizieren, ist für die Gen Z genauso *new* wie für einen Boomer. Digital ist eben nicht gleich digital.

Älteren wäre es wohl ähnlich ergangen, wenn sie via Telefon und Videokassetten die Arbeitswelt von zu Hause aus hätten kennenlernen dürfen. Denn Anrufe und Videokassetten sind eben nicht personengebunden und führen in den seltensten Fällen zu einer Bindung, intrinsischen Motivation oder Arbeitnehmerloyalität.

New York digital zu erleben, kann Spaß machen, hierin aber eine Aufgabe zu lösen, die man auch in New York physisch vor Ort machen kann, ist nochmal etwas anderes.

Also nur weil jemand lange auf dem Handy TikTok-Videos anschaut, bedeutet das nicht, dass jemand auch gerne digital arbeiten möchte. Ich muss also New Work in allen Facetten leben und verstehen, denn ein reines Remote-Arbeiten wird tatsächlich an den Jungen scheitern.

Der Spiegel

»Die Jugend liebt heutzutage den Luxus. Sie hat schlechte Manieren, verachtet die Autorität, hat keinen Respekt vor den älteren Leuten und schwatzt, wo sie arbeiten sollte. Die jungen Leute stehen nicht mehr auf, wenn Ältere das Zimmer betreten. Sie widersprechen ihren Eltern […] und tyrannisieren ihre Lehrer.«

Das Zitat stammt aus der Feder des griechischen Philosophen Sokrates, der etwa 469 bis 399 v. Chr. in Athen lebte. Sokrates war die damalige Jugend ein Dorn im Auge. Ärger und Sorge über die Jungen ist ein Jahrtausende altes Phänomen, das in Zeiten von Social Media eine Renaissance erfährt, so wie die Antike in der Renaissance selbst. Es kommt nun heute zu Reibungen.

Trotz World Wide Web und ChatGPT wissen wir gar nicht, ob das Zitat wirklich von Sokrates stammt, oder genau deswegen?

Meistens sind Zitate aus der Antike schwer einer Person zuzuordnen, da bis heute viele Spuren verwischt sind. Besonders schwer ist das bei Sokrates, denn er hinterließ selbst keine Schriften. Vieles aus dem Leben und Denken des Gelehrten wissen wir dank seiner zwei bekannten Schüler, Platon und Xenophon, die fleißig notierten, was der Meister gesagt haben *soll*. Die beiden waren mitunter aber auch jene, die Sokrates als die faulen und respektlosen jungen Menschen seiner Zeit bezichtigt haben könnte.

Platon, der Schüler von Sokrates, wurde selbst Lehrer und hatte Schüler. So hörte man ihn wiederum sagen:

»[...] die Schüler achten Lehrer und Erzieher gering. Überhaupt, die Jüngeren stellen sich den Älteren gleich und treten gegen sie auf in Wort und Tat.«

Platon, 427–347 v. Chr.

Einer von Platons Schülern, ein Aufwiegler, gilt heute als Begründer der Metaphysik und ist niemand Geringeres als der Philosoph Aristoteles (382–322 v. Chr.). Dieser hatte ebenfalls ein enormes Problem mit der damaligen Jugend und hielt fest:

»Ich habe überhaupt keine Hoffnung mehr in die Zukunft unseres Landes, wenn einmal unsere Jugend die Männer von morgen stellt. Unsere Jugend ist unerträglich, unverantwortlich und entsetzlich anzusehen.«

»Diggi, das ist stabil safe not nice, Alter«, hätte unser Praktikant und Philosoph Simon mit Sicherheit gesagt. Interessanterweise war ein Schüler von Aristoteles Alexander der Große, späterer König von Makedonien von 336 v. Chr. bis 323 v. Chr. Ein, wenn nicht sogar *der* Feldherr seiner Zeit, der das größte damalig bekannte Reich zu Lebzeiten errichtete; ob das eine Errungenschaft ist, darüber mag man streiten, aber so ganz passt das nicht zu dem Zitat seines Lehrmeisters. Zudem ist man heute gar nicht so sicher, ob es wirklich von ihm stammt. Die Quelle ist also *not safe, Alter!*, denn das Zitat könnte auch aus der Feder von Kenneth John Freeman stammen,

der über die griechische Antike Essays verfasste. Der Schriftsteller soll etwa zweitausend Jahre später, im Jahr 1907, wohl ein ähnliches Problem mit der Jugend gehabt haben …

Anderer Ort, anderes Jahrtausend, aber eine gleich faule und respektlose Jugend? Haben es die Eltern über die Jahrtausende nicht geschafft, richtig zu erziehen? Oder hatten wir seit jeher selbst ein Problem mit dem Altwerden? Ja, und wieso wollen wir das nun alles ändern?

Wenn ein Zitat über zweitausend Jahre lang immer wieder auftaucht und nicht zugeordnet werden kann, sagt uns das zumindest eines: Es ist völlig normal, dass ältere Menschen jüngere nicht verstehen! Ja, es könnte sogar zur Natur des Menschen gehören, dass sich Alt über Jung aufregt. Also wieso machen wir das heute nicht einfach weiter? Schließlich schimpften alle großen Denker einst über die Jugend!

Weil wir heute oft den Janusblick einnehmen, ohne dass es uns bewusst ist. Janus war der römische Gott des Anfangs und des Endes. Oft wurde er als Doppelkopf dargestellt, der in entgegengesetzte Richtungen schaut. Genau diese Art von Blick nehmen viele Ältere ein, wenn sie die Jüngeren beurteilen. Auf der einen Seite werfen sie ihnen unangebrachtes und unlogisches Verhalten vor, auf der anderen Seite reduzieren sie die neuen Nachwuchskräfte auf unerfahren und unreif. Nun, wenn ich doch unreif bin, stehen mir dann nicht die Logikbrüche und Widersprüche ebenfalls zu?

Januswörter beschreiben genau dieses Dilemma. Sie sind quasi Auto-Antonyme, da sie automatisch in beide gegensätzliche Richtungen gedeutet werden, ohne dass es dem Sprechenden oder dem Zuhörer bewusst ist. Der Kontext erklärt die Bedeutungen der Wörter, und so kann genau das gleiche Wort in einem anderen Kontext gegensätzlich gedeutet werden, wie zum Beispiel das Wort »Bescherung«: Ich überrasche jemanden mit einem Geschenk oder mit einer peinlichen Situation. Platzangst kann die Angst vor der Enge oder vor der Weite bedeuten. Der Quantensprung kann der größte oder der kleinste Sprung bedeuten. Der Kontext ist sinnstiftend, nicht das Wort an sich.

Und genau diese Januskköpfigkeit sollte uns bewusst werden. Viele nutzen nämlich die genannten Zitate, um genau zu erklären, dass ein Jugend-Bashing so alt wie die Menschheit ist. Da wir aber immer noch Menschen sind, kann man sich auch andersherum fragen: Wieso machen wir nicht einfach weiter so? Sind wir nun alle plötzlich klüger als Platon, Sokrates und Aristoteles zusammen? Und was sind die Folgen, wenn wir plötzlich sagen: »Wir müssen die Jugend verstehen« oder gar »Die Jungen haben recht, und wir liegen falsch«. Wir brechen zuerst einmal mit einer Jahrtausende alten Tradition, mit allen Folgen, die dieser Bruch mit sich bringt.

Gehen wir einmal davon aus, dass Sokrates oder Aristoteles, als sie im Alter ihrer jeweils (sehr erfolgreichen) Schüler waren, in etwa die gleiche Lebenswirklichkeit wie ihre Schüler vorfanden: Es gab noch die gleichen technischen Errungenschaften, einzelne Erfindungen verliefen in ihrer Ausbreitung langsamer und hatten nicht für alle sofort eine veränderte Lebensbedingung zur Folge. Eigentlich hätten die Philosophiegelehrten verstehen müssen, was ihre Schüler bewegt, schließlich sind Schüler und Lehrer in einer ähnlichen Welt groß geworden. Wenn die Jüngeren über etwas sprachen, konnten die Älteren nachvollziehen, worum es ging. Warum sie dennoch Unverständnis gegenüber den Jüngeren äußerten, ist fraglich, denn in der Welt der Lehrer war es nicht anders und dadurch nachvollziehbar.

Heute ist es aber anders: Kinder und Jugendliche finden eine völlig andere Welt vor als ihre Eltern, Lehrer oder Ausbilder, als diese im gleichen Alter waren. So können sich heutige Kinder mittlerweile eine Welt ohne Smartphones, Social Media oder Cyberraum gar nicht mehr vorstellen. Ähnlich als würden ältere Menschen versuchen, sich eine Welt ohne Schrift oder Zahlen auszumalen. Die Älteren können sich aber sehr wohl eine Welt ohne Cyberraum vorstellen. Ein Vergleich ist nun in vielerlei Hinsicht gar nicht mehr richtig möglich. Denn würde ich nun über die ständige Smartphone-Nutzung der Jüngeren schimpfen, und zwar mit dem Hinweis, zu meiner Zeit seien wir öfters an der frischen Luft gewesen, muss ich fairerweise auch mitberücksichtigen, dass es früher keine Smartphones gab. Will sagen, die Wahrscheinlichkeit läge sehr hoch, dass wir mindestens genauso lange das Smartphone genutzt hätten. Ein Blick in die Straßenbahn genügt, um zu sehen, wie jeder und jede altersunabhängig gebeugt auf ihr Smartphone starren.

Die Jungen kennen den Cyberraum von Kindesbeinen an und halten sich mehrere Stunden täglich darin auf. Viele Erfahrungen, die sie im Cyberraum machen, sind für Ältere infolgedessen gar nicht mehr nachvollziehbar, weil sie mit Social Media und Co. erst im Erwachsenenalter konfrontiert wurden. Dadurch nutzen beide Gruppierungen den Cyberraum unterschiedlich: Die Angehörigen der analogen Kindheit nutzen den Cyberraum, um andere Menschen aus der analogen Welt digital zu treffen, und die Jüngeren aus der digital geprägten Kindheit treffen andere Menschen oder Bots im digitalen Raum, um mit ihnen auch im digitalen Raum zu bleiben.

Schimpfen, sei es aus Groll gegenüber jungen Menschen oder bloßem Unverständnis gegenüber einer anderen Zeit, ist sinnlos, denn die Jungen können nichts für das Gezeter der Älteren. Sie werden durch die älteren Menschen erzogen, und die Umgebung, in der sie aufwachsen, ist von älteren Menschen gemacht. Hier hilft es nur, sich an die eigene Nase zu packen. Ja, lieber Sokrates, hättest *du* mal lieber deine Zitate selbst verfasst, in denen du über die Jungen herziehst. So faul können die gar nicht gewesen sein, immerhin haben deine Schüler Platon und Xenophon mitgeschrieben. Auch du, lieber Platon, so faul kann dein Schüler Aristoteles nicht gewesen sein, auch der hat deine Schimpftirade notiert. Aber auch dir, lieber Aristoteles, wird Kenneth John Freeman als Kuckucksei untergeschoben.

Schimpfen, das tun die Älteren anscheinend gerne. Schimpfen vernebelt uns aber auch die Sinne: So übersahen die Lehrherren einige Leistungen ihrer Schüler – auch solche, die als einmalig in die Geschichte der Menschheit eingingen.

Heute ergeht es uns ähnlich. In all den Schimpftiraden auf die Generation Z, die verkommene Jugend und die faulste Generation seit Menschengedenken übersehen wir ihre fleißigen, kompetenten und klugen Mitglieder. Im geifernden Geplapper gehen sie sang- und klanglos unter. Die Fehler sehen wir nicht bei uns – wie denn auch, die Jungen stehen noch ganz am Anfang ihres Lebens und sollen bitte schön ehrfürchtig auf unsere Erfolge blicken. Aber andächtig von unten.

Durchhaltevermögen? Fehlanzeige!

Etwa 75 Prozent der Menschen sind der Meinung, dass sich die Generation Z in der Arbeit viel weniger durchbeißt als ältere Generationen. Das konnten wir vom Institut für Generationenforschung in einer repräsentativen Befragung von 16- bis 84-jährigen Menschen mit Wohnsitz in Deutschland herausfinden. Wir wollten wissen, was die Bevölkerung über die Arbeit mit den anderen

Generationen denkt und wie gut sie mit anderen Generationen zusammenarbeiten kann. Ganz ehrlich, wann waren sich Menschen in Deutschland schon mal so einig?

Die Generation Z beißt sich in der Arbeit viel weniger durch als ältere Generationen

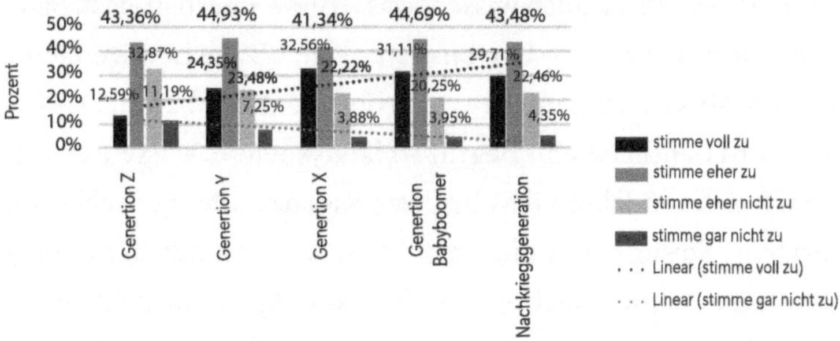

N= 1.418; *r*= .12 (*p*< .001)

Ein bisschen gemein war es von uns schon, Vorurteile abzufragen. Schließlich deutet schon der Begriff »Vorurteil« darauf hin, dass wir über andere Personen urteilen, noch bevor wir sie überhaupt richtig einschätzen können. Vorurteile sind in dem Moment, in dem wir sie aussprechen, immer hypothetisch – denn wir wissen noch nicht, ob sie sich bewahrheiten. Und trotzdem war es uns wichtig, herauszufinden, wie viele Menschen diese Vorurteile in der Gen Z sehen.

Dabei ist das Erstaunliche nicht, dass drei von vier Personen den Angehörigen der Generation Z ein so schlechtes Zeugnis ausstellen. Ebenso wenig erstaunlich ist es, dass ein Großteil der älteren Menschen der Generation diese Vorurteile zuschreibt. Schließlich scheint das Schimpfen über jüngere Menschen eine Art anthropologische Konstante zu sein: Bist du alt, tust du es sehr wahrscheinlich. Überrascht hat uns dagegen, dass ein Großteil der Generation Z selbst daran glaubt, dass sie weniger Biss als ältere Generationen mitbringt. Wenn sich die Jungen selbst so sehen, stimmt es dann also doch?

Um die Frage zu beantworten, »wer« mehr »Biss« hat, müssten wir nicht nur wissen, wie viel »Biss« die älteren Generationen haben, sondern auch wissen, was »Biss« überhaupt ist. Selbst wenn wir das alles wüssten, bliebe unklar, ob die heutige Definition von »Biss« noch mit der von früher vergleichbar ist. Das Problem wird deutlich beim Begriff »Handysucht«. Wissenschaftler streiten sich seit Jahren darüber, was man darunter verstehen soll. Übrigens: Streng genommen macht nicht das Handy beziehungsweise Smartphone süchtig, sondern die Apps auf dem Smartphone. Vergleichbar mit der Flasche eines Alkoholikers: Es bleiben der Inhalt und seine Folgen, die süchtig machen, und nicht die Verpackung beziehungsweise die Flasche. Da das Smartphone heute überall dazugehört und gebraucht wird, ist unklar, wann man wirklich von einer Sucht sprechen kann oder ob das Smartphone mittlerweile einfach Teil des Lebens ist. Die Dauer der Smartphone-Nutzung allein ist kein Indikator für ein Suchtverhalten. Bei Influencern zum Beispiel weist die Smartphone-Nutzungsdauer nicht zwangsläufig auf eine Sucht hin, schließlich ist das Smartphone ihr Arbeitsgerät.[31] Wenn der Bürojob acht Stunden täglich Bildschirmarbeitszeit einfordert, sind wir schließlich nicht zwangsläufig PC-süchtig. So auch beim Durchhaltevermögen: Was Durchhaltevermögen heute bedeutet, kann früher ganz anders gewesen sein. Während es früher vielleicht bedeutete, lange auf eine Beförderung zu warten, bedeutet es heute, möglichst viele Positionen zu durchlaufen, immer mit dem Blick auf eine möglichst steile Karriere.

Das Gemeine an unserer Frage ist, dass die Befragten keine Chance hatten, sie richtig zu beantworten. Denn eine richtige

Antwort gibt es nicht. Aber auch wenn Vorurteile hypothetisch sind und eigentlich gar nicht zu beantworten – sie haben doch gewichtige Auswirkungen, wie die Forscher Rosenthal und Babad bereits 1985 herausfinden konnten. Der Rosenthal-Effekt, gern auch Pygmalion-Effekt genannt, beschreibt, dass sich Menschen so verhalten, wie die Vorstellungen sind, die an sie herangetragen werden.[32] Wenn Lehrer ihren Schülern beispielsweise sagen, dass sie besonders klug sind, können sich ihre tatsächlichen Schulleistungen verbessern. Das liegt daran, dass die Kinder aus den Vorstellungen der Lehrer Erwartungen für ihre zukünftigen Schulleistungen ableiten. Und um die zu erfüllen, passen sie ab sofort im Unterricht besonders gut auf, strengen sich bei den Hausaufgaben an und bereiten sich auf Tests besser als sonst vor. Folglich steigen auch die schulischen Leistungen.

Dieser Effekt wirkt auch in die umgekehrte Richtung. Wenn Angehörige der Generation Z oft zu hören bekommen, sie haben weniger »Biss«, kann sich das in ihrem tatsächlichen Leistungsvermögen niederschlagen: Sie sind weniger motiviert, zusätzliche Aufgaben zu übernehmen, sitzen ihre Zeit im Unternehmen ab oder drücken sich vor Aufgaben. Das Vorurteil hat sich geradezu in ihre Gedankenwelt hineingefressen. Wieso sollte ich mehr tun? Ich kann mich schließlich nur schwer anstrengen.

Glauben die Jungen die Vorurteile, könnte sich tatsächlich bewahrheiten, was Sokrates vor über zweitausend Jahren behauptete: Wir haben die faulste Jugendgeneration seit Menschengedenken herangezogen. Doch Sokrates' Voraussage gründet sich nicht auf eloquentem oder philosophischem Weitblick, sondern auf chronischem Meckern und Mosern. Er übersieht seinen eigenen Anteil an der Misere. Denn die Alten sind die, die die Jungen erzogen haben.

Ganz so einfach ist das nicht!

In den US-amerikanischen Hawthorne-Werken der Western Electric Company wurden zwischen 1924 und 1933 Experimente durchgeführt. Die Wissenschaftler variierten die Stärke des Lichts in den Hallen, um herauszufinden, bei welcher Lichtintensität die Mitarbeiter am produktivsten sind. Dazu teilten die Wissenschaftler die Mitarbeiter nach dem Zufallsprinzip in zwei Gruppen auf: Eine Gruppe von Arbeitern musste unter unterschiedlichen Lichtintensitäten arbeiten. Mal drehten die Forscher das Licht in den Hallen heller, mal verdunkelten sie den Raum. Für die zweite Gruppe beließen die Forscher die Lichtverhältnisse wie gehabt. Sie vermuteten, dass mit mehr Beleuchtung und hellerem Licht die Produktivität der Mitarbeiter steigt. Am Ende des Tages, als sie verglichen, wie viele Produkte die Mitarbeiter der beiden Gruppen erzeugt hatten, hatten sie Gewissheit: Mit mehr Beleuchtung und hellerem Licht steigt die Produktivität. Sie hatten recht behalten.

Aber nur fast, denn die Mitarbeiter der ersten Gruppe arbeiteten auch dann produktiver als die Vergleichsgruppe, wenn die Forscher das Licht reduzierten. Erst als die Lichtverhältnisse auf das Niveau des Mondlichts heruntergesunken waren, arbeiteten die Mitarbeiter schlechter als die Vergleichsgruppe. Sie sahen zu wenig, um ihre Arbeit noch richtig erledigen zu können. Ausgenommen von diesem Fall arbeitete die erste Gruppe durchweg effektiver.

Die Forscher folgerten daraus, dass die Mitarbeiter der ersten Gruppe nur deswegen produktiver arbeiteten, weil sie wussten, dass sie Teil des Experiments waren. Zwar wussten auch die Mitarbeiter der zweiten Gruppe, dass sie beobachtet wurden, und auch sie arbeiteten, verglichen mit ihrer Produktivität vor dem Experiment, insgesamt produktiver, aber die Mitarbeiter der ersten Gruppe merkten die veränderten Lichtverhältnisse durchgehend während ihrer Arbeitszeit, was sie dazu anspornte, noch produktiver zu arbeiten. Die Forscher kamen zu dem Ergebnis, dass der Glaube daran, dass sich jemand um unsere Arbeitsbedingungen Sorgen macht, uns quasi »beobachtet«, uns dazu motiviert, besser zu arbeiten.[33] Man nennt dieses Phänomen daher auch den »Beobachtereffekt«.

Letztlich motiviert also nicht, »was« die Arbeitgeber anbieten können, welche Incentives sie auffahren oder welche Erfolge das Unternehmen vorweisen kann. Motiviert sind Mitarbeiter dann, wenn das »Wie« stimmt: wenn ihnen Wertschätzung entgegengebracht wird.

Als wir vom Institut für Generationenforschung für ein Unternehmen herausfinden sollten, warum es zwischen Ausbildern und Auszubildenden hakt, konnten wir die fehlende Wertschätzung vonseiten der Ausbilder ausmachen, die den Auszubildenden ein Dorn im Auge war. In qualitativen Interviews hatten wir die Ausbilder dazu befragt, woran es denn liegen könnte, dass so viele Azubis die Flucht ergreifen. Aus ihrer Sicht hatten sie eine weiße Weste. Dann befragten wir die Azubis, die sehr unzufrieden mit ihrem Job waren, wie auch jene, die bereits gekündigt hatten und die letzten Tage im Unternehmen waren. Top 1 der Gründe für die hohe Abbruchquote war laut den Azubis das Gefühl, nicht angemessen durch die Ausbilder wertgeschätzt zu werden. Diese Wertschätzung hat sich nur etwas geändert, tatsächlich sind es die Gen Z'ler etwas mehr gewohnt, direkt und unmittelbar wahrgenommen zu werden, sich einzubringen und eine entsprechende Wertschätzung instant zu bekommen. Die Generationen davor wollten dies auch, hatten aber eine Vita vorzuweisen, in der eine fehlende Wertschätzung oft Teil der Ausbildung war. Somit gab es auch niemanden, der einen ermutigte, hieraus Konsequenzen zu ziehen.

Professor Mayo, der die Hawthorne-Experimente begleitete, konnte eine Antwort darauf geben, was »Wertschätzung« für viele Menschen bedeutet. In Interviews gab er Mitarbeitern vor Arbeitsbeginn die Möglichkeit, ihre Ansichten und Bedenken gegenüber ihren Vorgesetzten zu äußern. Bei Angelegenheiten, die ihr unmittelbares Arbeitsumfeld betrafen, durften sie in einigen Fällen eigene Entscheidungen fällen. Sie bestimmten mit, wie ihr Arbeitsablauf gestaltet sein sollte. Wieder konnten die Forscher feststellen, dass die Produktivität der Mitarbeiter stieg. Mit der eigenen Meinung gehört zu werden und mitentscheiden zu dürfen, führte bei vielen Mitarbeitern zu einem Gefühl der Wertschätzung. Gegen Ende des Experiments hatte sich zwischen den Vorgesetzten und den Mitarbeitern zudem ein freundschaftliches Verhältnis entwickelt.

Auch bei der Generation Z ist Wertschätzung der Schlüssel, um sie für ihre Arbeit zu begeistern. Der Unterschied zu früheren Generationen besteht zudem im anderen Niveau, auf dem die Wertschätzung erwartet wird. Zu dem Ergebnis kommen wir am Institut immer wieder, wenn wir unsere quantitativen Umfrageergebnisse durch qualitative Befragungen validieren. In der sozialwissenschaftlichen Forschung nennt sich das »kommunikative Validierung«. Hier konfrontieren wir unsere Interviewpartner mit den Umfrageergebnissen und möchten von ihnen erfahren, ob sie eine Erklärung für dieses Ergebnis oder wie sie bestimmte Begriffe aus der Umfrage verstanden haben. Da die Generation Z in unseren Umfragen die Generation mit den höchsten Werten bei der gewünschten Wertschätzung ist, wollten wir herausfinden, was sie unter Wertschätzung versteht. Häufig hören wir dann: »Stellen Sie sich vor, ich bin die erste Woche jeden Tag pünktlich gekommen, und es hat wirklich niemanden interessiert!« Ein anderer erklärte uns, dass er am dritten Tag 20 Minuten länger machen musste, und am vierten Tag gab es von niemandem eine Honorierung hierfür.

Bei der Generation Z ist es wichtig, kleine Schritte auf dem Weg zum Ziel positiv zu verstärken. Und das sind häufig Tätigkeiten oder Verhaltensweisen, die für ältere Generationen nicht einmal erwähnenswert wären.

Selbstverständlich ist bei der Generation Z lediglich, dass nichts mehr selbstverständlich ist, oder notabene: Viele Firmen, Institutionen und Schulen gehen davon aus, dass allen Mitgliedern der Gen Z Nachhaltigkeit wichtig ist. Sobald das Unternehmen nur grün genug und nachhaltig ist, kommen die Jungen wie von selbst. In unseren Studien zeigte sich immer nur ein sehr geringer Teil als nachhaltigkeitsaffin, dem Großteil der Gen Z lag uneingeschränkter Konsum doch wesentlich näher. Im Vergleich zu den älteren Generationen schneiden die Mitglieder der Gen Z in einigen Bereichen der Nachhaltigkeit sogar am schlechtesten ab. Und das, obwohl die jüngeren Generationen viel häufiger als die älteren angeben, dass ihnen Nachhaltigkeit sehr wichtig sei. Sich zur Nachhaltigkeit zu bekennen oder tatsächlich in einer nachhaltigen Weise zu handeln, sind zwei Paar Schuhe. Die Älteren interpretieren nachhaltige Verhaltensweisen in die Jugend hinein, die aber nur auf einen Bruchteil der Jugend zutreffen. Trotz allem können Junge durch Projekte über Nachhaltigkeit motiviert werden. Die Nachhaltigkeitsprojekte sind sehr oft keine »Kern-Projekte«, sondern vielmehr Nice-to-Have-Projekte. Es herrscht dadurch in der Regel kein großer Druck, die Verantwortung ist gering, aber das Wahrgenommenwerden durch das Projekt, zum Beispiel durch die Projektleitung, ist sehr groß. Hieraus jedoch zu schließen, dass die jungen Nachwuchskräfte per se nachhaltig sind, ist eben nicht richtig und kann als Analogie zum Experiment in den Hawthorne-Werken gesehen werden.

Ausschließlich angenehm, bitte!

Eine Befragung unter etwa tausend 21- bis 34-Jährigen in den USA zeigte: Je mehr sie sich am Arbeitsplatz wertgeschätzt fühlen, desto zufriedener sind sie mit ihren Jobs und desto größer ist ihre Fähigkeit, mit Schwierigkeiten im Arbeitsalltag umzugehen. Das ist genau das, was die Nachwuchskräfte der Generation Z brauchen, die im Alltag oft sehr unsicher sind. Führungskräfte haben dabei einen entscheidenden Einfluss auf die jungen Menschen: Kommunizieren Führungskräfte wertschätzend, macht das die Nachwuchskräfte zufriedener mit ihrer Arbeit und resilienter.[34]

Und tatsächlich: In unseren Erhebungen, in denen wir regelmäßig die Bevölkerung in Deutschland zu ihrer Arbeitseinstellung befragen, konnten wir zeigen, dass für die Angehörigen der Generation Z ein angenehmes Arbeitsklima unabdingbar ist. Zwar ist ein angenehmes Arbeitsklima allen Generationen ein Anliegen, doch bittet man die Befragten darum, einzelne wünschenswerte Attribute über die Arbeit in ein Ranking nach ihrer Wichtigkeit zu bringen, thront nur bei der Generation Z immer das angenehme Arbeitsklima an erster Stelle. In unserer Befragung baten wir anschließend Vertreter der verschiedenen Generationen zum Interview. Wir fragten sie, was es für sie bedeutet, in einem angenehmen Arbeitsklima zu arbeiten. Ältere Generationen definierten ihr angenehmes Arbeitsklima hauptsächlich über ein faires Miteinander, ohne Mobbing oder Lästerei. Für die heutigen Nachwuchskräfte soll das Arbeitsklima so sein, wie sie es aus ihrer Familie und ihrer Freizeit kennen. Sie wünschen sich Ansprechpartner, die ihnen mit Rat und Tat zur Seite stehen und ihnen das Leben so angenehm wie möglich machen.

Wieder sind es die Eltern, deren Einfluss auch im Arbeitskontext deutlich wird. In einer Welt, in der viele junge Menschen nichts mussten und vieles durften, kann ein plötzliches »Müssen« in der Arbeitswelt als etwas Ungewohntes oder Unangenehmes wahrgenommen werden. In der Regel sprangen bisher immer die Eltern ein, die Hilfe und Unterstützung war bereits da, noch bevor die Person danach gefragt hat. Wenn es nach den Wünschen der jungen Nachwuchskräfte geht, knüpft die Arbeitswelt genau dort an.

Unsere Befragung zur Arbeitseinstellung der Bevölkerung in Deutschland führen wir schon seit mehreren Jahren durch. Hier konnten wir zeigen, wie stark der Einfluss der Eltern auf die Meinungsbildung der Generation Z ist. Dazu verglichen wir die Arbeitseinstellung der Generation Z mit der Generation Y, als die Angehörigen beider Generationen etwa gleich alt waren. Wir verglichen also die Antworten der heutigen jeweils 16- bis 23-Jährigen, der Gen Z'ler, mit den Antworten der jeweils 16- bis 23-Jährigen von vor 15 Jahren, den Gen Y'lern. Wir verglichen nur die Gen Z'ler und Gen Y'ler, die sich an einem ähnlichen Punkt ihrer beruflichen Karriere befanden. Ein 16-Jähriger, der gerade mit der Ausbildung beginnt, kann kaum mit einem 19-Jährigen verglichen werden, der bereits drei Jahre Arbeitswelt auf dem Buckel hat. Damit stellten wir sicher, dass beide Generationen auf Basis der gleichen beruflichen Ausgangslage antworten, sprich: vor, mit oder nach dem Eintritt in die Arbeitswelt. Unsere Vergleichsgruppen aus den beiden Generationen waren also entweder in der Ausbildung, in der Schule, im Studium oder bereits ausgelernt. Zeigen sich hier Unterschiede im Antwortverhalten zwischen den Generationen, sprechen wir von einem Generationeneffekt. Würden wir die heutige Generation Z und die heutige Generation Y befragen oder das unterschiedliche Maß an beruflicher Erfahrung nicht berücksichtigen, würden wir sprichwörtlich Äpfel mit Birnen vergleichen beziehungsweise frisch geerntete Äpfel mit längst geernteten. Schließlich können je nach Lebensphase andere Ereignisse oder Erfahrungen für einen Menschen wichtig sein: Ein 17-Jähriger blickt anders auf die Arbeitswelt als ein 37-Jähriger. Zeigen sich Unterschiede im Antwortverhalten je nach Alter der Befragten, sprechen wir von einem Alterseffekt. Wir fragten die heutigen jungen Menschen und die vor 15 Jahren, was ihnen im Leben wichtig ist. Während bei der Generation Z 60 Prozent angaben, dass das Wichtigste in ihrem Leben ihre Eltern seien, waren es bei der Generation Y nur 30 Prozent. Von den früheren zu den heutigen jungen Menschen haben wir eine Verdoppelung des Wertes, und das nur innerhalb von 15 Jahren.

Die starke Eltern-Kind-Bindung könnte Grund dafür sein, dass der Arbeitsplatz für die Generation Z an Bedeutung verloren hat. Nur etwa jedem sechsten Befragten beziehungsweise 16 Prozent der Befragten ist er sehr wichtig. Bei den Gen Y'lern war er noch circa jedem Dritten beziehungsweise 34 Prozent sehr wichtig. Die jungen Nachwuchskräfte identifizieren sich weniger mit ihrer Arbeit und ihrem Beruf. Nach Feierabend sind sie keine Siemensianer mehr, am Wochenende keine Psychologen, in den Schulferien lassen Lehrer die Stifte links liegen und nach 17 Uhr die Mechatroniker den Schraubenschlüssel fallen. Für ältere Generationen war der Job häufig Teil der Identität, Arbeit und Freizeit verschwammen miteinander – Work-Life-Blending eben. Heute dominiert die Work-Life-Separation. Eine neue Generation an Nachwuchskräften kommt auf den Arbeitsmarkt, die mit voller Wucht auf unvorbereitete Arbeitgeber trifft.

Die Fehler

Wenn ein Seemann nicht weiß, welches Ufer er ansteuern muss, dann ist kein Wind der richtige.
Lucius Annaeus Seneca

Warum machen Firmen heute alles für ihre Bewerber ... aber auch wirklich alles *falsch*!

Die Vier-Tage-Woche ist nur der Anfang ... Teilzeit zu arbeiten, nur halbtags oder wann immer ich will, ist schon längst keine Seltenheit mehr bei den heutigen Nachwuchskräften. Brückentage hatte früher nur Captain Kirk – ein Joke, den heute wohl die wenigsten lustig finden, geschweige denn einordnen können. Wenn wir fragen, was denn in der nunmehr zur Verfügung stehenden Freizeit gemacht wird, hört man nicht selten: »Chillen.« Denkbar wäre auch dieses Gespräch:

Vorgesetzter: »Welche Ziele haben Sie?«
Gen Z: »Feierabend!«
Vorgesetzter: »Ich meine, welche langfristigen Ziele?«
Gen Z: »Wochenende!«

Was ist da los mit unseren Nachwuchskräften? Wohin führt das, wenn Freitag Teil des Wochenendes wird und junge Menschen nur 30 Stunden pro Woche arbeiten wollen? Werden wir alle zu Quasi-Mo-Do und ziehen nach Paris?

Das zu perfekte Bewerbungsgespräch

Lea, die Flexible
Lea hat vor Kurzem die Schule abgeschlossen und ist auf Stellensuche. Zwar war es immer ihr Traum gewesen, als Event-Managerin große Festivals, Comedy-Auftritte und Musicals zu organisieren, doch ganz so sicher ist sie sich nicht mehr, wenn sie sich die Vielfalt der Stellenangebote ansieht. Die 23-Jährige kann allerdings bei ihrer Berufswahl auf ihre Eltern zählen, die ihr mit Rat und Tat zur Seite stehen. Sicher ist sich Lea jedoch, dass jeder etwas tun kann, um den Planeten zu retten. Mit 16 Jahren überzeugte die Veganerin ihre Eltern von einer gesünderen Ernährungsweise.

Emilia fährt einiges auf: Die Bewerbung hat sie extra im Vorfeld ausgedruckt, ein Blick in den Spiegel, die Haare sitzen, das Smartphone auf Flugmodus geschaltet. Die Anspannung steigt mit jeder Minute, mit der das Bewerbungsgespräch näherrückt. Dann endlich klopft Emilias Sekretär. Die Bewerberin ist da und wartet am Empfang, damit Emilia sie empfangen kann.

Ja, die Zeiten, in denen Bewerber aufgeregt waren, sind vorbei, heute sind es die Arbeitgeber.

Um die 18-jährige Lea, Bewerberin auf die Stelle als Veranstaltungskauffrau, zu gewinnen, zieht Emilia alle Register: Für das Homeoffice bekommt sie mit dem unterschriebenen Arbeitsvertrag einen Laptop, inklusive zweiten Bildschirm. Standard sind 38 Arbeitsstunden pro Woche und 13. Monatsgehalt. Das Tablet bekommt Lea, um sich Notizen machen zu können oder im Zug Netflix anzuschauen. Zweimal jährlich findet ein Teamausflug der gesamten Event-Abteilung statt, zu der auch Lea gehören wird, wenn sie will. Restkarten für Konzerte, die Lea mitorganisieren soll, gibt es umsonst. Auf alle anderen Events, die die Agentur organisiert, gibt es eine Family&Friends-Rabattkarte mit 40 Prozent auf den Bruttopreis. Zieht die Eventabteilung einige gute Konzerte an Land, bekommen alle Angestellten der Abteilung einen zusätzlichen Urlaubstag. Natürlich sind frisches Obst und Getränke für alle Mitarbeiter inklusive. Zudem gibt es eine Ideenbox für Verbesserungsvorschläge seitens der Belegschaft, die wenn möglich und umsetzbar, auch zeitnah realisiert werden. Und und und …

Exakt eine Woche nach dem Bewerbungsgespräch ploppt bei Emilia eine E-Mail auf: Lea bedankt sich für das Gespräch und sagt, sie habe sich anders entschieden. Emilia ist ratlos. Aber zumindest hat sie eine E-Mail bekommen, die letzten Bewerber haben sich gar nicht mehr gemeldet, ein paar sind sogar trotz unterschriebenen Arbeitsvertrags nicht erschienen, die Reaktion von Lea war zumindest löblich. Aber was war diesmal der Grund, warum es nicht geklappt hat?

Unternehmen ziehen bei potenziellen Nachwuchskräften heute alle Register: Sie bieten das an, von dem Nachwuchskräfte vor zehn Jahren nur träumen konnten. Das Maximale, heißt: mehr Urlaub, kürze Arbeitszeiten, verkürzte Woche, remote von Beginn an, Incentives bis zum Abwinken. Ja, alles, Hauptsache man bekommt aufgrund des Fachkräftemangels jemanden, mittlerweile auch egal wen …

Nervosität findet man heute im Vorstellungsgespräch aufseiten der Arbeitgeber.

Händeringend halten sie nach Neuankömmlingen Ausschau und werfen den ein oder anderen Köder aus, um sich von der besten Seite zu zeigen. Nur mit neuen Arbeitskräften kann ein Unternehmen überleben. Ein regelrechter Überlebenskampf, ein War-of-Talent, ist mittlerweile unter nahezu allen Unternehmen ausgebrochen, also fast ein World-Wide-War of Talent.

Die Mitglieder der Gen Z haben, seitdem sie denken können, die Qual der Wahl. Und das bei nahezu allem. Ihr ganzes Leben konnten und durften die meisten von ihnen aus dem Vollen schöpfen. Der schon seit mehreren Jahren anhaltende Arbeitnehmermarkt, das vergleichsweise hohe Wohlstandsniveau in Deutschland und die zahlreichen Möglichkeiten auf dem Ausbildungs- und Arbeitsmarkt machen es möglich. Die Arbeitswelt finden die Jungen dann mit all den Annehmlichkeiten vor, die sie bereits ihr Leben lang gewohnt sind. Nur sind die Annehmlichkeiten aus den Augen der Jungen eher Selbstverständlichkeiten, schließlich kennen sie es nicht anders. Wieso also dankbar für das Obst, das Tablet und das 13. Monatsgehalt sein? Das ist doch normal, und mal ehrlich: Weniger wäre ohnehin eine Enttäuschung gewesen.

Der Arbeitgeber verhält sich genauso, wie es Gen Z gewohnt ist, also wird ein junger Mensch erst einmal überhaupt keine Veranlassung sehen, sein Verhalten zu ändern. Hinzu kommt: Ist es der erste Job, haben sie nicht einmal eine Vergleichsmöglichkeit und denken, dass wohl jeder diese Optionen immer angeboten bekommt. Viele Optionen machen uns alle erst mal nicht glücklicher, sondern am Ende unglücklicher und unzufriedener. Wir nennen das »Optionsdepression«. Je mehr Auswahlmöglichkeiten ein Mensch hat, desto schwerer fällt ihm die Wahl, und desto unzufriedener wird er mit der tatsächlich getroffenen Wahl sein. So ging es auch Lea. Sie fand zwar all die Angebote gut, aber irgendwie konnte sie sich selbst nicht zu einer Entscheidung durchringen. Also wartete sie noch zwei weitere Bewerbungsgespräche ab und sprach am Ende mit ihren Eltern. Entschieden hat sie sich dann für eine Firma, die ihren Eltern auch gefallen hat, denn die Arbeitsstelle lag einfach näher, zudem verstanden die Eltern die Hälfte der Angebote gar nicht, da sie den Arbeitsmarkt ganz anders kennengelernt haben. Verzwickt, Emilia hatte bei dem Fokus auf möglichst viele Optionen die Eltern von Lea komplett vergessen. Fatal!

Auf der Suche nach dem »Fehler«

Man irrt, wenn man glaubt,
dass Schenken eine leichte Sache sei.
Lucius Annaeus Seneca

Emilia hat alles gegeben und das Maximale aufgeboten. Mehr war einfach nicht drin. Das Engagement war da. Und trotzdem kann man ihr einen Vorwurf machen, sie hat Lea einfach wahllos beschenkt, vor allem ohne irgendeine Forderung oder sonstige alltagsnormale Reziprozitäten. Es wird nicht wenige Menschen geben, die sich genau jetzt fragen, wer verschenkt denn wahllos, ohne etwas zu wollen, da stimmt doch irgendwas nicht?

Zudem nehmen Menschen bei dieser Überfülle an Auswahl am Ende nur eine Art Auswahlgemengelage wahr, eine Melange, wie die Wiener sagen würden. Denn was passiert, wenn wir unterschiedliche Incentives eines Jobs miteinander mischen? Die Mischung passt vielleicht nicht zusammen. Blattspinat mit Cappuccino? Beides kann gut schmecken, aber doch bitte nicht zusammen.

Es gibt etwas, was wir seit 2012 in der Psychologie »Presenter's Paradox« nennen.[35] Stellen Sie sich vor, Sie haben Ihre beste Freundin versehentlich das zweite Mal versetzt. Dass ihr das stinkt, wissen Sie. Sie hat bald Geburtstag und lädt Sie ein, trotz Ihres unverbindlichen Verhaltens. Zwar haben Sie sich bereits bei ihr entschuldigt, doch irgendwie haben Sie das Gefühl, dass Ihnen die Freundin die Sache immer noch übel nimmt. Wieso also nicht beim Geburtstag etwas kompensieren? Sie überlegen lange, es soll ja zu Ihrer Freundin passen. Sie entschließen sich, ihr ein Wellness-Wochenende zu schenken, dazu eine Flasche Rotwein und eine Schachtel Pralinen, passt farblich wunderbar zum Gutschein. Sie schenken also etwas »Richtiges« und noch zwei Kleinigkeiten dazu.

Stopp! Jetzt erscheint das Presenter's Paradox. Da ist er, der erste Fehler. Sie machen ein Geschenk, das sehr gute und weniger gute Optionen kombiniert. Doch nicht nur der Rotwein und die Schachtel Pralinen sehen neben dem Wellness-Wochenende alt aus, sondern vor allem das Wellness-Wochenende selbst büßt an Bedeutung ein, weil sie es mit der Schachtel Pralinen und der Flasche Rotwein kombiniert haben! Das »Gewicht« der wertloseren Pralinen und des Rotweins hängt dem wertvollen Wellness-Urlaub wie ein Klotz am Bein. Werden einem Menschen gute und weniger gute Optionen gemeinsam angeboten, bilden sie gedanklich quasi den Mittelwert aus dem Wert der Optionen, was einzelne, überdurchschnittlich gute Optionen radikal abwerten kann. Nun erhöhen Sie tatsächlich die Chance, dass Ihre Freundin enttäuscht sein könnte, allein dadurch, dass Sie Pralinen und Rotwein zum Wellness-Urlaub dazu schenken. Und das noch bevor Ihre Freundin die Pralinen probieren oder den Wein trinken konnte. *Geben* ist seliger denn *nehmen*, aber *Über-Geben* ist es eben nicht. Egal, wie teuer die Pralinen waren, wenn sie den Magentrakt in die andere Richtung verlassen als gewünscht, geht der Effekt eben nach hinten beziehungsweise vorne los.

Alle Annehmlichkeiten, die Emilia im Bewerbungsgespräch für Lea auffahren kann, werten sich gegenseitig ab, weil sie Lea in Kombination, quasi als Set, angeboten werden. Das 13. Monatsgehalt büßt neben der Family&Friends-Rabattkarte an Wert ein, die 38-Stunden-Woche sieht neben den Teamausflügen alt aus, und der zweite Bildschirm bekommt vom Obst einen Korb. Hätte Lea stattdessen Incentives erhalten, die sich schlüssig in ein Gesamtbild einfügen, wäre sie einfacher zu überzeugen gewesen. Die 38-Stunden-Woche zusammen mit dem 13. Monatsgehalt, kombiniert mit dem zweiten Bildschirm, hätten gemeinsam als attraktive Arbeitsbedingungen beworben werden können. Wissenschaftler[36] führten 2012 ein Experiment durch, bei dem Probanden die Attraktivität ihrer Stipendienangebote beurteilen sollten. Es gab dabei zwei Gruppen mit leicht veränderten Angeboten. Gruppe 1 bekam ein Stipendium in Höhe von 1.750 Euro, Gruppe 2 ein Angebot mit einem Stipendium in Höhe von 1.750 Euro zuzüglich 15 Euro Büchergutschein. Tatsächlich beurteilten die meisten Probanden in Gruppe 1 das Stipendium von 1.750 Euro großzügiger und wären damit zufriedener als Gruppe 2, jene mit dem zusätzlichen Büchergeld. Ein anderes Experiment zeigte, dass Kunden bereit sind, bis zu 40 Prozent mehr für einen mp3-Player auszugeben, und zwar im Vergleich mit einem mp3-Player, der Gratis-Download-Optionen bietet. Auch Hotelgäste zahlen bis zu zehn Prozent mehr, wenn in einer Hotelanzeige nur der Pool beworben wird, als bei Hotelanzeigen, die mit Pool und einem Restaurant werben.[37]

Was lernen wir daraus? Besser keine guten mit weniger guten Optionen mischen und sie auf einmal anbieten. Somit verhält sich Lea nicht anders, als wir es machen würden, vielmehr verhalten sich Arbeitgeber anders als frühere Arbeitgeber und bekommen am Ende dafür die Quittung. Es ist erst mal kein Verschulden der Generation Z, sondern die Überforderung und die simplifizierte Annahme: Je mehr ich biete, desto mehr bekomme ich. In Wahrheit heißt es aber, je mehr man anbietet, desto mehr verwöhnt man …

Die Wählenden, wie Lea, sind zufriedener, wenn sie eine kleine Auswahl haben, und dazu bereit, mehr für die Option zu geben. Sie ist für sie wertvoller. Werden Menschen jedoch dazu in ihrer Rolle als Anbieter, Geber oder Schenker befragt, welche Angebote sie am besten finden, entscheiden sich die meisten für das Set, also die Stellenanzeige mit den zahlreichen Incentives, das Stipendium inklusive Büchergutschein, den mp3-Player mit den Downloadoptionen oder das Restaurant mit Pool *und* Restaurant. Die Perspektive ist also entscheidend.

Versetzen wir uns in die Lage von Emilia, der Personalerin, die unbedingt neue Auszubildende an Land ziehen muss. Sie addiert die ganzen Einzelteile, die sie Lea anbietet – klar, die Incentives sind das Ergebnis von Emilias langen Verhandlungen mit den Geschäftsführern, die diese bezahlen müssen.

Beim Geschenk Ihrer Freundin machen Sie folgende Rechnung: ein Wellnesswochenende für 500 Euro plus die Flasche Rotwein für 30 Euro und die Pralinen für 5 Euro, macht 535 Euro. Sie bezahlen das ja am Ende, also schenken Sie Ihrer Freundin eine höhere Gesamtsumme. Ein Gutschein mit einem höheren Geldwert ist ja auch mehr Geld wert!

Der Empfänger, Arbeitnehmer, Bestochene oder Beschenkte hat aber in der Regel eine holistischere Betrachtung und addiert die Einzelteile eben nicht, sondern betrachtet sie als Gesamtpaket, schließlich bekommt er oder sie es ja auch auf einmal. Und so kann es passieren, dass der Beschenkte eine Art »Mittelwert« aus den Einzelteilen bildet, indem er allen Bestandteilen der Kombination einen ähnlichen Wert zuweist.

Emilia sollte lieber eine vernünftige, idealerweise einzigartige Option anbieten, die im Gedächtnis bleibt, als Lea mit kleinteiligen Zusatzleistungen konfrontieren, die zudem noch den »Wert« des Gesamtpakets schmälern. Arbeitgeber sollten es den jungen Nachwuchskräften einfacher machen, indem sie den Fokus auf die wichtigen und einzigartigen Dinge im Unternehmen richten. Das macht das Unternehmen für Nachwuchskräfte attraktiver und dämmt die Optionsflut für den potenziellen neuen Arbeitnehmer ein.

Übrigens gibt es diesen Effekt auch bei Entschuldigungen: Eine aufrichtige Entschuldigung ohne Wiedergutmachungs-Kompensations-Geschenk wird vom Gegenüber höher bewertet als mit Geschenk.

Wir ernten, was wir säen

Das Problem sind nicht die undankbaren Beschenkten, sondern die großzügigen Schenker. Die meisten Entscheider im Personalwesen berücksichtigen das nicht. Viele finden die Selbstverständlichkeit, mit der die Jungen ihre Ansprüche äußern, sogar gut. Schließlich hatten sie selbst viele Jahre für ihre Forderungen einstehen müssen. Und es ist nichts daran verkehrt, für bessere Arbeitsbedingungen einzustehen. Nun scheinen Unternehmer offener zu sein, und Personaler bekommen eher durch, was sie sich gewünscht haben, sodass sie nun auch bereitwilliger den Forderungen der Jungen entgegenkommen können. Wenn es darum geht, die Arbeitsbedingungen der Nachwuchskräfte zu verbessern und dafür zu sorgen, dass sie sie akzeptieren und sich wohlfühlen, ist dagegen auch nichts einzuwenden. So gut gemeint großzügige Spendierhosen auch sein mögen, leider kann man sich mit ihnen nicht die besten Bewerber kaufen. Ein Mehr führt zu besseren Bewerbern, ist also eine Fehlannahme! Stattdessen bekommt man diejenigen, die man früher so nicht zum Vorstellungsgespräch eingeladen hätte. Wenn ich einer Person alles anbiete, darf ich mich nicht wundern, wenn sie nur das Beste nimmt, das Beste fordert und schließlich wieder geht, wenn sie nicht weiterhin das Beste bekommt. Auch braucht man nicht verwundert zu sein, dass sich die Neuen mehr als Kunde oder gar eben König und weniger als Arbeitnehmer sehen, denn sie werden von Beginn an auch so behandelt. *Quod licet Iovi, non licet bovi,* zu Deutsch: Was dem Jupiter erlaubt ist, ist dem Ochsen nicht erlaubt. Ja, undankbarer Arbeitgeber, was erdreistest du dich, mir, der sich deiner erbarmt hat, nicht mehr anzubieten? Dieses Prinzip gilt allerdings nur in Branchen, in denen es einen Überschuss an freien Arbeitsstellen gibt. Der Suchende wird an allen Ecken fündig und pickt sich das Beste heraus. In einigen Branchen, in denen viele Bewerber hart um einige wenige Arbeitsstellen kämpfen, ist das Gegenteil der Fall. Dann sind die Arbeitgeber am Drücker. Vielleicht gewinnt dann auch der »beste« Bewerber, der sich dabei mächtig ins Zeug legt, nur könnte er sich dann in einem Abhängigkeitsverhältnis befinden, das der Arbeitgeber zu seinen Gunsten ausdeuten kann.

Unternehmer legen hierbei einen zu großen Wert auf die Arbeitsperipherie. Sie lenken damit von dem ab, was ihr Unternehmen wirklich einzigartig macht oder warum es sich wirklich lohnt, hier zu arbeiten. Die intrinsische Arbeitsmotivation, die beschreibt, wenn ein Mensch etwas gerne und begeistert aus eigenem Antrieb tut, wird überlagert von der extrinsischen, der Motivation durch etwas, was außerhalb von mir selbst liegt. Wenn ich ausschließlich arbeite, um beispielsweise Geld oder Prestige zu bekommen. Für langfristige Arbeitszufriedenheit ist aber beides nötig, also die intrinsische und die extrinsische Motivation zu bedienen. Der beste Job der Welt macht nicht zufrieden, wenn die Bezahlung mies ist; gleichzeitig werde ich bei einem Job, der mir keinen Spaß macht, bei dem ich aber alles bekomme, was ich will, ebenfalls früher oder später unzufrieden sein beziehungsweise gehen. Indem Arbeitnehmer den Fokus der Neuankömmlinge nur auf die Arbeitsperipherie richten, tilgen sie die intrinsische Motivation der Bewerber und werten ihr Unternehmen auch noch selbst ab. Denn alles, was die Arbeitsperipherie ausmacht – wie ein Tablet, ein 13. Monatsgehalt oder der wöchentliche Yoga-Kurs –, können auch andere Unternehmen bereitstellen. Sie machen sich dadurch mit anderen Unternehmen erst vergleichbar. Lea entschied sich gegen das Unternehmen. Hätte Emilia Lea statt all dem eine familiäre Arbeitsatmosphäre präsentiert, ihr die spannenden Aufgaben in der Eventbranche aufgezeigt und die neuen (möglichen) Kollegen vorgestellt, wäre der Tag für Lea unvergesslich geworden. Sie hätte vielleicht Lust bekommen, dort zu arbeiten, dort an den Erfahrungen des ersten Eindrucks beziehungsweise des Vorstellungsgesprächs weiter anzuknüpfen, wie ein offenes, positives Bild, welches durch den Arbeitseintritt geschlossen werden muss. Die guten Arbeitsbedingungen und Incentives hätten dann das i-Tüpfelchen sein können.

Doch woher sollte es Lea denn auch anders wissen? Sie hat ja noch keine Berufserfahrung. Einen Vorwurf machen kann man ihr kaum. Es wäre wohl ziemlich untypisch, würde sich ein Mensch für etwas entscheiden, was ihm aus seiner Perspektive nicht die größten Vorteile bringt. Also entscheidet sich Lea auf Basis der paar (emotionslosen) Informationen, die sie aus den Bewerbungsgesprächen bekommen hat, und wählt das Beste für sich aus.

Bei Personen mit Berufserfahrung ist das, im Gegensatz zu Berufseinsteigern, anders. Mit etwas beruflicher Erfahrung kann ich leichter beurteilen, welchen Stellenwert die Art meiner Tätigkeit im Vergleich zu den Incentives hat, die mir drum herum angeboten werden. Was macht das Arbeiten für mich wirklich sinnvoll? Was brauche ich, damit es mir in der Arbeit gut geht? Ohne Erfahrung hat Lea kaum die Chance, eine vernünftige Entscheidung zwischen verschiedenen Jobangeboten zu treffen. Woher sollte sie auch wissen, dass ein Tablet zum Netflixen während der Zugfahrt nicht annähernd so wichtig ist wie ein Job, der zu ihr passt? Zu dicht ist der Wald vor lauter Bäumen.

Denn es kommt auf den Kontext an.

Sie machen Urlaub in Nepal. Sie sind überrascht, wie günstig hier alles ist. Für eine Suppe im Restaurant ist umgerechnet nur ein Euro fällig, die Übernachtung für schlappe zwei Euro, das Taxi kostet Sie nur 50 Cent … Sie ertappen sich dabei, wie Sie mit dem Taxifahrer darüber diskutieren, dass er Ihnen für die Fahrt zehn Rupien zu viel, was so viel wie etwa 10 Cent entspricht, berechnet hat. Sie haben sich an den neuen Wertekontext angepasst. Objektiv ist Ihr Verhalten nur schwer nachvollziehbar, da Sie zu Hause unbedarft das Dreifache an Trinkgeld geben, aber hier in Nepal haben Sie innerhalb kürzester Zeit die neuen Gegebenheiten und Realitäten übernommen. Ein Euro entspricht doch einem ganzen Stundenlohn! Sie denken nun wie ein richtiger Nepalese.

Menschen passen ihre Bewertung über eine Sache dem Kontext an, in dem sie sich befinden, ein Anpassungseffekt. Wir konnten vom Institut für Generationenforschung Beweise für diesen Anpassungseffekt bei der Generation Z sammeln. In Berufsschulen, Gymnasien, Hochschulen und Universitäten befragten wir die Generation Z dazu, was sie sich von ihrem zukünftigen Arbeitgeber wünschen, was ihnen besonders wichtig ist und wie die Arbeitgeber hierauf reagieren sollten. Um den Fragebogen austeilen zu dürfen, holten wir uns die Genehmigung des jeweiligen Schulleiters beziehungsweise Dekans ein. Die Lehrer und Dozenten teilten die Fragebögen aus, Schüler und Studierende füllten sie aus, und die Lehrkräfte sammelten die beantworteten Bögen wieder ein. Wir erzielten so eine sehr hohe Rücklaufquote von 85 Prozent. In Bildungseinrichtungen in allen deutschen Bundesländern teilten wir unseren Fragebogen aus. Wir achteten darauf, dass wir gleichermaßen Daten in Bildungseinrichtungen auf dem Land und in der Stadt sammelten und dass wir unterschiedliche Schularten in unserer Stichprobe hatten.

Einige der Schüler und Studierenden waren Menschen, die in unserer Gesellschaft als »Flüchtlinge« bezeichnet werden. Wir verglichen, ob die jungen Menschen, die in Deutschland aufgewachsen sind, anders antworteten als die, die erst seit Kurzem in Deutschland leben. Wir konnten am Ende kaum Unterschiede bezogen auf die Arbeitswahrnehmung zwischen den Beantwortungen der beiden Gruppen herausfinden. Sie haben ähnliche Wünsche an ihre zukünftigen Arbeitgeber, und ähnliche Dinge sind ihnen in der Arbeitswelt wichtig. Dieses Antwortverhalten führen wir auf einen Anpassungseffekt zurück. Innerhalb kurzer Zeit haben die jungen Menschen aus anderen Herkunftsländern die Werte, Ansprüche und Meinungen über den Arbeitsmarkt in Deutschland übernommen. Sie lernten, dass ihnen ähnliche Chancen und Möglichkeiten offenstehen.

Da wir wissen wollten, wie sich die Situation während der Pandemie auf die Meinungen und Einstellungen der jungen Menschen gegenüber dem Arbeitsmarkt auswirkte, führten wir unsere Fragebogenuntersuchung vor, während und nach der Coronapandemie durch. So konnten wir circa 4.800 junge Menschen im Alter von 16 bis 23 dazu befragen, was sie sich von ihrer zukünftigen Arbeit in Zeiten mit oder ohne Pandemie erhoffen. Unabhängig davon, ob die Befragten Geflüchtete sind oder nicht, zwei Drittel von ihnen wünscht sich eine klare Trennung von Arbeit und Freizeit. Work-Life-Separation anstatt Work-Life-Blending, der Verschmelzung von Arbeits- und Privatleben also.

Doch mal ehrlich, wer möchte denn schon einen Arbeitgeber haben, der die Freizeit seiner Angestellten durch Telefonanrufe missachtet, der keine oder kaum Aussicht auf eine Führungsposition gewährt und eine schlechte Arbeitsatmosphäre bietet?

Richtig, niemand. Die wenigsten von uns lehnen Geschenke ab, oder wie das Sprichwort lehrt: Einem geschenkten Gaul schaut man nicht ins Maul. Nur muss unsere Vorstellung von unserem Verhalten in einer bestimmten Situation nicht unserem Verhalten in der tatsächlichen Situation entsprechen. Wir fordern gerne bestimmte Dinge ein, von denen wir aber noch nicht wissen, ob wir sie tatsächlich möchten. Wenn die Einstellung zu etwas vom tatsächlichen Verhalten abweicht, nennt sich das Attitude-Behaviour-Gap, es besteht also eine Lücke zwischen dem, was eine Person sagt, und dem, was sie tut. Das trifft die Angehörigen der Generation Z zum Beispiel, wenn wir sie fragen: »Würdest du Bioprodukte konventionellen Produkten vorziehen?« Die meisten Gen Z'ler bejahen diese Frage in unseren Fragebogenuntersuchungen, doch wir wissen durch Zahlen aus dem Einzelhandel, dass sich die jungen Menschen an der Kasse dann doch für die konventionellen Produkte entscheiden, weil die oft einfach billiger sind. Eine Fragebogenuntersuchung findet immer in einer Art »Laborsituation« statt, die ganz eigene Regeln hat. Die Ergebnisse können daher unter den Gegebenheiten, die die Realität nun mal mit sich bringt, anders aussehen.

So ist auch die Frage nach den Wünschen an die zukünftigen Arbeitgeber in der Realität verzerrt. Wenn 75 Prozent der Gen Z'ler sagen, sie wollen in naher Zukunft eine Führungsposition wahrnehmen, heißt das nicht, dass sie das nach Eintritt in die Arbeitswelt immer noch möchten. In der Uni kreuze ich schnell an, dass ich zeitnah eine Führungsposition anstrebe, aber wenn ich tatsächlich in die Arbeitswelt eingetaucht bin und sehe, dass der Vorgesetze Mehrarbeit macht, als Letzter die Arbeitsstätte verlässt, unangenehme Feedbackgespräche führt oder gute Mitarbeiter aus betrieblichen Gründen rauswerfen muss, dann rückt die Aussicht auf eine zeitnahe Führungsposition auf meiner Wunschliste eher nach hinten, vielleicht sogar ganz hinten.

Je länger die heutigen Nachwuchskräfte im Unternehmen sind, desto weniger hegen sie den Wunsch, zeitnah eine Führungsposition zu erklimmen. Das konnten wir in Befragungen unter mehreren Unternehmen in Deutschland nachweisen. Wir wollten herausfinden, wie sich die Wünsche von jungen Nachwuchskräften im Laufe der Zeit verändern. Also baten wir Auszubildende der verschiedenen Lehrjahre sowie junge Nachwuchskräfte, die sich seit wenigen Jahren im Berufsleben befinden, um Interviews. Mit zunehmender Dauer im Betrieb nahm bei den Gen Z'lern der Wunsch ab, in Zukunft eine Führungsposition zu übernehmen. Dabei hatte auch die Art und Weise, wie die Führungskräfte der Gen-Z'ler über ihre eigene Führungsposition sprechen, eine Auswirkung auf den Wunsch der jungen Nachwuchskräfte. Wenn der ewig grummelige Gruppenleiter jeden Tag darüber schimpft, welche Schwierigkeiten seine Leitungsposition mit sich bringt, dann bleibt dies nicht ohne Folgen.

Die Krönung

Könige, Emire und Scheichs auf Arbeitssuche - ein Widerspruch?

Viele Arbeitgeber behandeln mittlerweile die Neuen wie Könige, denn mal ehrlich, ist es überhaupt sinnvoll, den Neuen die Möglichkeit zu geben, beispielsweise von Montag bis Donnerstag zu arbeiten? Bei der ersten Arbeitsstelle? Wie dürfen die Neulinge denn dann das Arbeitsleben verstehen?

Nun, zumindest darf ich als Arbeitgeber dann im Nachhinein nicht behaupten, die Neuen wären fauler, denn wir alle nehmen gerne den leichteren Weg. Es ist doch unsinnig, sich darüber zu wundern, dass Geschenke gerne angenommen werden. Ich kann nicht sagen, die Jungen sind faul, und unterstütze sie nach Möglichkeit dazu noch nach Kräften …

Hunde, die beißen, bellen nicht (mehr)

Im Mittelalter zählte Córdoba, eine Provinz im heutigen Südspanien, beziehungsweise nahezu die ganze Iberische Halbinsel zum Arabischen Reich. Abd ar-Rahman ad-Dakhil war der erste Emir von Córdoba, also so was wie der dortige Fürst. Eine Drei- oder

Vier-Tage-Woche gab es noch nicht. Jeder Tag war gleich, zumal man sieben Tage die Woche fünf Mal am Tag beten musste, so die neue Religion, die die Araber auf die Iberische Halbinsel brachten.

Der Legende nach erzählte man sich aus dieser Zeit, dass jener Emir von Córdoba wissen wollte, was die Menschen zu mehr Leistung antreibt: Bestrafung oder Belohnung. Man suchte zwei gleich schnelle Läufer, um einen Versuch zu starten. Man ließ beide Läufer bei gleichen Bedingungen um die Wette laufen und stellte fest, dass beide tatsächlich ähnlich gut waren. Beim zweiten Lauf hatten die beiden Läufer jeweils andere Bedingungen: Läufer A wurde ein Säckchen voll Gold angeboten, wenn er beim Wettrennen gegen Läufer B gewinnen würde. Läufer B wurde von einem bissigen schwarzen Hund gejagt.

Nun raten Sie mal, wer der Legende nach schneller war.

Am schnellsten bewegen wir uns, wenn wir müssen, also wenn unmittelbar Gefahr droht, auch wenn viele Motivations-Coaches vom guten Zureden träumen. Man könnte den beschriebenen Versuch, wenn es ihn denn je gab, als erste Erforschung der unterschiedlichen extrinsischen Motivarten betrachten. Also ein Anreiz, der von außen dafür sorgt, dass wir uns »bewegen«, denn das Wort Motivation stammt vom lateinischen Wort *movere* ab, was mit bewegen oder antreiben ins Deutsche übersetzt werden kann. Wir halten fest, dass wir uns am schnellsten bewegen, wenn wir es tatsächlich müssen, und das passiert in den meisten Fällen bei direkter Gefahrwahrnehmung. Wenn wir eine tolle Möglichkeit offeriert bekommen, auch wenn diese uns einen enormen Vorteil bringen würde, bewegen wir uns im Vergleich erst mal langsamer, als wenn unmittelbar Gefahr droht. Mit anderen Worten: Wir laufen schneller, wenn Feuer ausbricht, als wenn es Freibier gibt – okay, im Allgäu sollte diese Aussage gegebenenfalls separat validiert werden, im Rest der Welt müsste sie aber stimmen.

Wenn wir uns bei solchen Auswahlszenarien langsamer bewegen, denken wir übrigens auch mehr nach und »zerdenken« dabei auch vieles. Der israelische Psychologe Daniel Kahnemann unterscheidet hierbei zwei Denk-Systeme, die unser Handeln begründen sollen. System Nummer 1 beschreibt eine Handlungs- beziehungsweise Denkaktion, begründet auf einem schnellen, intuitiven und emotionalen Agieren. Dies bringt neben der Geschwindigkeit auch viele kognitive Verzerrungen mit sich, in der Psychologie auch Bias genannt. System 1 hat jedoch einen größeren und durchdringenderen Einfluss auf unsere Gedanken und unser Verhalten, vor allem bedingt durch seine intuitiven Eindrücke, ist häufig auch von Heuristiken geprägt und geht infolgedessen oft an der Objektivität weit vorbei. System 2 beschreibt ein wesentlich langsameres, dafür reflektiertes und logisches »Durch-Denken«, was auch mehr Ressourcen von uns abverlangen kann. Am Ende bestimmt das Zusammenspiel der beiden Systeme unsere gesamte Denkweise, die Urteile und Entscheidungen und schließlich auch unser Handeln, unser »Bewegtsein«, bzw. unsere Motivation. Viele Entscheidungen, die wir nun schnell und aufgrund von Emotionen aus dem Bauch heraus treffen, sind nicht rational erklärbar. Argumente, die eine emotionale Grundeinstellung zu einem Thema bestätigen, werden daher auch automatisch positiver wahrgenommen und schlussendlich verarbeitet.[38]

Betrachten wir diese Erkenntnisse einmal am Fallbeispiel Lea. Lea ist nicht überrascht über die vielen Angebote, die ihr Emilia macht. Es greift somit sehr wahrscheinlich System 2. Lea wägt aber nun sehr strategisch ab, welche Option ihr am meisten Vorteile bringt. Im Fall der beiden Läufer ist Lea Läufer A, einen bissigen Hund gab es in ihrem Leben wohl nie, das heißt, sie musste sich nie wirklich (extrem) schnell bewegen. Ihr werden nun verschiedene Säcke mit Gold angeboten. Sie überlegt nun, welcher der Goldsäckchen ihr am besten gefallen würde. Ja richtig, der Lauf rückt in den Hintergrund, die Säckchen in den Vordergrund. Zudem nervt sie schon alleine die Auswahl der Säckchen, und sie würde den Emir (beziehungsweise ihre Eltern) am liebsten fragen, welches Säckchen denn am wertvollsten sei.

Zudem kommt ein enormer entwertender Effekt dazu, denn das Goldsäckchen scheint ihr jeder anzubieten, der sie nun laufen sehen möchte. Ein Goldsäckchen scheint also für Lea ein völlig normaler Verdienst für das Laufen zu sein. Wenn wir das auf die Angebote von Emilia übertragen, stellt sich also Lea gar nicht erst die Möglichkeit, die vielen Optionen positiv wahrzunehmen, sich gar affiziert zu fühlen, nein, sie sind doch irgendwie selbstverständlich, denn sie werden ja jedem Bewerbenden angeboten. So können eben keine Emotionen wachsen, System 1 springt also erst gar nicht an, alle von Emilia emotional angereicherten Optionsmöglichkeiten wurden Lea ohne Dazutun angeboten. Es verliert dadurch alles an Wert und somit an Anreiz. Wieso sich also über Banalitäten freuen? Es ist doch alles selbstverständlich.

Doch das ist genau der Punkt, den viele Mitglieder älterer Generationen nicht verstehen können, denn als sie in die Arbeitswelt eintraten, gab es kaum Optionen, sondern man musste um den besten Arbeitsplatz kämpfen. Bei den Babyboomern konnten sich zu Beginn der Arbeitskarriere schon mal 30 bis 100 weitere Mitbewerber um den gleichen Arbeitsplatz streiten. Hier war von Beginn an ein devotes Verhalten angesagt. Ein fehlerfreier Lebenslauf war die Grundvoraussetzung, auf die Einladung zum Vorstellungsgespräch folgte eine sofortige Terminzusage. Kein Ausdiskutieren des Termins oder Forderungen betreffend den Arbeitsplatz. Dort erschien man pünktlich, natürlich ohne Eltern, und während des Gesprächs wurde »zu allem Ja und Amen gesagt«; bloß nichts anmerken lassen, ja sogar diverse Angebote ausschlagen, um zu demonstrieren, wie intrinsisch motiviert man doch sei und wie sehr man diesen Job verdient hat. Man brauchte keinen physischen bissigen Hund, er war einem gedanklich immer auf den Fersen. Man brachte also automatisch schon das Maximum mit. Das ist der Erfahrungsschatz, den die älteren Generationen in ihrer Vita von Arbeitsbeginn an aufzeigen können.

Lea wird eingeladen, auch wenn sie sieben Rechtschreibfehler im Anschreiben hatte, ja selbst dann, wenn das Anschreiben falsch adressiert ist. Lea darf sich nicht nur Uhrzeit und Tag des Vorstellungsgesprächs aussuchen, sie darf sogar zu spät kommen, ihre Eltern mitbringen oder zumindest diese in jedem dritten Satz erwähnen, und muss nicht mal absagen, wenn ihr eine andere Stelle besser gefällt. Schön wäre es natürlich, wenn sie es täte, aber lässt sie es, passiert ihr auch nichts. Oder haben Sie schon mal von einem Arbeitnehmerbewertungsportal gehört? Kununu für Arbeitgeber also?[39] Kununu bedeutet übrigens »unbeschriebenes Blatt« auf Suaheli. Es soll andeuten, eine Plattform zu sein, bei der Unternehmenskulturen transparent gemacht werden. Nur leider, wie bei allen Bewertungsportalen, lassen auch hier Menschen mehr ihrem Frust freien Lauf, als dass es tatsächlich eine objektive Bewertung ist. Aber egal, wie gut die Homepage oder der TikTok-Video-Beitrag des potenziellen Arbeitgebers ist, so eine Bewertung wiegt tatsächlich stärker, was bedeutet, dass Emilia auch die schlechteste Bewerberin so gut behandeln muss, dass da nichts Negatives auf diesem Portal landet … Bewerber sind also immer Könige, selbst wenn sie nicht in unser Reich passen.

Wie bunt und rund der Lebenslauf ist, interessiert heute auch niemanden mehr. Emilia musste sich noch nie rechtfertigen, wieso sie beim ersten Arbeitgeber nur drei Jahre war. Heute ist das die dreifache Zeit, die ein durchschnittlicher Gen Z'ler bei einem Arbeitgeber bleibt. Ja, heute würde man die Bewerberin sogar fragen, was hatte der Arbeitgeber, dass du so lange dort geblieben bist? »Drei Jahre, das finde ich klasse, das möchte ich auch gerne in meiner Agentur haben, was war der Grund deiner langen Verweildauer?« Das wären die Gedanken, die Emilia bei so einem Lebenslauf hätte.

Lea war die einzige Bewerberin in Emilias Agentur. Emilia hatte das Gefühl, kaum eine andere Wahl zu haben, als in Spendierhosen das ein oder andere Auge zuzudrücken. Der Arbeitnehmermarkt lässt es zu, dass die Leas – die Nachfragerinnen – das Angebot – die Jobs mit ihren Arbeitsbedingungen – bestimmen. Schließlich muss Emilia als Chefin der Personalabteilung für Nachwuchskräfte sorgen – wie hätte sie sich wohl vor ihrer Vorgesetzten rechtfertigen müssen, wenn sie der einzigen Bewerberin keine Chance gegeben hätte?

Arbeitgeber wie Emilia verfügen nicht mehr über die Fantasie, zu sehen, dass Lea gar keine andere Welt kennt außer eine Welt voll Überangebot. Emilias Agentur unterscheidet sich überhaupt nicht von all den anderen, denn alle springen auf die neuen Trends auf, die die Neuen mit Optionen so zuschütten, dass diese den Überblick verlieren, immer in der Hoffnung, mehr Bewerber zu bekommen. Sie handeln nach der Devise: Hauptsache viele Bewerber, dann wird schon ein guter dabei sein! Ein Wettkampf, den die Unternehmer selbst begonnen haben, die sich nun überbieten … Ein Wettkampf um das Drumherum an der Arbeit, nicht mehr um die Arbeit an sich. Wird Lea weiter vollgeschüttet mit

Möglichkeiten, ohne sich bewegen zu müssen, korrumpiert ihre gegebenenfalls anfängliche intrinsische Motivation sehr schnell und ist in der Folge nur noch extrinsisch aktivierbar. Sie wird verwöhnt, gesättigt und anspruchsvoll, das Goldsäckchen muss also immer größer und schwerer werden, damit sie überhaupt noch läuft.

Emilia müsste eigentlich das Gegenteil machen, um Lea zu gewinnen! Sie müsste ihr die Einzigartigkeit der Arbeit in ihrer Agentur nahelegen, denn dieses Angebot ist neu für Lea, bisher hatte sie nur auf die Incentives geschaut. Der Köder der einzigartigen Arbeit wird dann auch nur bestimmten Fischen schmecken, nämlich denjenigen, die intrinsisch motiviert sind und wirklich Lust haben, bei Emilias Agentur zu arbeiten.

Wenn die Motivation von Goldsäckchen erschlagen wird

Ein Unternehmen hat uns vom Institut für Generationenforschung beauftragt zu analysieren, wie sie ihren Bewerbungsprozess optimieren können, da die notwendigen Bewerber ausbleiben. Als Erstes wurden wir damit konfrontiert, dass alle potenziellen Azubi-Bewerber 50 Euro bekommen, allein dafür, dass sie zum Bewerbungsgespräch erscheinen. Auf meine Frage an den geschäftsführenden Gesellschafter, ob er ein Schnitzel essen würde, wenn ihm der Koch dafür 50 Euro geben würde, sagte er: Nie im Leben, das kann nicht schmecken oder gesund sein …

Aus lauter Verzweiflung und Unsicherheit machen heute Unternehmen Dinge, die sie selbst für absurd halten, aber die Fantasie, die Neuen zu Königen zu machen, kennt keine Grenzen. Nur wenn ich

Mitarbeiter suche, sollte ich mich auch so verhalten, dass Mitarbeiter kommen!

Eine Einrichtung verübt jedes Jahr eine sogenannte Praktikums-Challenge. Ein Praktikum, bei dem potenzielle Bewerber in den Arbeitsalltag der Einrichtung hineinschnuppern können. Man hat gesehen, dass Bewerber, die ein Praktikum dort gemacht haben, mit höherer Wahrscheinlichkeit ihre Ausbildung auch dort durchziehen und der Einrichtung länger erhalten bleiben. Wie allen ging es auch dieser Einrichtung so, dass die Bewerberzahlen rückläufig waren. Dann kamen die Verantwortlichen auf eine geniale Idee, sie deuteten den Mangel um. Sie machten den Nachteil zum Vorteil. Der sogenannte »Breaking Rules-Effekt«, wie ihn Psychologen nennen, tritt dann auf, wenn etwas aus dem gewohnten Schema ausbricht; dann erhält es von uns eine größere Aufmerksamkeit.[40] Das ist ontogenetisch in uns so veranlagt, um ursprünglich mal potenzielle Gefahren aufmerksamer wahrzunehmen. Um nicht ständig alles und jeden um uns herum mit voller Konzentration wahrnehmen zu müssen, legt unser Gehirn bei gleichen Abläufen zusammenfassende Muster an. So speichern wir nur partielle Teile eines Ablaufs und nicht jede Sequenz, was uns schneller macht. Dieses Phänomen kennt man beim Lesen, wir müssen gar nicht alle Buchstaben lesen, um das Wort als Ganzes zu encodieren – das geht so weit, dass wir selbst noch einen Buchstabensalat wie diesen hier relativ problemlos lesen können: Für das Vheeertsn eenis Ttxees kenönn die Bbhusctean der einelzenn Wröetr in beebiilegr Regnhleoife aeengnrdot sein.[41] Was uns also bekannt vorkommt, wird wenig intensiv betrachtet und weniger detailliert wahrgenommen. Werden immer die gleichen Möglichkeiten angeboten, ist das nicht nur selbstverständlich, nein es fällt uns nicht mal mehr positiv auf; es ist Schema F. Um also die volle Aufmerksamkeit zu bekommen, muss das Muster völlig anders ablaufen, gar konträr. So entschied sich die besagte Einrichtung, das Praktikum neu zu framen, und benannte es um in: das härteste Praktikum der Branche.

Was war das, kein Incentiv, kein Kuschelkurs, sondern Härte wird abverlangt? Zumindest fällt das schon mal auf.

Nun kam der zweite sehr gut überlegte Schritt, man schuf einen Mangel. Es wurde beworben, dass das Praktikum auf eine bestimme Anzahl von Teilnehmern begrenzt sei, und das trotz zu weniger Bewerbungen.

Wow, was war das nun wieder? Mangel in der Welt voller Optionen?

Das heißt, wer zuletzt kommt, den beißen die Hunde? Hier ist es wieder das Beispiel von Córdoba. Diesen Effekt nennen Verhaltenspsychologen den Paradox-of-Choice-Effekt. Je mehr Auswahl es gibt, desto schwerer fällt es, einfache Entscheidungen zu treffen. Dabei senkt die Angst vor Fehlern die Handlungsmotivation: Bevor falsch entschieden wird, wird eine Entscheidung vermieden oder am Ende eben gar nicht getroffen.[42] Häufig springen auch heute genau hier die Eltern ein und unterstützen mit Rat und Tat.

Im erwähnten Beispiel kam es nun aber auf den einzelnen Bewerber selbst an, nicht weil er Generation Z ist, nein, weil man sich für ihn oder sie als Person interessiert hatte, und auch, wie gut er oder sie im Vergleich zu anderen ist. So viel Individualität bekommen die Jungen sonst nirgends. Auch wenn es erst mal unangenehm scheint, ist genau das Gegenteil, was erreicht wird: Man fühlt sich toll und dazugehörig, wenn man es geschafft hat. Also schnell und anständig bewerben, denn die Plätze sind rar.

Der Leiter der Einrichtung verriet mir, dass die Bewerberzahlen um 500 Prozent angestiegen sind …

Das bedeutet nun, dass das Zuschütten mit Optionen wie die Vier-Tage-Woche kontrainduziert sein kann? Erst mal Jein! Hat also der Gen Z'ler mit einer Vier-Tage-Woche begonnen, wird er oder sie sich sehr schwertun, zu fünf wöchentlichen Arbeitstagen überzugehen.

Wir müssen zudem bei all den Themen immer sehr stark auf die Branche schauen. Es wird kein einheitliches Regelwerk (mehr) geben, das allen Branchen überstülpbar ist, dafür gibt es mittlerweile zu viele und unterschiedliche Angebote und Möglichkeiten. Eine Vier-Tage-Remote-Arbeitswoche ist in der IT-Branche zu realisieren, aber nicht im Einzelhandel. Wichtig zu wissen: Wenn eine Vier-Tage-Woche angeboten wird, bekommt man mit gewisser Wahrscheinlichkeit niemanden, der a) Überstunden machen möchte oder b) später mal aufstocken wird …

Fazit: Man bekommt als Arbeitgeber genau die Gen Z'ler, die man durch seine jeweiligen Angebote anlockt. Oder in anderen Worten, nicht die Gen Z'ler sind faul, sondern das Arbeitsangebot der Arbeitgeber macht sie faul und träge. Wenn ich keine bissigen Hunde mehr habe, muss ich die Anzahl der Goldsäckchen erhöhen, und so werden die Neuen am Ende mit Goldsäckchen zugeschüttet und haben erst mal keinen »Beweggrund« mehr.

Einen fleißigen Arbeiter hebe ich also nicht auf dem Königsthron oder suche ihn im Palast des Emirs.

Warum wir aufhören sollten, unsere Nachwuchskräfte von vornherein zu demotivieren!

Der Lohn eines Amtes ist das Amt selbst.
(Lucius Annaeus Seneca)

Aufgrund des Fachkräftemangels wird jungen Bewerbern schon von vornherein suggeriert, dass sie die Stelle auf jeden Fall bekommen. Warum soll Lea sich noch bewegen? Es kann sogar sein, dass dadurch ihre ursprüngliche intrinsische Motivation gebrochen wird oder ins Gegenteil übergeht.

Was könnte aber Lea dazu bewegen, nach dem Vorstellungsgespräch im jeweiligen Unternehmen auch zu beginnen?

Vor knapp hundert Jahren hat eine junge russische Psychologiestudentin namens Bljuma Wulfowna Zeigarnik in Berlin eine spannende Entdeckung gemacht. Sie lernte beim Sozialpsychologen Kurt Lewin, der vor allem wegen seiner Gestalttheorie große Bekanntheit erlangte. Als Zeigarnik in einem Café in Berlin auf ihre Bestellung wartete, wunderte sie sich, wie viele Bestellungen der Kellner sich gleichzeitig merken konnte. Zuerst vermutete sie, dass der Kellner hochbegabt sei, als sie dann aber mit dem vermeintlich Hochbegabten einen Small Talk hielt, war sie sich sicher, dass das nicht der Fall sein konnte. Also überlegte sie, worin der Grund für die große Gedächtnisleistung des Kellners bestand. Ihr kam die Gestalttheorie ihres Professors in den Sinn. Sie vermutete, dass es mehr mit offenen und geschlossenen Gestalten zu tun haben musste als mit der intellektuellen Kompetenz des Kellners. Die unabgeschlossenen Gestalten beziehungsweise offenen Bilder in unserem Kopf waren ihrer Ansicht nach der Grund für die hervorragenden Merkfähigkeiten. Das offene Bild der Bestellung wird erst mit Ende der Bezahlung geschlossen. Solange etwas unabgeschlossen ist, verbleibt es besser in unserem Gedächtnis, als wenn es abgeschlossen ist. Belegen konnte sie ihre Vermutung schlicht dadurch, dass der Kellner alle Bestellungen, die zum Zeitpunkt noch offen waren, nennen konnte, sich aber nach dem Bezahlen überhaupt nicht mehr an vorangegangene Bestellungen erinnern konnte.

Der nach ihr benannte »Zeigarnik-Effekt« beschreibt also das »Bedürfnis« unseres Gedächtnisses, eine angefangene Aufgabe auch zu beenden. Eine abgeschlossene Aufgabe, bei der das Ziel erreicht wurde, hat eine vollständige Gestalt und besitzt einen beendeten kognitiven Erfolg. Aber nicht nur bezogen auf unsere Merkfähigkeit, sondern auch auf unsere Motivation, Volition (Willenskraft beziehungsweise Prozess der konkreten Realisierung eines Handlungswunsches) und Zeitwahrnehmung gab es sehr viele Experimente im Zusammenhang mit dem neu entdeckten Effekt. Studenten bekamen zum Beispiel eine Liste mit zwanzig Buchstabensequenzen, bestehend aus jeweils drei Buchstaben, zu bearbeiten. Jede Buchstabensequenz ließ sich durch Umstellen der Buchstaben in ein Wort verwandeln, zum Beispiel die Buchstabensequenz »jbo« in das Wort »job«[43]. Nach genau der Hälfte der bearbeiteten Aufgaben wurden die Teilnehmer unterbrochen und sollten abschätzen, wie lange sie bisher für die Aufgabe gebraucht hatten. Danach sollten sie die Aufgabe zu Ende bringen. Die geschätzte Zeit der Probanden bis zur Unterbrechung des Testleiters lag sehr nahe an der tatsächlich gemessenen Zeit. Die durch die Probanden geschätzte Dauer für die gesamte Aufgabe lag jedoch signifikant höher als die tatsächlich gemessene Zeit. Forscher lernten daraus, dass eine Unterbrechung eine enorme

Auswirkung auf die insgesamt wahrgenommene Dauer haben kann. Wie der Zeigarnik-Effekt belegt, ist eine abgeschlossene Aufgabe für uns weniger präsent als eine nicht abgeschlossene. Wie ein offenes Bild, das noch in uns arbeitet und geschlossen werden will. Wir lesen Wörter, auch wenn die Buchstaben durcheinandergewürfelt sind, wir schließen die Gestalt und akzeptieren gar nicht erst, dass da in Wirklichkeit keine Wörter stehen, sondern nur buchstabenähnliche Figuren. Filme mit offenem Ende wirken anders nach als Filme mit Happy End.

Da Emilia so wenig Bewerber bekam und unter Druck stand, gab sie Lea zu viele Zusagen und unterminierte ihre Möglichkeiten, offene Bilder zu setzen. Lea hatte schon eine Zusage in der Tasche, für die sie nichts mehr tun musste. Was Emilia und die Agentur nicht nur entwertete, es machte sie im wahrsten Sinne des Wortes unsichtbar oder – wie Hubert Aiwanger es sagen würde – nicht mehr erinnerlich.[44]

Am Folgetag beim nächsten Vorstellungsgespräch bei einer anderen Agentur war Emilia schon längst vergessen, wie die eine Bestellung in einem Café, die bezahlt wurde.

Emilia hätte also einfach, wie es Jahrzehnte zuvor auch der Regelfall war, schlicht sagen müssen, sie überlegt es sich und gibt zeitnah Bescheid. Da Emilia aber so unter Druck steht, Personal finden zu müssen, verhält sie sich nicht mehr, wie sie es selbst für sinnig hält, und macht zu schnell zu viele Zusagen.

Eine weitere Studie aus den Achtzigern wollte herausfinden, was Menschen dazu antreibt, eine Aufgabe wieder aufzunehmen. Sie konnte nicht nur den Zeigarnik-Effekt bestätigen, also dass Menschen eher wieder eine Tätigkeit aufnehmen, wenn sie wissen, dass die Aufgabe noch nicht abgeschlossen ist, sondern konnte herausfinden, dass auch leistungsbezogenes Feedback zur

Wiederaufnahme der Tätigkeit führen kann, unabhängig davon, ob die Aufgabe bereits erledigt wurde oder nicht. Feedback zur eigenen bisherigen Leistung, unabhängig davon, ob die eigene Leistung erfolgreich war oder nicht, kann uns damit intrinsisch motivieren! Wir sind bereit, eine Tätigkeit wieder aufzunehmen.[45]

Würde Emilia wahrnehmen, dass es Aufgaben in ihrer Agentur gibt, für die Lea brennen könnte, wäre es sinnvoll, hier bereits im Vorstellungsgespräch anzusetzen. Wieso nicht gleich von der Labor-Situation »Vorstellungsgespräch« in die Real-Situation »Arbeitsplatz« wechseln? So sieht Emilia sofort, wie Lea arbeiten würde, zumindest sieht sie so mehr als in ihrem zuvor geführten sterilen Vorstellungsgespräch durch Abfragen von Leas Hobbys, Stärken und Schwächen, um im Anschluss Goodies zu verteilen. Im Endeffekt sind Vorstellungsgespräche eine arbeitsunwirkliche Situation. Denn wenn man ehrlich ist: Wann erleben wir im späteren Arbeitsumfeld eines Betriebes jemals wieder so eine Situation? Und welche Schlüsse können wir aus so einer unwirklichen Situation wirklich ziehen? Ein arbeitsplatznahes Vorstellungsgespräch beziehungsweise Vorstellungsarbeitstag hat noch weitere Vorteile: Die Kollegen können als Kollegen wahrgenommen werden, und man kann hier schon eine erste Bindung zum Gegenüber aufbauen. Gleich zu Beginn kann vermittelt werden, was für 88,4 Prozent der Gen Z der wichtigste Treiber der Arbeitszufriedenheit ist, nämlich eine angenehme Arbeitsatmosphäre[46].

Eine gute Arbeitsatmosphäre kann man nicht erklären, das muss der oder die Neue fühlen, und das kann in einer sterilen Vorstellungsgesprächssituation mit Optionscheckliste nicht gefühlt werden. Eher aber durch einen ehrlichen Austausch unter zukünftigen Kollegen. Zudem kann Lea gleich demonstrieren, worin sie wirklich gut ist, wohingegen Emilia demonstrieren kann, dass sie

Leas Leistung wahrnimmt, ihre Kompetenz anerkennt, und ihr Feedback geben. Sie setzt an Leas intrinsischer Motivation an, gibt ihr ein angebrachtes Feedback und zu verstehen, sich zeitnah zu entscheiden, welchen Bewerber sie nimmt, um hierbei nun auch verstärkt den Zeigarnik-Effekt zu nutzen.

Ein Vorstellungsgespräch besteht also nach wie vor idealerweise nicht aus einer Fragerunde und dem Vergeben von Give-Aways und Geschenken – also den Bewerber als Emir, Scheich oder König zu behandeln –, sondern in erster Linie aus der Simulation praktischer Arbeitstätigkeiten. Der österreichische Wirtschaftspsychologe Heinz Schuler sowie der deutsche Psychologe Joachim Funke sind sogar davon überzeugt, dass solcherart Vorstellungsgespräche so ungenau sind, dass es effektiver wäre, eine Münze zu werfen: »Die Vorhersagbarkeit konventioneller Interviews liegt kaum über der Zufallswahrscheinlichkeit[47]«.

Wen will ich eigentlich wirklich? Was will der Bewerber oder die Bewerberin wirklich? Genau das sind die Fragen, die sich Emilia stellen müsste, anstatt wahllos Angebote zu machen und Incentives aus den Rippen zu leiern. Trotz oder genau wegen des Nachwuchskräftemangels sind diese Fragen wichtiger als je zuvor. Nicht Quantität erzwingen, die aus soziodemografischer Perspektive schon längst nicht mehr da ist, sondern von vornherein auf Qualität setzen. Emilia sollte also nicht versuchen, so viele Vorstellungsgespräche wie möglich zu generieren, um dann aus den Ungeeignetsten auszuwählen, sondern die Situation genau umgekehrt betrachten, also der Wirklichkeit anpassen. Sie sollte die Qualitätsanforderungen so modifizieren, dass sie so wenig Vorstellungsgespräche wie möglich führen muss. Ist ein geeigneter Bewerber da, dann sich wirklich Zeit nehmen, das Bewerbungsgespräch vorbereiten und die Entscheidung durchdenken.

Oft neigen Personaler wegen des Fachkräftemangels gerade zum Gegenteil, und jede noch so räudige Bewerbung führt zu einem Vorstellungsgespräch, weil der Zufallstreffer herbeigesehnt wird. Auch wenn die Person nur mittelmäßig geeignet ist, wird sie eingestellt und ihre Defizite mit dem Fachkräftemangel begründet. Et voilà, die Schuld gekonnt weitergereicht.

Da Bewerber heute sehr direkt sind, kann man die Kritik der Bewerber nutzen, um den Bewerbungsprozess zu überarbeiten. Dabei sollte Emilia stets hinterfragen, ob sie die jeweilige Kritik wirklich sinnvoll und berechtigt findet, denn die Forderungen der heutigen Berufseinsteiger sind oft fernab der Realität, vor allem bedingt durch zu wenig Kenntnisse der (Arbeits-)Realität: Hier mal ein einwöchiger Schnupperkurs, hier mal ein zweiwöchiges Praktikum ist eben auch das, wonach es sich anhört, ein Reinschnuppern in die Arbeitswelt.

Nimm das, was da ist, denn das kennst du am besten

Fest und stark ist nur der Baum, der unablässig Windstößen ausgesetzt war, denn im Kampf festigen und verstärken sich seine Wurzeln.

Lucius Annaeus Seneca

Anstatt immer mehr auf die Bewerber zuzugehen und alles zu versprechen, die Bilder selbst schließen und sich immer mehr zu verbiegen, könnte uns als Inspiration zur Lösung des Fachkräftemangels die FMNR-Methode dienen. FMNR steht für die »Farmer Managed Natural Regeneration«-Methode, die vom australischen Agrarökonom Tony Rinaudo entwickelt wurde und heute vor allem in der Sahelzone angewendet wird, wie zum Beispiel in Niger, ein sehr heißes, trockenes und auch armes Land mit etwa 26 Millionen Einwohnern auf einer Fläche, die knapp viermal größer ist als Deutschland. Eine Forschungsgruppe aus Niamey, der Hauptstadt von Niger, kam vor einigen Jahren in ein nigrisches Dorf und erklärte den Einwohnern die FMNR-Methode. Die Bäuerin Sadé wunderte sich anfangs zwar sehr über die Gruppe, hatte sie doch noch nie Fremde gesehen. Sie hörte dennoch gespannt zu, was die Fremden berichteten, und versuchte, das Gehörte in die Tat umzusetzen. Einige Jahre später kamen die Männer aus der Hauptstadt wieder und staunten nicht schlecht: Sadé hatte ihren Wohlstand gemehrt, sie besaß nun eine große Anzahl an Kühen, Ziegen und sogar Honigbienen. Sie verdiente mehr als die anderen und war mittlerweile die reichste Frau im Dorf. Wie kam Sadé zu diesem Reichtum? Denn die anderen im Dorf konnten ihren Wohlstand nicht vergrößern, sie blieben arm.

Die Forschergruppe aus Niamey verkannte, dass die Zuhörenden zwar alle gleich arm waren, aber alle unterschiedliche Grundvoraussetzungen hatten. Sadé war neugieriger als die anderen und insgesamt risikoaffiner. Vor allem war sie offener dafür, mit tradierten Dingen zu brechen, als der Rest des Dorfes. Es war, wie man heute sagen würde, ihr Mindset, das ihr dabei half, die Methode umzusetzen. Zudem hatte Sadé auch einen Mann, der die Gleichberechtigung der Geschlechter für sinnvoll hielt oder sie zumindest gewähren ließ, während er sich dagegen zurücklehnte; aber er hielt sie zumindest nicht davon ab.

In der Vergangenheit war viel Wald rund um die Ansiedlung abgeholzt worden, und die Menschen im Dorf hatten wenig Wasser, da die verbliebenen Bäume ihre natürliche Wasserspeicherungsfunktion nicht mehr erfüllen konnten. Die Böden waren ausgetrocknet und karg, der Pflanzenanbau kaum möglich. Das Wasser, das sie nicht für sich selbst benötigten, reichte gerade so aus, um das Vieh zu tränken. Die Forschergruppe erklärte den Dorfbewohnern, dass ihre Methode auf einer natürlichen Regeneration vorhandener Naturalien beruht. Auch wenn die Bäume bereits abgeholzt sind, können ihre Wurzeln im Untergrund wiederbelebt werden. Baumstümpfe, erzählten die Fremden, böten ein großes Potenzial für schnelles Baumwachstum.

Bäume hatten Sadé und die anderen Dorfbewohner bis dato nur als Schattenspender genutzt oder als Nahrungsquelle für ihre Tiere. Sadé lernte, dass die Baumwurzeln leichter neue Sprossen bilden können, wenn sie etwas gewässert werden, sowie schwache Triebe abgeschnitten werden, um den starken Trieben mehr Kraft zu geben. Gehört, getan. Sie lernte, wie sie ihre Werkzeuge nutzen kann, um die brachliegenden Flächen zu rekultivieren. Sie erfuhr, dass Wurzeln Wasser länger halten können, wenn die Bäume in einem gewissen Abstand zueinander stehen, und lernte, dass sie in trockenen Zeiten die Baumrinde an ihre Kühe verfüttern kann. Jahr für Jahr verbesserte sie ihre Erträge, und ihr Vieh vermehrte sich. Auf Sadés Grund wuchsen immer mehr Bäume, die Schatten spendeten, den Boden vor dem Austrocknen schützten und die Wiese grüner werden ließen. Sie hatte bald mehr Nahrung für sich und ihre Tierherde, als sie benötigte, und so konnte sie anfangen, einen Teil davon zu verkaufen.

Die anderen Dorfbewohner hatten Angst vor Veränderung. Sie glaubten nicht an FMNR und konnten Sadés Eifer nicht nachvollziehen, da sie nicht sofort Ergebnisse sehen konnten. Schließlich dauerte die Rekultivierung ihres Landes mehrere Jahre. Sadé ließ sich davon nicht beirren, sie nutzte die Naturalien und Werkzeuge, die sie hatte, und setzte sie ein, um den Baumwurzeln eine zweite Chance zu geben. Sie brach mit tradierten Formen der Landwirtschaft und ignorierte die anderen.

Sadé schaffte es, Vorhandenes neu zu kalibrieren – und genau da liegt der Schlüssel für so vieles in unserem Leben, auch in der Arbeitswelt. Es macht ein Unternehmen nicht zwangsläufig erfolgreicher, wenn es wie alle anderen Unternehmen einen Instagram-Account ins Leben ruft oder sich einen fancy Obstkorb aus den Rippen leiert, um die Neuen zu halten. Es sollte eher auf die Ressourcen zurückgreifen, die das Unternehmen schon hat, was es gut kann, denn dann ist es auch authentisch und wird von den Neuen ernst genommen. Wenn Unternehmen junge Menschen ansprechen wollen, haben sie den Schlüssel dazu bereits im Betrieb: die jungen Menschen selbst, die bereits bei ihnen arbeiten. Die können die Gründe angeben, warum sie (noch immer) im Unternehmen sind, was ihnen gut gefällt und was nicht. Sie können die Promoter sein, um andere junge Menschen anzuwerben.

Unternehmer sollten sich auf das besinnen, was sie gut können. Sich wegen des Fachkräftemangels zu verbiegen, ist nicht authentisch und kommt eher schräg rüber.

Die Kinder

Eine ganze Generation ohne Eltern betritt den Arbeitsmarkt

Eltern sind heute keine Eltern mehr … Nein, sie sind heute beste Freunde ihrer Kinder. Und diese besten Freunde zahlen in der Regel fast alles, irgendwie eine einseitige Freundschaft, oder?

Die Eltern der heutigen Nachwuchskräfte gehören in der Regel der Generation der Babyboomer oder Älteren der Generation X an. Die Boomer, die die Achtundsechziger als Bewegung hervorbrachten, die gegen ihre Eltern, die Gesellschaft und verstaubte Werte rebellierten. Auch ihre Nachfolgegeneration, die sogenannte Gen X, war da nicht anders. In Kleingruppen formiert, wollten auch sie anders sein wie ihre Eltern. Es gab die Punks, die Metaller, die Rapper, die Popper und so vieles mehr. Egal wie, man wollte außerhalb der Norm agieren, Masse war ein Schimpfwort, am Rand der Gaußschen Normalverteilung fühlte man sich wohl. Man wollte anders sein als die anderen. Wenn alle etwas hatten, dann wollte man mit Sicherheit das nicht mehr, so lautete die Devise. In Kleingruppen grenzte man sich vom Mainstream ab. Einzelne Gruppen konnten durchaus als Gegenbewegung und am

Ende sogar als Feindbild betrachtet werden. Eine Reaktion auf die Neue Deutsche Welle war beispielsweise die Dunkle Welle. Egal wie, Abgrenzung und individuelle Gruppenbildung stand hoch im Kurs und ist es bei den Vertretern der Generation Babyboomer und X immer noch, selbst wenn die Fronten gewechselt werden, wie man sehr gut bei einem Joachim Witt oder Heino sehen kann.

Heute beziehungsweise bei der Generation Z gibt keine nennenswerten Gegenbewegungen aus der eigenen Kohorte heraus. Keine Bewegung und keine wirkliche Gegenbewegung, sondern mehr eine Zuordnung zu einem vermeintlichen Mainstream. Es gibt Fridays For Future und Menschen der Generation Z, die da nicht mitmachen, aber es gibt zum Beispiel keine (geschlossene) Gegenbewegung zu Fridays for Future, keine Monday-to-Friday-for-Future-Bewegung, keine Anti-Klima-Bewegung aus der Jugend heraus. Es gibt auch keine sich progressiv ändernden Jugendbewegung mit neuen Ansätzen, die dem Klimawandel entgegenwirken, wie man es sonst bei »intrinsisch Motivierten« kennt, nichts dergleichen. Kein neuer, kein kreativer, sondern nur ein repetitiver Ansatz.

Ganz anders, als ihre Eltern es in ihrer Jugend waren, wird brav und vorgabengetreu demonstriert, ja nicht rebelliert oder Grenzen ausgetestet. Gemeinsam mit den Eltern statt gegen sie. Eben anders als die Achtundsechziger … Keine Reibung, kein Diskurs, keine Weiterentwicklung.

Als »Gegenbewegungen« dienen nun ein paar Boomer außerhalb des Elternkreises, die sich gerne als Klimaleugner und Verschwörungstheoretiker geben und sich damit nicht gerade alterskonform bewegen oder tatsächlich eine Reibungsfläche oder Diskussionsgrundlage bieten, um einen Ansatz weiterzuentwickeln.

Heute gibt es aus einer so großen und globalen Bewegung wie Fridays for Future nicht mal eine Mode- oder Musikrichtung, ja nicht mal einen Fridays-for-Future-Song, nichts. Nur brav am Freitag zur gleichen Zeit das Gleiche machen, mit der Hoffnung, jemand reagiert. Und wenn nicht, dann nächsten Freitag wieder; wir haben zwar keine Zeit, wird skandiert, aber Ordnung muss dennoch sein, schließlich wird der Schulstreik von Lehrer- und Elternseite größtenteils toleriert. Sie haben nicht mal einen Adressaten, denn wer soll was, wann und wie machen? Stören tut es keinen, jeder findet es irgendwie okay, keiner ändert was, alle zufrieden und gleichzeitig unzufrieden, irgendwie typisch Gen Z. Alt und Jung vereint im Nichts. Man denke nur an die Anti-Vietnam-Kriegsbewegung, an die Hippies, an die ganze Mode und Musik, die daraus entstanden ist. Egal, heute ist Mainstream angesagt, und alles andere findet gar nicht erst im Jugenddiskurs statt. Keine Abgrenzungstendenzen in irgendeiner Form, am Ende auch keine Abgrenzungen zu den eigenen Eltern. Ganz im Gegenteil, mit Mama und Papa gegen den Rest der Welt, so scheint das Motto zu lauten. Und genau das kann ein Problem werden, vor allem in der Arbeitswelt.

Wenn Eltern zu Fans und Kinder zu Rockstars werden

Als Jugendlicher ist man kein Fan mehr von Rockstars, denn innerhalb der Familie ist man selbst ein Rockstar. Eltern sind heute keine Eltern mehr zum Abgrenzen, sondern Eltern sind heute beste Freunde, Berater, Supporter oder, wie in vielen Familien, die treuesten Fans ihrer Kinder. Einige Eltern sind auch alles zusammen, aber ganz wichtig eben nur von und für die eigenen Kinder. Übrigens, auch Unternehmer legen sehr gerne unterschiedliche Maßstäbe an: ihre Kinder, die man verstehen muss, und die jungen Mitarbeiter, die man nicht verstehen kann.

Zusammengefasst: Meine Kinder sind die besten, schönsten, klügsten und reflektiertesten! Das dominiert in der Regel die Gesprächskultur von heutigen Eltern. Sie erzählen mit funkelnden Augen, was ihre Kinder alles können – und auch, was die anderen Kinder scheinbar noch nicht können. Wenn die anderen Eltern Ähnliches berichten, wird in der Regel diese Aussage ignoriert und weitererzählt, was sie alles noch vergessen haben zu erwähnen, was das eigene Kind alles so extrem gut kann. Hört man da jedoch etwas genauer hin, wird tatsächlich oft nur über Mittelmäßiges gesprochen.

Also handelt es sich infolgedessen auch nur um mittelmäßige Rockstars?

Das liegt wohl im Auge des Betrachters oder Zuhörers, aber wie bei jedem anständigen Rockstar hat dieser zwar Fans, die seine Karten kaufen, auf seine Konzerte gehen und an durch den Rockstar vorgegebenen Stellen während des Konzerts mitsingen, aber diese Rockstars sind in der Regel keine Fans ihrer Fans. Ähnlich ist das bei Eltern, die ihre Kinder, wie kleine Rockstars, für alles Erdenkliche bewundern. Wieso sollte das Kind also etwas gut finden, was die Eltern machen, wenn es doch sowieso in allem überdurchschnittlich gut beziehungsweise herausragend ist? Junge Nachwuchskräfte werden ihren Ausbildern und Vorgesetzten wohl kaum so etwas wie Bewunderung für ihre Leistung oder ihre tolle Arbeit zukommen lassen. Das Engagement der Eltern in allen Ehren, die ihren Kindern auf Augenhöhe begegnen und ihre besten Freunde sein wollen, doch wenn sie mit ihrem Lob übers Ziel hinausschießen, erheben sie ihre Kinder zu Rockstars und degradieren sich zu einem zujubelnden Publikum. Und der Rockstar ist seinen Fans mit seinen Fähigkeiten überlegen, schließlich steht er auf der Bühne und nicht die Eltern. Leider vergessen Fans in ihrem frenetischen Kult oft, dass auch bei Rockstars nicht immer alles glatt läuft. Kein Wunder, dass der Rockstar vielleicht nach dem ein oder anderen Auftritt die Stirn runzelt, wenn er, trotz mittelmäßiger Performance, überschwänglich gefeiert wurde. Hoffen wir mal, dass er einen ungetrübten Blick für seine tatsächliche Leistung entwickeln kann und seine durchschnittlichen Leistungen nicht zwangsläufig als überdurchschnittlich einordnet. Denn auf anderen Bühnen mit anderem Publikum ist ihm der Beifall leistungsunabhängig nicht sicher. Im Internet zum Beispiel kann ein misslungener Auftritt schnell einen millionenfachen Shitstorm auslösen oder zu Gelächter unter gleichaltrigen Rockstars führen. Wie gut wäre es dann, wenn der Rockstar nicht nur Fans hätte, die ihm unreflektiert zujubeln, sondern jemanden, der ihn mit seinen Sorgen ernst nimmt, korrigierend eingreift und einen Ausweg bietet? Also so etwas wie Eltern?

Also genau diese Eltern, die in ihrer Jugend so rebellierten, ihre Pubertät in vollen Zügen auslebten, verunmöglichen dieses Erlebnisgefühl bei ihren eigenen Kindern. Heute erreichen Zehnjährige durch einfachste Argumente ihr Ziel: »Mama, ich will ein Handy, alle anderen haben auch eines.« Um Gottes willen, bevor meine Tochter ein Außenseiter wird, kaufe ich ihr lieber gleich ein Smartphone, am besten gleich das teuerste und neueste. Nicht auszudenken, welche psychischen Probleme meine Tochter haben wird, so die Denke der Eltern. Man traut im Grunde seinem eigenen Kind, das man so sehr bewundert, relativ wenig zu …

Genau diese Eltern, die es so genossen hatten, in ihrer Jugend Außenseiter gewesen zu sein, zumindest außerhalb ihrer kleinen Peergroup, können es heute kaum ertragen, wenn ihre Kinder auch nur einen Tag nicht in der Mitte der Gaußschen Normalverteilung agieren, um gleichzeitig allen anderen zu erzählen, wie sehr es die Norm übertrifft?

Sie trauen ihren Kindern schlicht nicht zu, das alles selbst zu bewältigen, und fürchten sofort psychische Folgen. Und das, obwohl sie diese Kinder für alles bewundern. Es ist nicht nur eine große Ambivalenz, es birgt sogar das Potenzial, genau das Gegenteil zu erreichen. Denn die Eltern suggerieren ja genau dadurch, wie wichtig es ist, so zu sein wie alle anderen, und so verpufft die Bewunderung, jedenfalls bei den Kindern. Eine Navigationsvorgabe ist so ein Verhalten für die Kinder jedenfalls nicht.

Jene Eltern, die ihre Kindheit lang auf Bitten und Betteln die unsinnige Frage gestellt bekamen: »Wenn alle aus dem Fenster springen, machst du es dann auch?« Genau diese Menschen denken heute als Eltern sofort, wenn ihr Kind nicht das hat, was alle anderen haben, dann ist es außen vor.

Eine Diskrepanz, die Kinder in der Regel gar nicht als solche reflektieren können: auf der einen Seite das Streben, kein Außenseiter sein zu können oder zu dürfen, und auf der anderen Seite der Beste, Größte und Tollste zu sein. Ein Widerspruch? Ja, ein gewaltiger. Denn eine Förderung des Selbstbewusstseins können wir so nicht kausal erwarten, zumal die jungen Menschen sehr schnell dank Social Media mit der »Realen Welt« konfrontiert werden, und das täglich mehrere Stunden am Tag: Sie können leicht vom Gefühl übermannt werden, in Wirklichkeit ein Niemand zu sein, mit zu wenig Likes, zu wenig Followern und zu wenig Reichweite. So viel weniger zu sein als all die Influencer, die in großen Teilen genau das gleiche originäre Leben haben wie man selbst, zumindest wenn man ihre Posts betrachtet. Zu viele Widersprüche für einen jungen Menschen. Sich da zu spüren, zu wissen, wo man wirklich steht, abzuschätzen, wer man ist, und all das in der jugendlichen Findungsphase?

Eltern verunmöglichen es heute durch ihre enorme Art der Überprotegierung bei gleichzeitiger Bewunderung ihrer Kinder, sich abzugrenzen und wirklich auch mal aus eigenem Antrieb vorneweg zu schwimmen. Man kann sich ausmalen, wie sich dies auf die Arbeitswirklichkeit auswirken wird. Führung bedeutet in der Folge viel mehr Sensibilität und Zeitaufwand!

Ein zusätzliches Ad-on heutiger Eltern ist das Entlehnen der eigenen Entscheidung. Hier ist sie wieder, die Rockstarbewunderung. Ihr Leben lang entscheiden nun Kinder, wo es langgeht. Schon mit vier Jahren müssen heute nicht wenige Kleinkinder beschließen, wo es im Sommerurlaub hingehen soll, wie das Kinderzimmer auszusehen hat und was sie wann anziehen möchten. Den ganzen Tag müssen sie die Entscheidung treffen, weil ihre Eltern vor lauter Bewunderung und oft auch Verunsicherung versuchen, den Kindern ein maximales Leben zu bieten. Bedürfnisorientierte Erziehung nennen sie es, verwechseln aber am Ende Bedürfnis mit Wunscherfüllung. Hier sind sie wieder, die Könige, Scheichs und Emire, die einfach alles ohne Gegenleistung bekommen.

Den ganzen lieben langen Tag zu Hause zu entscheiden, wo es langgeht, ist für Kleinkinder enorm anstrengend, was vielen Eltern gar nicht bewusst ist. Aber irgendwann kennen es die Kinder gar nicht mehr anders, als dass sie entscheiden, was passiert, was gut ist und wo die Reise hingehen soll. Und spätestens in der Jugend ist es völlig normal für sie, dass die ganze Welt sich um sie zu drehen hat. Kindern, die also so aufwachsen, ist am Ende nicht mal bewusst, dass sie für Außenstehende sehr fordernd wirken. Es ist schlicht ein für sie ganz »normales« antrainiertes Verhalten. Oft können das Ältere, Vorgesetzte, Personalentscheider oder Unternehmer gar nicht richtig deuten und vermuten dahinter eine kritische Haltung: Die Jungen sagen halt, was sie wollen. Nur die Jungen kennen es gar nicht anders, als dass sich die Umwelt ihnen anpasst; mit Kritik hat das leider überhaupt nichts zu tun!

Lea entscheidet sich mit 16 Jahren, Vegetarierin zu werden, wie etwa jeder zehnte Jugendliche heute in Deutschland. Die Gründe sind aus ihrer Sicht vielschichtig. So bittet sie ihre Mutter, zukünftig nur noch vegetarisch zu kochen. Die Mutter hört erst mal zu und findet die Argumente ihrer Tochter stimmig, ja sogar reflektiert. Nun entschließen sich Mutter und Vater, ab nun nur noch vegetarisch zu kochen. Leas Eltern merken dabei gar nicht, dass es hierbei einen Rollentausch gab. Leas Eltern sind es so gewohnt, es Lea recht zu machen, dass Lea mittlerweile die Erziehung ihrer Eltern übernommen hat, ja sogar übernehmen musste. Lea gibt zu Hause vor, was gut ist, was moralisch ist. Leas Eltern bekommen aber dafür das Recht, Lea zu bewundern, immerhin. In dem Moment, in dem die Mutter wieder alles richtig findet, was Lea ihr vorgibt, suggeriert sie Lea, dass Lea einen höheren Reifegrad hat, ein höheres und wertigeres Moralverständnis, als ihre Eltern es wohl je erreichen werden. Denn wieso kamen Leas Eltern nie selbst auf die Idee, sich vegetarisch zu ernähren? Lea erzieht also ihre Eltern, die es dankbar annehmen. Genau das wird später in der Arbeit bei allen anderen erst mal Verwunderung auslösen, da Lea sich schon im Vorstellungsgespräch wie die Firmeninhaberin benehmen wird und vom ersten Augenblick an auch weiß, was die Firma alles besser machen könnte. Man kann sich denken, wie Lea die Arbeitswelt erleben wird, wenn ihr Vorgesetzter dem nicht nachkommt. Es wirkt für Lea erst mal befremdlich. Lea wird es mit hoher Wahrscheinlichkeit persönlich nehmen und infolgedessen die ganze Firma negativ bewerten.

Emilia wusste von all dem nichts, was auch hierbei zu einer völlig unterschiedlichen Einschätzung der beiden führte. Denn Lea sah sich während des Bewerbungsgesprächs nie als Bewerberin, sondern von Beginn als Entscheiderin.

Eltern und Arbeitgeber zugleich

Hannah, die Bildungsaufsteigerin
Hannah ist 25 Jahre alt. Die ehemalige Studentin der Wirtschaftspsychologie hat jetzt nicht nur ihren Masterabschluss in der Tasche, sondern auch ihre erste Festanstellung ergattert. Ihre Vorgesetzte ist begeistert von ihr, da Hannah einen regelrechten Bildungsaufstieg, von der Mittelschule bis hin zum Master, hingelegt hat. Sie arbeitet in Teilzeit. In ihrer Freizeit zockt sie gerne mit ihren Freunden.

Sandra, Studienleiterin am Institut für Generationenforschung, ist bei uns verantwortlich für die statistische Analyse unserer quantitativen Umfragen sowie der qualitativen Auswertung von Interviews. Da in den kommenden Jahren einige große Projekte anstehen, schrieb sie eine Stellenanzeige aus. Wichtig war ihr, dass der oder die neue Angestellte souverän mit großen Datenmengen umgehen und eigene Forschungsprojekte umsetzen kann. Einige Tage später flatterten auch schon die ersten Bewerbungen ins Haus, von denen eine herausstach: eine, in Sandras Augen, Berufsaufsteigerin. Die Bewerberin hatte nach dem qualifizierenden Hauptschulabschluss (in Bayern Mittelschulabschluss) über die Abendrealschule und während einer Ausbildung zur Bürokauffrau die Mittlere Reife absolviert. Danach legte sie das Abitur an der Berufsoberschule ab und studierte Wirtschaftspsychologie an einer FH. Während ihres gesamten Bildungsweges hatte die Bewerberin in Teilzeit gearbeitet. Begeistert vom Durchhaltevermögen, lud Sandra die Masterabsolventin Hannah zum Bewerbungsgespräch ein. Hier überzeugte Hannah ihre Vorgesetzte mit ihrer Masterarbeit, in der sie die Social-Media-Präsenz von einigen nachhaltigen Produkten einer großen Unternehmenskette statistisch analysiert hatte. Begeistert vom Innovationsgeist der jungen Absolventin, gemeinsam mit Social-Media-Experten eines Unternehmens an einer Strategie für nachhaltige Produkte gearbeitet zu haben, lud Sandra Hannah zum Probearbeiten ein. Dort erzählte Hannah Sandra, im Unternehmen ihrer Eltern ihre Ausbildung absolviert zu haben. Um die Abendrealschule, das Abitur und schließlich den Bachelor- und Masterabschluss machen zu können, durfte sie ihre Arbeitszeit im elterlichen Unternehmen auf 15 Stunden wöchentlich kürzen. In den Prüfungsphasen wurde sie freigestellt. Natürlich bot es sich dann an, dort auch die Masterarbeit zu schreiben, dachte Sandra über den Werdegang von Hannah, und wieso nicht die Vorteile nutzen, die einem das Leben bietet?

Hannah ist ein Unternehmerkind. Gewünscht hat sie sich einen Arbeitsvertrag über 20 Stunden pro Woche. Jetzt sei endlich die Zeit, es etwas ruhiger angehen zu lassen, so Hannah. Die 20 Stunden hat sie von Sandra auch bekommen. Sandra, überzeugt von den Vorzügen einer Postwachstumsgesellschaft, weiß, dass ein »immer weiter so« an die planetaren Grenzen stößt. »Wieso denn nicht die Arbeitszeit reduzieren, um sich in der Freizeit um sich selbst oder andere zu kümmern?«, dachte sie sich. Hannah aber zockte in der Freizeit gerne mit ihrem Freund, auch bis spät in die Nacht. Die Augenringe morgens um die verschlafenen Augen sprachen Bände. »Es ist ja Privatsache, was die zu Hause macht«, hatte sich Sandra gedacht. Doch je länger Hannah bei uns im Team war, desto mehr fiel sie dem Team zur Last: Sandra musste sich im Namen des Instituts bei den Adressaten einer Serien-E-Mail entschuldigen, weil alle Empfänger mit Frau Müller angesprochen wurden. Einen Auswärtstermin verweigerte Hannah, jeweils zwei Stunden Hin- und Rückfahrt und dabei nur im Auto zu sitzen, sei ihr zu langweilig; außerdem hätte sie Angst vor dem Sekundenschlaf. »Irgendwie hätte man den Termin auch digital hingekriegt«, hatte sich Sandra gedacht. Die statistischen Auswertungen verzögerten sich um eine Woche, weil sich Hannah per YouTube-Videos erst die dafür nötige multiple Regression aneignen musste. Aber halt, hatte sie das Verfahren nicht doch eigentlich als statistisches Instrument in ihrer Masterarbeit verwendet?

Unabhängig davon, ob Hannah an statistischer Amnesie leidet oder sich für ihre Masterarbeit einen Ghostwriter gegönnt hat, lange jedenfalls arbeitete sie bei uns nicht. Mit jedem Arbeitstag bröckelte das Bild, das sich Sandra von der neuen Angestellten ausgemalt hatte. Geduldig schaute sie zunächst über viele Eskapaden hinweg. Erwartet ein Mensch vom Gegenüber bestimmte Charaktereigenschaften, kann es passieren, dass er die wünschenswerten Eigenschaften stärker interpretiert. Sandra wurde Opfer einer sogenannten »Erwartungsverzerrung«[48], die immer dann auftritt, wenn Menschen bestehende Hypothesen über einen anderen Menschen bestätigt haben möchten. Da Sandra dringend Verstärkung für ihr Team brauchte, Hannah zumindest zu Beginn als Bildungsaufsteigerin betrachtete und von ihrem scheinbaren Innovationsgeist begeistert war, suchte sie für Hannahs Verhalten Entschuldigungen: Auch wenn Hannah mit der Idee einer Postwachstumsgesellschaft überhaupt nichts am Hut hatte und sich YouTube-Videos nicht etwa anschaute, um tiefer in die statistische Analyse einzusteigen, sondern um ihre Versäumnisse zu kompensieren, mutierte sie in Sandras Vorstellung zu einer Vorkämpferin für nachhaltige Arbeitsformen.

Besonders heutige Eltern, Sie erinnern sich an die Fans Ihrer Rockstars, erliegen ähnlich wie Sandra Erwartungsverzerrungen. In der Hoffnung, aus ihren Kindern aka Rockstars möge einmal das Beste werden, blicken sie auf ihre Kinder mit einer Brille, getönt durch ihre Erwartungen. Egal was der Schützling macht, es ist gut so. Macht er etwas nicht, was er sollte, gab es dafür einen Grund, der so genial und zugleich gewichtig ist, dass seine unterlassene Handlung gerechtfertigt ist. Ja, die Forderung und nicht die Umsetzung ist das Problem, so die stolzen Eltern. Scherzhaft könnte man sie auch als *Quallen-Eltern* bezeichnen. Wie Quallen dank ihres fehlenden Knochengerüsts passen sich die Eltern höchst flexibel an die Verhaltensweisen ihres Kindes an[49], nämlich so lange, bis das Verhalten wieder in das perfekte Bild passt. Unter Umständen müssen sich Hannahs Quallen-Eltern ganz schön verbiegen, um die Vorstellung ihrer Tochter von der Bildungsaufsteigerin hin zur zukünftigen innovativen Nachfolgerin ihres Unternehmens aufrechtzuerhalten.

Eltern, die über ein großes finanzielles Polster verfügen, was auch bei der Unternehmertochter Hannah der Fall war, können ihre Kinder in Watte packen. Bei schlechten Noten hebt der Nachhilfelehrer den Schnitt wieder in die Höhe, der Frühförderkurs in Englisch erleichtert das Erlernen der ersten Fremdsprache; klappt auch das nicht, droht dem Rektor ein Donnerwetter, sofern die Englischlehrerin nicht mehr Rücksicht auf den Nachwuchs zeigt; wenn nötig, wird der Bachelorabschluss durch einen Personal Coach begleitet, und sollte dem Nachwuchs bis zum Masterabschluss der Saft ausgehen, krönt der Ghostwriter die elterliche Leistung durch eine hervorragende Abschlussarbeit des Kindes.

Hannah hat sich bis zu ihrer Tätigkeit – trotz gegenteiligen Anscheins – bei uns wohl selten mal »durchbeißen« müssen. Wie vernichtend muss es für sie gewesen sein, als sie das erste Mal merkte, dass sie die statistischen Auswertungen trotz entsprechendem Nachweises aus dem Studium nicht abliefern konnte, wie schrecklich peinlich muss es ihr gewesen sein, eine E-Mail mit einer personalisierten Anrede an viele Menschen zu verschicken, wie unangenehm die Rüge ihres Kollegen, sie solle mal nachts weniger zocken, dann könne sie sich auch besser konzentrieren?

Wir sind davon überzeugt, Hannah hat den Praxisschock ihrer ersten Arbeitstätigkeit gut überwunden. Beim letzten Gespräch vor der Kündigung offenbarte sie, dass sie wieder zurück in die Firma ihrer Eltern gehen wolle, dort wäre sie ohnehin unverzichtbar. In wenigen Jahren würde sie sowieso als Geschäftsführerin in die Fußstapfen ihrer Eltern treten.

Um das eigene Selbstbild zu bestätigen, tendieren wir Menschen dazu, uns so zu sehen, wie wir glauben, dass wir sind. Das wird in der Sozialpsychologie auch selbstkonsistenzerhöhende Verzerrung (engl.: »self-consistency bias« oder auch »self-verification bias«) genannt.[50] Dann prallt Kritik an uns ab, sie passt einfach nicht ins Bild. Wie Hannahs Eltern das Verhalten ihrer Tochter so interpretieren, dass es in ihre Vorstellung passt – Hannah muss schließlich den Betrieb übernehmen –, so ist auch Hannah mit ihrem Verhalten im Reinen. Wenn Hannah diese Kompetenzen, die die Eltern in ihr als Geschäftsführerin sehen, nicht aufweist und von der Vorstellung ihrer Eltern abweicht, nehmen sie und ihre Eltern diese Defizite gar nicht wahr. Falsch gemacht hat Hanna nichts. Die Eltern sind stolz auf ihre Hannah und auch auf sich selbst, da sie so gute Erziehungsarbeit geleistet haben. Hannah so wahrzunehmen, wie es die Eltern von der zukünftigen Geschäftsführerin erwarten, stärkt das Selbstwertgefühl der Eltern und das von Hannah. Das wird als »selbstwertdienliche Verzerrung« bezeichnet. Eine Quallenfamilie, also.

Kampfkommando Eltern

Das Objekt ist stets in Sichtweite. Der Hubschrauber bewegt sich in sicherem Abstand synchron mit den Bewegungen des Objekts. Solange die Lage ruhig ist, greift das Team nicht ein. Nur das prüfende Auge im Hintergrund ist ein Indiz für die Überwachung. Doch halt! Das Objekt stürzt. Jetzt stürzt auch der Hubschrauber – nur vom Himmel und landet neben dem kleinen Paul, der sich gerade eine Handvoll Erde in den Mund gestopft hat. Das Einsatzteam packt in routinierter Schnelligkeit Feuchttücher aus, um die Erde an Händen und T-Shirt zu beseitigen, und reicht eine Flasche mit Wasser, um den Mund auszuspülen.

Sogenannte Helikoptereltern umkreisen mit ihrer Fürsorglichkeit ihre Kinder, halten sich immer in ihrer Nähe auf und überwachen sie. So können sie, wenn Gefahr droht oder doch einmal etwas schiefgelaufen ist, sofort eingreifen. Eine Einsatzgruppe also, die immer auf dem aktuellen Stand in der Causa Zögling ist. Dabei greifen sie durchaus exzessiv in das Geschehen ein, schließlich steht die Sicherheit und das Wohlbefinden ihres Kindes an erster Stelle. Die Helikoptereltern kreisen über den Köpfen der Kinder in der Schule oder in der Freizeit, wenn sie mit Freunden unterwegs sind oder beim Sportverein.

2014 befragten die Wissenschaftler Bradley-Geist und Olson-Buchanan Studierende. Sie sollten ihre Erziehung beurteilen. Die beiden Wissenschaftler konnten herausfinden, dass eher die Studierenden überfürsorgliche Eltern haben, die noch zu Hause leben und wenige oder gar keine Geschwister haben (über die Hälfte aller Familien in Deutschland haben im Durchschnitt ein Kind[51]). Ein großer Teil der Generation Z hat Helikoptereltern, bei der Generation Alpha steigt dieser Anteil nochmals enorm an. Einige Wissenschaftler sprechen davon, dass jedes zweite Kind durch sogenannte Intensivelternschaft geprägt wurde, andere von jedem vierten Kind. Ein schwer messbares Konstrukt bleibt es dennoch, weil trotz enormen Anstieges an Überbehütung eine enorme Vernachlässigung stattfindet. In unserer Generation Alpha Studie konnten wir durch Befragung unter Erziehern herausfinden, dass etwa 30 Prozent der heutigen Eltern ihre Kinder krank in die Einrichtung bringen und etwa 18 Prozent selbst dann noch, wenn es dem Nachwuchs so richtig dreckig geht. Es werden Kindern sehr früh Smartphones gekauft, und oft ist den Eltern gar nicht bewusst, was die Kinder mit dem Gerät alles konsumieren. Also eine enorme Vernachlässigung in der digitalen Welt bei gleichzeitigem Anstieg der Überbehütung in der analogen. Man reagiert heute in der analogen Welt oft sehr schnell, aber nicht zum Besten des eigenen Kindes. Deshalb können wir in vielen Fällen nicht von einer durchgängigen Überbehütung ausgehen, diese findet oft nur fragmentiert statt, wodurch wir gleichzeitig auch einen Anstieg an Vernachlässigung feststellen können.

Helikoptereltern in Elterntaxis auf dem Weg zur Schule, Helikoptereltern auf dem Fußballplatz und auf dem Spielplatz, die Konflikte, Rangeleien und Unstimmigkeiten für ihre Kinder aus dem Weg räumen, bringen sich immer stärker in Lebensbereiche ihrer Kinder ein, die die Kinder schon selbst bewältigen können sollten, und greifen später auch bei der Arbeitsplatzwahl ihres Nachwuchses ein. Man will es schließlich besser machen – die beste Unterstützung und Förderung für den späteren Erfolg geben. Und das ist belastend für die Eltern, wie eine Analyse der Wissenschaftlerin Helen Knauf zeigt. Sie hatte die Kommunikation der Eltern auf Familienblogs im Internet analysiert. Die Bedürfnisse der Kinder ernst zu nehmen, ist den Eltern am wichtigsten bei der Erziehung. Sie beschreiben die Erziehung ihrer Kinder als eine anspruchsvolle und fordernde Aufgabe.[52]

Einige Eltern fühlen sich dadurch überlastet. Sie sind weniger zufrieden mit der Erziehung ihrer Kinder und stellen an sich selbst hohe Ansprüche.[53] Von ihrem Umfeld erwarten sich 61 Prozent der Eltern mehr Unterstützung, und etwas mehr als die Hälfte der Eltern wünscht sich mehr Wertschätzung für ihre Erziehungsarbeit von ihrem Umfeld.[54] Die Eltern definieren ihr eigenes Wohlbefinden stark über die Erziehung ihres Kindes. Und wenn es nicht wie gewünscht läuft, fühlen sich die Eltern schlecht. Stellen die Eltern ihr Kind in das Zentrum ihres Lebens, empfinden Eltern häufig einen größeren Lebenssinn und fühlen sich besser.[55] Die hohe Verantwortung, die Eltern bei der Erziehung spüren, treibt viele zu überfürsorglichem Verhalten an.[56]

So gut gemeint die Erziehung der Eltern doch ist, sie hat ihre Schattenseiten. Kinder lernen, indem sie ihre eigenen Erfahrungen machen. Sie wachsen an Erfolgen und Misserfolgen, was überfürsorgliche Eltern nicht zulassen. Sie grätschen dazwischen, wenn das Kind eigene Erfahrungen macht. Ihnen fällt es schwer, die Hand ihres Kindes loszulassen. Was das für Auswirkungen hat, konnten die erwähnten Wissenschaftler Bradley-Geist und Olson-Buchanan 2014 in ihrer Befragung unter Studierenden zeigen. Die Studierenden mit überfürsorglichen Eltern sind weniger davon überzeugt, schwierige Situationen erfolgreich aus eigener Kraft zu bewältigen. Als die Studierenden in der Studie angeben sollten, wie sie auf Szenarien aus der Arbeitswelt reagieren würden, stellte sich heraus, dass die Studierenden aus überfürsorglichem Elternhaus eher mit unangepassten Verhaltensweisen reagieren, das heißt, ihr Verhalten ist nicht hilfreich oder sogar schädlich für die Arbeitssituation.[57] Erinnern Sie sich an Simon, der die Pralinen aus dem Instituts-Kühlschrank stibitzte, weil er Bock auf Süßes hatte? Der den Standrechner unter den Arm klemmte, um Homeoffice machen zu können? Der eine Uhr ohne Ziffernblatt hat?

Leute wie Simon stellen unsere Arbeitswelt derzeit auf den Kopf. Vermutlich hat Simon all seine Aktionen nicht einmal böse gemeint. Vermutlich kennt es Simon schlichtweg nicht anders, als dass sich die Umwelt an seine Bedürfnisse anpasst. Andere Personen haben ihm dem Weg freigeräumt, Simon ist mit seinen Ecken und Kanten, die jede Persönlichkeit nun einmal hat, niemals irgendwo angeschlagen, er musste sie nie schleifen. Genau das Problem sehen auch Wissenschaftler der Universität Mannheim. Sie konnten 2021 feststellen, dass Kinder mit überfürsorglichen Eltern weniger sozial kompetent sind, häufig weniger Eigeninitiative zeigen und ihr Begabungsprofil nicht ausnutzen.[58] So absurd Simons Verhalten auch für uns erscheinen mag, und egal wie oft wir vom Institut verständnislos den Kopf geschüttelt haben, ja, auch an uns selbst gezweifelt haben: Genau jener Simon, unser Praktikant im Porzellanladen, könnte tatsächlich ein Diamant sein, der nicht geschliffen wurde.

Stille Hilferufe

Der US-amerikanische Psychologe Martin Seligman teilte Studenten in Gruppen auf. Die erste Gruppe hörte ein unangenehmes Geräusch, welches sie per Knopfdruck abschalten konnte. Die zweite Gruppe hörte dasselbe unangenehmc Geräusch, jedoch ohne die Möglichkeit, es abzuschalten. Die dritte Gruppe hörte kein Geräusch. Anschließend sollten sich die Studenten an einen Tisch setzen. Dann ertönte wieder das unangenehme Geräusch. Würden sie ihre Hand heben, würde das unangenehme Geräusch verstummen. Die Studenten der ersten und dritten Gruppe hoben schnell nach Ertönen des Geräusches die Hand, das unangenehme Geräusch stoppte. Die Studenten der zweiten Gruppe reagierten deutlich langsamer. Einige hoben die Hand nur langsam an, andere gar nicht.[59]

Die Studenten, die gelernt hatten, durch eigenes Zutun Situationen positiv zu verändern, schafften es deutlich schneller, die unangenehme Situation zu beenden. Ihre Kommilitonen, die schlechte Erfahrungen gemacht hatten, reagierten langsamer oder saßen die unangenehme Situation aus. Sie hatten gelernt, dass sie wenig tun können, um sich aus der Patsche zu helfen, weil ihr Verhalten nicht dazu führt, dass sich das Ereignis ändert.[60] Seligman nannte das Phänomen »erlernte Hilflosigkeit«[61]. Sie tritt vor allem dann auf, wenn Menschen vor einer neuen Herausforderung stehen.[62] Dann streichen sie schnell die Segel, glauben nicht, dass sie das Problem bewältigen können, und sind wenig motiviert, etwas dagegen zu tun. Sie sitzen die Sache aus.

So wie Hannah. Als ihre Vorgesetzte fragte, warum sie einige der statistischen Berechnungen nicht gemacht hatte, sagte sie, dass sie den Rechenweg nicht kenne, denn das sei nicht Teil des Lehrplans gewesen. Im Studium hätte sie das nicht gelernt, und daher wüsste sie auch nicht, wo sie im Statistikprogramm klicken müsste. So weit, so gut, denn wie sollte Hannah etwas können, was sie nicht gelernt hat! Das Problem war jedoch, dass Hannah ausschließlich die Berechnungen abarbeitete, die sie aus dem Studium kannte, bei den anderen Aufgaben aber nicht einmal versuchte, eine Lösung zu finden. Als sie ein Kollege fragte, ob sie Hilfe bräuchte, verneinte Hannah. Sie saß die Zeit ab, bis ihre Vorgesetzte die Ergebnisse einforderte, denn sie hatte ja nur diese eine Aufgabe zu erledigen. Das berichtete sie ihrer Vorgesetzten im Feedbackgespräch.

Mit der Theorie von Seligman vermuten wir, dass Hannah die Herausforderung, auch die unbekannten statistischen Berechnungen zu lösen, nicht angenommen hat. Sie hat das Handtuch geworfen, als sie sich auf unbekanntes statistisches Terrain bewegen sollte. Sie kam auch nicht auf die Idee, ihre Kollegen um Hilfe zu bitten oder sich den Rechenweg über ein Statistikbuch im Institut oder ein Tutorial oder Forum im Netz anzueignen (mit den YouTube-Videos bügelte sie lediglich die schlimmsten Wissenslücken aus). Wenn Hannah im Laufe ihres Lebens öfters die Erfahrung gemacht hat, dass sie durch ihr Verhalten nichts ausrichten kann, kann man ihr eigentlich kaum böse sein. Sie hat es so gelernt. Eltern, die ihren Kindern auch die Herausforderungen abnehmen, die sie eigentlich selbst bewältigen können, tragen dazu bei, dass sich ihre Kinder als wenig selbstwirksam erfahren – es ist ja egal, was ich tue, es wird sowieso passieren. Auch sogenannte »Rasenmähereltern«, die sinnbildlich gesprochen die Herausforderungen und Probleme ihrer Kinder wegmähen, sodass das Kind auf einem artifiziellen englischen Rasen dahinschreiten kann, nehmen ihrem Kind die Chance, selbst aktiv zu werden. Sie haben nicht gelernt, wie sie mit Unannehmlichkeiten umgehen können.

Da Hannah aus ihrer Perspektive nichts tun konnte, um die statistischen Berechnungen anzufertigen, war sie auch nicht dafür verantwortlich. Der Lehrplan und ihr Studium waren schuld. Der Psychologe Hiroto fand aufbauend auf der Forschung von Seligman heraus, dass Menschen häufig dann hilflos sind, wenn sie glauben, die *Ursache* für ihr Problem nicht beeinflussen zu können. Folglich sind sie auch unmotivierter, dem Problem ein Ende zu setzen.[63] Das könnte auch bei Hannah das Problem gewesen sein. Weil sie glaubte, der Professor im Studium hätte ihr die statistischen Berechnungen zeigen müssen, kam sie nicht auf die Idee, selbst nach einer Lösung zu suchen. Aus ihrer Perspektive ist sie nicht in der Bringschuld, sie hat alles in ihrer Macht Stehende getan. Ihre Vorgesetzte sah das naturgemäß anders und erwartete von Hannah mehr Eigeninitiative.

Seligman und sein Team fanden des Weiteren heraus, dass sich Personen, die Hilflosigkeit erlernt haben, schwertun, dieses Verhalten abzulegen.[64] Bei Menschen mit erlernter Hilflosigkeit sind etwa doppelt so viele positive Erfahrungen nötig, damit sie in Zukunft bei unangenehmen Situationen aktiv werden, wie bei Menschen, die sich bereits als selbstwirksam erfahren.[65] Unternehmen bekommen also infolgedessen immer mehr Nachwuchskräfte die öfters als die der Jahre davor sagen werden: »Das kann ich nicht, das hat mir nie jemand gezeigt!«

Von wütenden Eltern am Spielfeldrand

»Hast du Tomaten auf den Augen?! … Schiri, schau doch mal, das war kein Foul! Das ist doch hier kein Wunschkonzert. Das ist doch echt unglaublich. Zeitspiel! Du Schieber!«, schreit der Vater, energisch auf und ab marschierend, am Spielfeldrand. Lautstark fordert er die Gelbe Karte für den »Schauspieler« ein, den Jungen, der sich nach einem Zweikampf um den Ball mit seinem Sohn mit schmerzverzerrtem Gesicht auf dem Boden rollt. Daraufhin verweist der Schiedsrichter den Vater vom Platz, der Wüterich wird beschwichtigend vom Platzwart weggeführt. Als sich die beiden Zweikämpfer auf dem Feld dann auch noch gegenseitig an den Kragen gehen, zückt der Schiedsrichter für beide die Rote Karte. Solche Szenen kennen der eine oder andere von Ihnen bestimmt von früher.

Heutige begeisterte Eltern agieren etwas anders. Sie sehen in der Regel gar nicht das Fußballspiel, das Team oder die Teamkollegen, sondern nur die Leistung ihres eigenen Kindes, ohne das die gesamte Mannschaft nichts wäre. Die Teamkollegen interessieren nicht mehr, sondern nur »mein Benni«, schließlich schießt er die Tore.

Ja, tatsächlich haben wir von Trainern erfahren, dass es heute Beschwerden hagelt, wenn der jeweilige Benni zu lange auf der Ersatzbank saß. Natürlich sind solche Eltern Ausnahmen, aber sie gibt es, und diese Ausnahmen verunsichern die jeweiligen Trainer und auch das ganze Team.

Woher rührt das alles?

Eltern verbringen heute immer mehr Zeit mit ihren Kindern beziehungsweise ihren Rockstars. Während die Nachkriegsmutter durchschnittlich 54 Minuten pro Tag mit ihrem 13-jährigen

Kind verbrachte, war dies 2021 schon mehr als doppelt so viel, nämlich 104 Minuten pro Tag. Bei den Vätern vervierfachte sich sogar diese Zeit. Waren es Mitte der 1960er-Jahre ganze 16 Minuten pro Tag, an denen sich der Vater um sein Kind kümmerte, so war es ab 2012 schon über eine Stunde. Hieran ist sicherlich auch nichts Falsches. Leider bringen sich Eltern jedoch immer häufiger in Erlebensräume ein, in denen Kinder gerade profitieren, weil sie sich nicht unter der Obhut der Eltern befinden. Hier spielen und erleben sie auf eine Weise, wie es Erwachsene ihnen nicht bieten können. Wo sie ihre Gedanken und Erlebnisse mit Gleichaltrigen austauschen und von deren Erfahrungen lernen können. Das alles verunmöglichen die Eltern, die frenetisch am Spielfeldrand auf und ab tigern –, und das auch beim Training.

Die Räume der Kinder werden kleiner, und die Eltern nehmen den Raum ein, den die Kinder sonst mit anderen Kindern teilen würden. Das hemmt den Entwicklungsprozess der Kinder, wie Silke Sinning weiß, Professorin für Sportwissenschaften an der Universität Koblenz-Landau. Zwar können Eltern am Spielfeldrand motivierend und auch tröstend auf ihre Kinder einwirken, aber nur, wenn sie sich dabei zurückhalten. Laut brüllende oder wild gestikulierende Eltern am Spielfeldrand jedoch lenken die Kinder ab, was sich negativ auf die Lernerfahrungen auswirkt.[66]

Im Wesentlichen sind zwei Reaktionen der Kinder auf sich überengagiert einmischende Eltern wahrscheinlich. Entweder sie handeln zukünftig genauso, wie es die Eltern von ihnen erwarten. Ihre Reaktionen sind abhängig von den Aktionen und Reaktionen der Eltern. Sie handeln langsamer als ihre Altersgenossen, weil sie zunächst die Reaktion der Eltern abwarten und hieraus schließen, wie sie sich zu verhalten haben, dass es den Eltern in den Kram passt. Durch die Anwesenheit der Eltern ist es den Kindern schwerer möglich, eigenständig Situationen zu beeinflussen, zu bewältigen und mit Herausforderungen umzugehen. Lernerfahrungen, die aber so wichtig wären! Oder die Kinder trotzen. Das nennt man in der Psychologie auch den »Reaktanz-Effekt«, den der amerikanische Psychologe Jack W. Brehm erstmalig 1966 erforschte. Wenn Menschen das Gefühl haben, dass ihr Freiheits- oder Entscheidungsspielraum bedroht wird, möchten sie sich dagegen auflehnen. Auf das Pfeif- und Wutkonzert seines Vaters am Spielfeldrand macht Benni genau das Gegenteil von dem, was sein Vater möchte, nicht nur weil ihn sein Vater vom Spiel ablenkt, vielmehr auch um seinen eigenen Freiheitsgrad zu erhöhen. Benni hilft dem gefoulten Kontrahenten auf die Beine, lässt sich auswechseln und verschwindet in der Kabine, noch bevor es zur Eskalation kommt. Das Team verliert. Benni versucht seine Freiheit wiederzuerlangen, indem er genau das fordert, was ihm sein Vater verbieten möchte. Spaß am Spiel ist nur noch Nebensache für Benni.

Dabei meinen es die Eltern nur gut. Schließlich wollen sie es besser machen als ihre eigenen Eltern, die ihnen diese Zeit und Aufmerksamkeit nicht schenken konnten. Das Problem ist nicht, dass die Eltern mehr Zeit mit ihren Kindern verbringen, sondern die Art und Weise. Der Vater ist nicht nur ständiger passiver Trainingspartner seines Sohnes, sondern mischt auch bei den Spielen kräftig mit. Wenn er seinen Sohn ungerecht behandelt sieht, bekommen das der Schiedsrichter oder die Mitspieler zu spüren. Der Trainer traut sich nicht, den Sohn auszuwechseln, denn sonst gerät auch er unter Beschuss.

Der Sohn lernt: Passiert etwas auf dem Platz (oder abseits des Platzes), springt mein Vater für mich in die Bresche. Habe ich ein Problem, frage ich meinen Vater; er sorgt dann dafür, dass es beseitigt wird.

Wie wirkt sich all das auf die Arbeitswelt aus?

Herausforderungen eigenständig zu bewältigen, fällt jungen Menschen immer schwerer – nicht, dass sie es nicht könnten, aber sie verfügen über weniger Räume, in denen sie das hätten erlernen dürfen, weil die elterliche Hilfe bereits einschreitet, bevor sie selbst handeln könnten. Machen sie einmal etwas selbst, werden sie mit Lob überschüttet. Im digitalen Raum holen sie sich Lob in Form von Likes ein, wenn sie sich auf den Social-Media-Plattformen präsentieren oder Content hochladen. Sei es im Netz oder bei ihren Eltern, oft stehen sie nicht als Teil einer Gruppe, sondern als Einzelpersonen im Fokus. Überschwängliches Lob gibt es für den Benni, der die Tore schießt, aber nicht für den Benni, der sich in das Team integriert hat. Läuft es einmal sportlich nicht gut, setzt sich sein Vater mit allen ihm zur Verfügung stehenden Mitteln durch, ergreift frenetisch für seinen Sohn Partei. Bennis Wunsch ist des Vaters Befehl. Ohnehin ist Benni eigentlich zu gut, um weiterhin in dieser Mannschaft zu spielen. Ja, seine jetzige Mannschaft, da sind sich Vater und Sohn einig, ist ihm ein Klotz am Bein. Ballast abwerfen und auf zu neuen, besseren Ufern! Benni bekommt mehr Likes im Netz, wenn er sich mit dem Pokal des Torschützen in Siegerpose ablichtet, aber nicht, wenn er ein Mannschaftsbild postet.

Firmen haben in der Regel nicht den einen Mitarbeiter beziehungsweise Mitarbeiterin, die so aufgewachsen sind, sondern eine ganze Heerschar davon. Es handelt sich um junge Nachwuchskräfte, die es nicht gewohnt sind, sich für die Belange des Teams einzusetzen, die sich gerne die Rosinen rauspicken, aber es nicht gelernt haben, dass die Gruppe im Fokus steht. Die, wenn sie auf der Ersatzbank schmoren müssen, das Handtuch schmeißen, statt um den Stammplatz zu kämpfen. Für die es neu sein wird, wenn sie ihren Arbeitsalltag selbstbestimmt und autonom bewältigen sollen.

Kann es unter den ganzen Voraussetzungen überhaupt noch Teams geben?

Team ist vom Altenglischen abgeleitet und beschreibt das Holzstück, das zwei Ochsen, die einen Karren ziehen, verbindet. Das Bild beschreibt sehr gut, was ein Team ausmacht, die Ochsen sollten in etwa gleich groß und stark sein, denn sonst würde man sich nicht nur sinnbildlich im Kreis drehen. Nun tauschen wir den Karren mit der Kutsche aus, und schon wird deutlich, ein Coach muss für das ganze Team da sein, nicht nur für den einen Ochsen!

Im Optimalfall verbringen Personen mit Führungsverantwortung etwa ein Viertel ihrer Arbeitszeit mit Beziehungs- und Führungsarbeit, um ihr Team zu formen, zu führen, zu lenken und zu motivieren. Das nimmt nüchtern betrachtet sehr viel Zeit in Anspruch. Langfristig lohnt sich das, Menschen möchten dort arbeiten, wo sie sich wohlfühlen. Menschen fühlen sich häufig dort wohl, wo sie an Bekanntes anknüpfen können. Und das sind mittlerweile bei vielen jungen Menschen Orte, wo sie Unterstützung erhalten. Für die nächste Kohorte an jungen Nachwuchskräften wird ein Viertel jedoch nicht mehr ausreichen, hier sollten Führungskräfte mindestens ein Drittel der Arbeitszeit für Führungsarbeit einkalkulieren. Führung wird mit hoher Wahrscheinlichkeit noch komplexer und feinfühliger und somit auch anspruchsvoller und zeitintensiver. Damit Führungskräfte das leisten können, sollte ein Team aus nicht mehr als fünf bis sechs Mitarbeitern bestehen.

Gerade zu Beginn der Einarbeitung, wenn vieles noch neu und unbekannt ist, brauchen junge Menschen coachende Führungskräfte oder Bezugspersonen. Ein Coach begleitet eine Person, auch »Coachee« genannt, auf dem Weg zu einem Ziel. Auf dem Weg zu einem Ziel hilft der Coach dabei, Probleme zu lösen, denn er kennt sich aus und weiß, wie die einzelnen Wege zum Ziel aussehen. Der Coach ist dabei aber kein Elternersatz, der bei Schwierigkeiten den Weg planiert. Nein, er ist der Gewährsmann, der die Gegend und Wege besonders gut kennt und den Coachee auf seinem Weg begleitet. Der Coach lässt den Fahrgast das Ziel bestimmen, wodurch sich der Coachee als selbstbestimmt und autonom erlebt. Während also der Coachee wissen muss, wohin die Reise geht, lässt er sich vom Coach beraten, welche Route hierfür sinnvoll ist.

Die Invasion der Anderen

Mitarbeiter oder Praktikanten wie unser beschriebener Fall Simon oder unsere Hannah sind kein Einzelfall. Sehr viele Kinder werden heute erzogen wie die beiden[67]. Zwar heißt das nicht, dass alle jungen Nachwuchskräfte zwangsläufig wie Simon oder Hannah werden, aber es bedeutet, dass wir es in der Arbeitswelt mit immer mehr Nachwuchskräften zu tun bekommen, die in den Augen der älteren Kollegen ein extremes oder unangepasstes Verhalten an den Tag legen.

Eltern sind häufig überfürsorglich, weil sie Angst vor dem sozialen Abstieg ihrer Kinder haben und sich sorgen, ihr Nachwuchs könne den Anschluss an Aufstiegsmöglichkeiten verpassen. Sie möchten ihrem Nachwuchs eine gute Zukunft bieten, das Kind in den Mittelpunkt stellen, schließlich hat es seine ganze Zukunft noch vor sich. Ihre Erwartungen an ihre Kinder sind geprägt von unterschiedlichen Meinungen im Freundeskreis, den eigenen Eltern und Ratgebern (zum Beispiel Familienblogs) im Netz. Jeder weiß etwas – nur ist sich niemand sicher. Meinungen widersprechen sich, heben sich auf, multiplizieren sich oder werden verworfen. Eltern möchten ihre Kinder unterstützen, um ihnen alle Türen offen zu halten, schießen aber so häufig über das Ziel hinaus. Oft aus Unsicherheit – lieber zu viel als zu wenig. Leider schadet auch das Zuviel, wie Forscher herausfinden konnten, die Erziehungsstile in Kanada, Italien, den Niederlanden, Spanien, Großbritannien und Nordirland sowie den USA untersuchten. Eltern mit hohem Bildungsstand und Einkommen legen häufig großen Wert auf die schulische Ausbildung ihrer Kinder. Dabei kann es passieren, dass sie wichtige Werte in der Erziehung, wie die Unabhängigkeit, vernachlässigen. Kinder verspüren hohen Druck, die schulischen Leistungen zu erfüllen, was die Gefahr erhöhen kann, an Angstzuständen oder Depressionen zu erkranken.[68]

Zusammenfassend sind weniger Unabhängigkeit, Eigeninitiative und Sozialkompetenzen, dafür mehr Unsicherheit und Hilflosigkeit zu konstatieren – sofern unsere Arbeitswelt weiterhin ähnliche Anforderungen an Arbeitskräfte stellt, müssen Nachwuchskräfte wie Simon all das nachholen. Helfen können hierbei die Älteren, die sich hier leichtertun. Anstatt viele »Geschenke« wie Bonuszahlungen, Tablets oder Ähnliches lieber einen Coach an die Seite stellen, idealerweise jemanden, der Simon versteht, und das sind in der Regel die Jüngeren. Der Vorzeige-Azubi im dritten Lehrjahr, ein Berufseinsteiger im zweiten Arbeitsjahr könnten Idealbesetzungen hierfür sein. Sie sprechen die Sprache von Simon, Hannah und Co. und verstehen ihre Handlungsweisen besser, sie können übersetzen zwischen der Generation Z und der Arbeitswelt.

Quo vadis oder Panta rhei?

Ein junger Auszubildender hat mir sehr stolz erzählt, dass er während eines digitalen Vorstellungsgesprächs einfach den Laptop zuklappte, da ihm die Reaktion des Personalleiters und des Geschäftsführers nicht gefallen habe. Ein Kopfschütteln zu früh, und der Geduldsfaden war gerissen. Servicewüste Deutschland, Bewerber ist König, und der muss sich nicht alles bieten lassen.

Egal ob lateinisch Quo vadis – *Wohin gehst du?* – oder Altgriechisch Pantha Rhei – *Alles fließt:* Beides suggeriert Bewegung und somit Veränderung, ja und beide Sprüche sind bereits über 2.000 Jahre alt. Also die alten Griechen und Römer standen wohl ebenfalls vor dem gleichen Problem. Heute gibt es beide Kulturen in dieser Form nicht mehr. Mag sein, dass die Griechen Heraklits zugeschriebene Aussage zu ernst genommen haben oder ignoriert.

Übersetzen wir das mal auf uns heute und stellen uns einfach mal die Frage: »Wie weit müssen wir uns auf die Neuen einstellen, und wie weit bilden die momentanen Nachwuchskräfte die Zukunft?« Ist es überhaupt sinnvoll, sich auf die Neuen wie Simon oder Hannah einzulassen, denn schließlich waren doch viele Unternehmen auch ohne diese Gen Z'ler erfolgreich?!

Die Antwort lautet: Ja.

Denn wenn wir ehrlich sind, haben wir keine andere Chance. Es verhält sich hier wie bei einer Dominoreihe. Fehlt ein Dominostein, versiegt die Reihe. Der sogenannte »Dominoeffekt« findet nicht statt, weil Steine stehen bleiben. Das passiert, wenn ein Unternehmen die heutigen Nachwuchskräfte nicht für sich gewinnt. Der fehlende Gen Z-Dominostein kann den nächsten Gen Alpha-Dominostein nicht anstoßen und so weiter.

Das bedeutet für die Arbeit, dass nach den Gen Z'lern ähnliche Generationen in den Startlöchern stehen werden. Verpassen wir die heutigen Nachwuchskräfte, dann werden wir die nächste Kohorte an Nachwuchskräften überhaupt nicht mehr verstehen.

Zukünftig werden viele Jobs mit repetitiven und simplen Aufgaben automatisiert werden. Aber auch viele Berufsbilder, für die bislang nur Hochqualifizierte infrage kamen, werden wegfallen. Vom Radiologen bis zu bestimmten Anwaltstätigkeiten – die Technologie wird große Teile der Berufswelt verändern und auch neue Jobs entstehen lassen. Eine neue industrielle Revolution.

Ganz besonders wird es die nächste Generation an Nachwuchskräften gewohnt sein, Services zu nutzen, die genau auf sie zugeschnitten sind. Das Recruiting wird sich dieser Anforderung zunehmend anpassen: durch Big Data beziehungsweise Smart Data. Je selbstverständlicher digitale Produkte genutzt werden, desto mehr (personenbezogene) Daten werden preisgegeben. Das wird es Arbeitnehmern und Arbeitgebern erleichtern, gemeinsame Bedürfnisse kennenzulernen. Diese werden darüber entscheiden, ob ein Kontakt zustande kommen wird. Die klassische Bewerbungsmappe wird für die Generation Alpha ein Relikt vergangener Tage sein.

Die Völlerei

Das Geld hat noch keinen reich gemacht.

Lucius Annaeus Seneca[69]

Die gesellschaftliche Mär vom Meer mit immer mehr

Ein schönes Leben hat er gehabt, denkt sich Kalle. Plötzlich alles weiß um ihn. Still. Nicht mal ein Geruch. Ein einziges Nichts. Wo war er? Gerade noch mit dem 911er Porsche unterwegs, plötzlich Filmriss. Dann hatte ihn doch der LKW erwischt …?

»Dein Wunsch ist der Anfang«, so eine Stimme. »Bin ich im Himmel?«, fragt sich Kalle. Wünsche hatte er viele, schließlich ist um ihn herum alles leer. Eine schöne Landschaft aus Wiesen und Hügeln – das wünschte er sich. Und Vögel, die zwitschern. Kaum gedacht, schon Wirklichkeit. Wunderschön. Nun gut: Ein Haus brauchte er auch noch. Nein, eine Villa, seine Villa. Dazu einen Pool, eine Veranda, einen begehbaren Kleiderschrank, eine Eiswürfelmaschine … und so ging es die ganze Zeit. Die Zeit … ja, die Zeit schien hier tatsächlich nicht zu vergehen. Kalle wünschte sich deshalb die Sonne, mit Sonnenrhythmus, dazu einen Mond, Sterne und Wolken. Wie ein König, nein, wie ein Gott fühlte sich Kalle.

Egal was er wollte, sofort war es da. Gefiel es ihm nicht, wünschte er sich die bessere Version. Wunderbar, der Himmel war schöner, als er es sich je hätte erträumen können. Und so vergingen die Tage, kein Tag, an dem er sich nicht etwas gewünscht hatte oder einen Wunsch mit einem weiteren Wunsch überbieten musste.

Eines Abends liegt Kalle in seinem Königsbett und resümiert sein aktuelles Dasein. Nichts, was es nicht gibt. Aber wieso eigentlich? Schließlich war er in seinem »echten« Leben kein besonders guter Mensch gewesen. Wenn es einen Himmel gäbe, hatte er immer gedacht, dann bliebe dieser für ihn wohl verschlossen. Während sein vergangenes Leben an ihm vorüberzog, bilanzierte er seine Taten. Das Gute, das Schlechte. Was war das Ausschlaggebende, das, was ihn nun hierhergebracht hatte? Sicher, nicht immer hatte er »richtig« gehandelt. Aber Schlimmere gibt es immer. Beruhigt wünschte er sich einen schönen Traum und einen geruhsamen Schlaf.

Am nächsten Morgen erwartete ihn das beste Frühstück und strahlender Sonnenschein. Satt und zufrieden hatte er nun Lust, spazieren zu gehen. Stolz auf all das, was er allein sich alles gewünscht hatte, begab er sich auf einen Rundgang durch sein Reich, um zu sehen, was er sich alles noch wünschen könnte.

Nanu, wer war das dort hinten? Jemand anderes? »Den habe ich mir gar nicht gewünscht«, wunderte er sich. »Wer sind Sie denn?«, rief Kalle. »Ich?«, fragte der Fremde und fuhr fort: »Ich bin ein Niemand.« »Wissen Sie, Herr Niemand, es gibt nichts, was es nicht gibt, was ich mir nicht gewünscht habe! Schließlich ist das mein Paradies, mein Himmelreich.« »Paradies?«, lachte der Fremde, der sich mit Niemand vorgestellt hatte, »Himmelreich?« »Ja, ich bin im Himmel, und alles, was Sie hier sehen, habe ich mir gewünscht, also ist das auch alles meins!«

Der Fremde lachte erneut: »So hast du dir also den Himmel vorgestellt? Mit allem, was es gibt? Nein, Kalle, du bist in der Hölle! Und ich wünsche dir viel Spaß beim weiteren Wünschen.«

Der Fremde zog weiter seines Weges, und nun war es an Kalle, zu lachen. Spinner gab es überall, sogar in seinem Himmel. Oder hatte er sich versehentlich einen Verrückten gewünscht? Kein Problem, den würde er sich einfach wieder wegwünschen. Schon war jede Spur des Fremden erloschen. Zwei Tage später lag Kalle wach in seinem Bett und überlegte, was wäre, wenn der Fremde doch recht gehabt hätte. Ein paar Tage später begriff er, wo er wirklich war …

Noch ein Brot, noch ein Ei, noch ein Kaffee, noch ein Brei

Den größten Reichtum hat, wer arm an Begierden ist.

Lucius Annaeus Seneca

Sie stehen im Urlaub am Frühstücksbuffet. Während Ihnen der Duft frisch gemahlenen Kaffees in die Nase steigt, sehen Sie, dass Sie von Ahornsirup für Ihre Pancakes bis hin zum Ziegenkäse-Bagel mit Lachsaufschnitt alles bekommen können. Bekannte von Ihnen kamen nur noch in einer Pension unter, die mit trockenen Brötchen, ein bisschen Hagebuttenmarmelade und einem Instant-Kaffee aufwartet. Es wird Sie nicht wundern, dass sich Ihre Bekannten zu Ihnen wünschen, als sie den WhatsApp-Status Ihres Frühstücksbuffets sehen.

Ihre Bekannten und Sie erleben nun zwei unterschiedliche Szenarien aus dem Vergleich heraus, denn ohne direkte Vergleichsmöglichkeiten sind wir mit dem, was wir vorfinden, öfters zufrieden. Wüssten Ihre Bekannten nichts von Ihrem Frühstücksbuffet, wären sie eventuell sogar glücklicher mit ihrem, als sie es gerade sind. Denn sehen wir das, was möglich ist, steigen unsere Forderungen. Wir stehen vor einem üppigen Buffet mit vielen Leckereien und sind am Ende eines, nämlich überfordert. Wir machen uns den Teller voll und spähen argwöhnisch auf die anderen Essensmöglichkeiten, die auf unserem überladenen Teller keinen Platz hatten. Zurück am Tisch, schmeckt nichts so richtig, denn schließlich wäre das, was keinen Platz auf dem Teller hatte, auch eine Option gewesen. Obwohl wir eine große Auswahl hatten, sind wir nicht zufrieden. Im Gegenteil: Es fühlt sich schlecht an, alles zu haben, aber nicht zufrieden zu sein und on top noch mehr zu wollen, ohne dadurch am Ende zufriedener zu sein ... Ja, und da Sie es eben via Social Media anders darstellen, sind auch Ihre Bekannten mit Ihrem Instant-Kaffee-Buffet unzufrieden.

Können wir noch satt werden?

»Wem genug zu wenig ist, dem ist nichts genug.«

Epiktet

Unzufrieden dank »Optionsdepression«[70]. Es geht um die permanente Angst, eine bessere Option könnte einem durch die Lappen gehen. Und das macht unzufrieden.

Vor einer unglaublichen Optionsvielfalt stehen die Jungen der Generation Z heute: Welches Lied möchte ich hören und vor allem, auf welcher Plattform? Auf YouTube, Amazon Music oder Spotify stehen schlicht Hunderttausende von Songs zur Verfügung. Bei Filmen, Büchern und Podcasts sieht es nicht anders aus … Überall eine unüberschaubare Optionsvielfalt: jederzeit und überall. Ohne Auswahlvorschläge, Bewertungsportale oder Filter gar nicht mehr lösbar. Es scheint so, als würde überall das Bessere, Tollere oder Großartigere lauern. Durch Social Media entsteht der Eindruck, dass andere Menschen ein schöneres, reicheres und aufregenderes Leben haben, dass sie viel mehr haben und glücklicher sind. Das kann eine negative Selbstwahrnehmung mit Blick auf das eigene »Elend« erzeugen.

Auch im Studien- und Berufsleben warten mittlerweile über 21.000 verschiedene Studiengänge[71] und etwa 327 Ausbildungsberufe[72] auf ihre Gen Z'ler. Händeringend werben Hochschulen, Ausbildungsbetriebe und Arbeitgebende um Neueinsteiger. Schließlich sind die Gen Z'ler über vier Millionen weniger als ihre Elterngeneration, die meist Gen X'ler sind. Die Folge: viele Stellen und wenige Bewerber. Die Jungen haben die Wahl: Sich ausprobieren, ein Sabbatjahr einlegen, eine Ausbildung abbrechen, wenn sie nichts taugt. Oder doch studieren oder alles gleichzeitig oder einfach chillen? Unternehmen kommen ihnen entgegen, schließlich müssen sie ihre Zukunft sichern. Etwas leidvoll blicken ältere Generationen auf die Chancen der Jungen, die sich ihre Stellen noch gegen viele Mitbewerber*innen hart erkämpften. Doch es ist nicht alles Gold, was glänzt: Mit der Optionsvielfalt nimmt auch die Unzufriedenheit und Entscheidungsunfähigkeit zu. So wie Sie beim Biss in die Pancakes denken, Sie hätten lieber die frischgebackenen Karamellcroissants vom Buffet nehmen sollen, so geht es vielen, wenn sie sich in der Arbeitswelt entscheiden. Mit jeder Entscheidung beschleicht sie das Gefühl, falsch gewählt zu haben. Unzufrieden schielen Sie auf die Croissants, wie unzufriedene Azubis sich nach anderen Optionen umsehen. Unternehmen tun gut daran, ihnen viele Optionen offen zu halten.

Und sie müssen schnell sein, wenn sie die Jungen gewinnen wollen. Per Knopfdruck einen anderen Lebensweg einschlagen, ist heutzutage möglich. Und es gibt immer auch einen Weg zurück. Eine Entscheidung hat nicht mehr die gleichen drastischen Auswirkungen wie früher. Eine Entscheidung kann zurückgenommen und somit ungeschehen werden. Per Klick eine neue Option, ein weiteres Unternehmen, das viel in die Wege leitet, um den Neuen zu bekommen. Unternehmen gewinnen Junge, indem sie schnell auf Stellenbewerbungen reagieren, zeitnah Vorstellungsgespräche vereinbaren und so im Gespräch bleiben. Das heißt: Regelmäßig Rückmeldung über den Bewerbungsprozess geben, damit sich keine Alternative zwischen Bewerber und Unternehmen schieben kann. Der Bewerber wird so Stück für Stück zum Kunden, der bekanntlich König ist. Schwierig wird es dann später in der Arbeit, wie kann ich von einem König eine maximale Arbeitseinstellung einfordern? In der Regel ist man König durch Geburt und nicht durch Leistung.

Aber auch beim Feedback ist die Geschwindigkeit wichtig: Kurzfristig und regelmäßig gegeben, motiviert es bei der Arbeit. Damit werden Unternehmen den Bedürfnissen nach Schnelligkeit, aber auch nach Transparenz gerecht, die die Jungen aus der digitalen Welt gewöhnt sind. Im digitalen Raum sind sie die Experten von Likes, Kommentaren und Posts und können über Internetseiten und YouTube-Videos hinter die Kulissen eines jeden Unternehmens blicken. Und doch fühlen sich die Jungen dadurch nicht glücklicher, verspüren womöglich sogar noch Stress, weil sie sich so oft falsch entscheiden.

Die Macht der Auswahl an Bewertungen

Nicht wer wenig hat, sondern wer viel wünscht, ist arm.

Lucius Annaeus Seneca

Sie planen mit Ihren Freunden einen gemeinsamen Urlaub auf Mallorca. Vom Reiseanbieter bekommen Sie einen Katalog mit potenziellen Hotels. Zu Hause schlagen Sie mit Ihren Freunden diesen Katalog auf und stellen zu Ihrer Zufriedenheit fest, dass darin ausschließlich Hotels sind, die Ihren Ansprüchen und denen Ihrer Freunde genügen. Aber es sind über dreihundert Stück. Sie fühlen sich überfordert. Wieso sollte das Hotel auf Seite 13 besser sein als auf Seite 27 oder 148? Ein Mehr hilft also nicht mehr. Doch die Zeit drängt. Sie müssen sich entscheiden, denn viele Hotels werden in den kommenden Wochen ausgebucht sein. Also versuchen Sie die Hotels zu filtern. Sie durchforsten die Hotels im Katalog und prüfen Ihre Auswahl mithilfe von deutschen Bewertungsportalen im Internet. Gemeinsam mit ihren Freunden entscheiden Sie sich für ein Hotel auf Seite 17, juhu, endlich. Aber auf einen kurzen parallelen Blick einer Freundin auf ein spanisches Bewertungsportal folgt die Ernüchterung: Das Hotel auf Seite 17 hat nur drei von fünf Sternen. Gemeinsam planen Sie um.

Würde der Hotelbesitzer Ihnen nun »kontrafaktisch« an dieser Stelle eine Unverbindlichkeit unterstellen, würden Sie diese wahrscheinlich nicht ernst nehmen. Aber auch digital hat der Hotelbesitzer wenig Chancen, denn egal wie gut die Homepage des Hotels sein mag, die Bewertungsportale sind gewichtiger. Der Hotelbesitzer hat schlicht keine Möglichkeit, Sie zu überzeugen, selbst wenn er den lustigsten TikTok-Tanz macht, den Sie je gesehen haben. Eine Cybercommunity, die Sie in den meisten Fällen nicht mal kennen, hat mit ihren Erfahrungswerten oder Schwerpunktsetzungen in der Bewertung einen höheren Einfluss auf Ihre Bewertung als Ihre eigene Wahrnehmung oder gar das gute Zureden des Hotelbesitzers oder seiner Angestellten. Wir übernehmen einfach die negativen Erfahrungswerten anderer, um gegen die Optionsflut anrudern zu können.[73]

Doch wer sind denn die, die das Produkt oder den Arbeitgeber im Netz beurteilen? Oft sind es diejenigen, die von etwas enttäuscht sind. Wenn eine ausgewählte Gruppe, die eine Gesamtheit repräsentieren soll, andere Eigenschaften als die Gesamtheit aufweist, spricht man vom »Sampling Bias«. Der ist in der Sozialforschung gefürchtet, wenn beispielsweise hauptsächlich Personen an einer Umfrage teilnehmen, die von einem bestimmten Problem betroffen sind, sich der Untersucher aber für die Problemwahrnehmung in der gesamten Bevölkerung interessiert. Dann lässt seine Stichprobe keine Rückschlüsse auf die Gesamtbevölkerung zu. Bei Bewertungsportalen sind es die Unzufriedenen, die ihren Frust ungefiltert loslassen, die Zufriedenen dagegen äußern sich nicht. Nachjustiert wird dann oft vom Geschädigten der negativen Bewertungen, und zwar mit vielen 5-Sternebewertungen – häufig sieht man diese bei Google-Bewertungen von Arztpraxen –, die »zufälligerweise« alle ähnlich enthusiastisch klingen. Die Vertreter der Gen Z lesen die 5-Sternebewertungen nicht, sondern arbeiten sich direkt zu den schlechtesten Bewertungen vor und prüfen, ob es a) Einzelfälle sein und b) die schlechten Bewertungen auf die geplante Auswahl einen Einfluss haben könnten. Zum Beispiel beschwert sich ein Angestellter aus der Produktion mit einer negativen Bewertung. Wenn man sich aber für eine Arbeit in der Verwaltung bewerben möchte, hätte sein Urteil keine große Relevanz. Ist die Produktion jedoch das anvisierte Ziel des Bewerberwunsches, landet keine Bewerbung im Postfach des Unternehmens.

Würde in dem Unternehmen nur diese eine Person in der Produktion arbeiten, wäre es nachvollziehbar, keine Bewerbung abzuschicken. Schließlich ist das Urteil eindeutig: 100 Prozent der Angestellten bezeichnen ihre Arbeitszeit als den »Albtraum schlechthin und nicht empfehlenswert«. Arbeiten im Unternehmen jedoch mehr als eine Person in der Produktion, und der Bewerbende weiß, dass es sich um ein größeres Unternehmen handelt, ändert er sein Urteil nicht. Mitnichten denken wir Menschen rational. In einem Experiment hatten 1973 die Psychologen Kahneman und Tversyk Studienteilnehmern zwei Kurzbeschreibungen vorgelegt, die stereotype Beschreibungen für einen Juristen und einen Ingenieur enthielten. Die Forscher erklärten den Teilnehmern, die Beschreibungen wären das Resultat aus Interviews mit 30 Juristen und 70 Ingenieuren. Nun sollten die Teilnehmer angeben, wie wahrscheinlich es ist, dass es sich bei der erstellten Personenbeschreibung um einen Juristen oder einen Ingenieur handelt. Sicherlich wäre es viel wahrscheinlicher, genauer gesagt zu 70 Prozent wahrscheinlich, dass es sich bei der Kurzbeschreibung um einen Ingenieur handelte, doch die Studienteilnehmer trafen ihre Antwort meist auf Basis ihrer Interpretation der gelesenen Kurzbeschreibung, nicht jedoch mittels der Zusatzinfo über die Entstehung der Kurzbeschreibung. Die Teilnehmer ignorierten die Zusatzinfo, die eigentlich des Rätsels Lösung enthielt.[74]

Ähnlich verhalten sich Menschen, die im Netz Bewertungen lesen: Die eine gelesene negative Bewertung überstrahlt aus der Sicht des möglichen Bewerbers alle anderen möglichen positiven Meinungen, die sich aber nicht öffentlich äußern. Wie ein blendendes Licht der tief stehenden Nachmittagssonne, die Buchstaben auf dem PC ineinander verschwimmen lässt, entsteht beim Bewertungsleser ein Zerrbild der eigentlichen Situation im Unternehmen. Bewertungsportale spiegeln mitnichten die Wirklichkeit wider, sondern beschwören sogenannte »Verzerrungseffekte« geradezu herauf. Das Urteilsvermögen ist eingeschränkt. Auf den Gedanken, dass es sich vielleicht um einen zeternden Angestellten mit kurzer Zündschnur oder eine Fake-Bewertung, um der Produktion mal richtig eins auszuwischen, handeln könnte, kommen wir nicht. Bewertungsportale überstrahlen die Homepage oder Social-Media-Auftritte des Unternehmens.

Zurück zum Hotelkatalog. Gemeinsam haben Sie es irgendwann doch geschafft, sich für ein Hotel zu entscheiden, inklusive Tenniscourt, Tauchschule, Reiten und Sauna. Weder tauchen Sie, noch spielt einer von Ihnen Tennis oder reitet, aber wenn Sie an der Rezeption damit konfrontiert werden, dass der Tennisplatz gerade renoviert wird oder die Pferde mittlerweile zu alt zum Reiten sind, sind Sie schnell geneigt, das gesamte Hotel abzuwerten.

Nun kommt der Hotelbesitzer direkt auf Sie zu und entschuldigt sich, dass auch noch Ihr Zimmer renoviert wird und Sie heute in einem Zimmer ohne Meerblick auf einer Ausziehcouch schlafen müssen. Doch eher könnten! Das Ende der Fahnenstange ist erreicht. »Natürlich nicht!«, lautet Ihre Antwort. Her mit dem nächsten Hotel, schließlich gibt es noch 299 weitere, die mindestens genauso gut sind.

»Sie haben aber eine geringe Frustrationstoleranz«, hält der Hotelbesitzer dagegen. Nein, haben wir nicht, wir haben zwei Wochen Urlaub gebucht, und da möchten wir auf nichts verzichten. »Früher haben die Gäste gerne auf diesen Betten in diesen Zimmern geschlafen!«, ruft er Ihnen noch hinterher. Ja, was interessiert uns das heute? Richtig, nichts. Und genauso geht es den jungen Gen Z'lern, wenn wir erzählen, wie schwer doch alles war, vor allem in der Arbeit.

In der Arbeitswelt werden die Jungen insgesamt oft mit aus ihrer Sicht ähnlichen Situationen konfrontiert und bekommen zu hören: »Lehrjahre sind keine Herrenjahre«, »Nicht geschimpft ist Lob genug« und »Man muss auch mal ins kalte Wasser geworfen werden«. Genau so, wie es Ihnen bei dem Hotelbeispiel geht, so geht es den Jungen am Arbeitsplatz. Sie werden mit einer enormen Auswahl an Arbeitsplätzen konfrontiert, sodass die einzelne Arbeitsstelle bereits abgewertet ist. Arbeit und Freizeit haben gleich hohen Stellenwert, die Freizeit darf nicht zu kurz kommen. Und Arbeit soll sich wie Freizeit anfühlen. Wie in der Freizeit wollen die Jungen mitentscheiden, was ansteht und was Spaß macht. In der Freizeit kommt schließlich keine Langeweile, Frustration oder negatives Gefühl auf.

Ich bin gekommen, um zu gehen

Zurück zum Mallorca-Urlaub. Wir halten fest, Sie haben sich für das Hotel entschieden, nicht der Hotelbesitzer oder dessen Angestellte, Sie sind trotz nicht nutzbarem Tennisplatz geblieben und schlafen auf dem Notbett, und nun bedankt sich der Hotelbesitzer nicht bei Ihnen am nächsten Tag? Keine Entschädigung, kein Voucher, absolut nichts, was Sie sich als Ausgleich gewünscht hätten. Wie würde es Ihnen gehen, wenn der Hotelbesitzer zu wenig Verständnis für Sie zeigt? Gar noch mit dem Hinweis kommt, früher gab es nur diese Art von Zimmern und Betten? Das lassen Sie sich nicht gefallen. Das Smartphone ist bereits gezückt, und Ihre Finger tippen in Windeseile eine Google-Bewertung, in der sich Ihr ganzer Frust über Ihre enttäuschten Erwartungen entlädt: »Der Tennisplatz war geschlossen, ich musste die erste Nacht auf einem verstaubten Notbett verbringen, kein Entgegenkommen des Hotelbesitzers. Ein absoluter Reinfall! Ich bin einfach nur maßlos enttäuscht, dass ich mich von dem guten Angebot hab täuschen lassen!« Dem haben Sie es so richtig gezeigt!

Sind wir nun »Generation urlaubsunfähig«, verwöhnt oder gar übersättigt?

Stellen Sie sich vor, Urlaubsziel wäre nicht Mallorca, sondern eine unbewohnte Insel der Färöer-Inselgruppe. Sie wären gottfroh, einen Schlafplatz bekommen zu haben, und Ihre Welt sähe am ersten Tag nach der Pritschen-Nächtigung völlig anders aus. Doch im Mallorca-Beispiel haben Sie den Katalog mit den 299 anderen Hotels im Hinterkopf, und den können Sie nicht ignorieren.

Junge Menschen kennen keine andere Welt außer jene, in der sie sich alles aussuchen können, und wird es mal etwas schwieriger, helfen die Eltern nach. Im Umkehrschluss können sie mit der Kritik von Arbeitgeberseite gar nichts anfangen und werden ihr Verhalten dadurch auch nicht ändern. Sie wollen das maximal Beste aus der Optionsflut fischen und gehen schon beim kleinsten Windstoß, wenn sich kein unmittelbarer Vorteil ergibt …

Der neue Fetisch: Lobe mich!

Es kommt nicht darauf an, wie vielen,
sondern welchen du gefällst.
Lucius Annaeus Seneca

Der Fotograf Kenneth Adelman arbeitete für das »California Coastal Records Project«, ein wissenschaftliches Projekt, das die kalifornischen Küstenerosionen dokumentierte. Seine mehr als 12.000 Luftaufnahmen lud er auf der Plattform pictopia.com hoch. Im Jahr 2003 flatterte dann ein Brief bei ihm ein. Darin die Ankündigung, dass ein Gerichtsverfahren gegen ihn eröffnet wurde. Mit ihm als Beklagtem. Es ging um 50 Millionen US-Dollar Schadensersatz. Tatbestand: Bild 3850 auf Pictopia. Die Geschädigte: Barbra Streisand. Tatsächlich hatte sich die US-amerikanische Sängerin und Schauspielerin damit ins eigene Bein geschossen. Doch was war passiert?

Auf Bild 3850 war neben einem kalifornischen Küstenabschnitt im Hintergrund zusätzlich die Strandvilla von Barbra Streisand zu sehen. Die Schauspielerin war darüber nicht erfreut, schließlich sah sie ihre Privatsphäre durch das Foto in Gefahr. Adelman aber wusste nicht einmal, dass es sich bei dem Gebäude im Hintergrund um die Streisand'sche Strandvilla handelte, viel wichtiger aber: Er war zudem nicht der Einzige, der das nicht wusste. Im Gegenteil: Auch der medialen Öffentlichkeit war diese Tatsache unbekannt. In der Klage von Streisand hieß es, dass auf dem Foto ihre Villa zu sehen sei – auf diese Weise sorgte sie selbst dafür, dass die Lage ihrer Strandvilla öffentlich bekannt wurde. Der Schuss ging nach hinten los: Die Medienmeute stürzte sich auf die Streisandsche Sommerresidenz, ein Foto davon wurde im World Wide Web öffentlich zugänglich gemacht. Für Frau Streisand wird es wohl kein Trost sein, dass ihr Fall als »Streisand-Effekt« in die Soziologie einging.[75]

Sickern unangenehme Informationen durch, hilft es nichts, sie zurückzuerobern oder gar zu begraben. Je verbissener man versucht, etwas unter den Teppich zu kehren, desto eher wird die Öffentlichkeit davon erfahren. Das liegt einerseits daran, dass die meisten Menschen auf Dinge abfahren, die »geheim« oder »verboten« sind – etwa so wie die heimliche Zigarette auf dem

Schulklo. Ähnlich ergeht es Journalisten, die mit aufmerksamkeitsheischenden Streisand-Skandalen Geld verdienen können. Andererseits spielt auch die digitale Technik eine Rolle. Sogenannte Spiegelserver können von Rechnernetzwerken eine exakte Kopie eines Datensatzes erstellen. Das hat meist technische Gründe, Daten werden häufig »gespiegelt«, damit Server nicht überlastet werden; gleichzeitig sorgt man so dafür, dass die Informationen mittels der Datenkopie noch abrufbar sind, obwohl die Ursprungsinformationen bereits gelöscht wurden. Barbra Streisand hatte ab der Enthüllung der Lage ihrer Villa keine Chance mehr. Das Netz vergisst nicht.

Ähnlich geht es Unternehmen, über die negative Kommentare und Bewertungen im Netz kursieren: Sie werden sie kaum mehr los. Es ist nicht verkehrt, dass sich jede Person mit ihrer Meinung auf Bewertungsportalen äußern kann, das Problem dabei ist, dass häufig das Korrektiv fehlt. Diejenigen, die zufrieden sind, halten sich zurück. Die wenigsten äußern sich, wenn sie zufrieden sind.

Unabhängig davon, wie (un-)berechtigt die Kritik des Kommentierenden ist, für die Reputation des Unternehmens ist es sinnvoller, offensiv und transparent mit den eigenen Fehlern umzugehen. Dabei reicht es meist schon, auf Kommentare zu reagieren, sich für die Kritik zu bedanken, sich, wenn nötig, zu entschuldigen oder auf die eigene Wahrnehmung der Situation oder die Perspektive des Unternehmens hinzuweisen. So sehen User, dass sich das Unternehmen um seine (ehemaligen) Angestellten sorgt. Dem unzufriedenen Kritiker ist so etwas der Wind aus den Segeln genommen, denn die Antwort des Unternehmens suggeriert anderen Lesern des Kommentars, dass das Unternehmen gar nicht so schlimm sein kann, wenn es auf die Kritik eingeht.

Was für die externe Kommunikation gilt, muss gleichermaßen auch für die interne Kommunikation gelten. Schließlich sind die Kommentare »draußen« im Netz meist Ergebnisse von »drinnen«. Firmen müssen offen und transparent mit ihren Fehlern umgehen. So vermeiden sie, dass sich Frust anstaut, der sich in Form von negativen Bewertungen entlädt. Vor allem bei Nachwuchskräften der Generation Z ist Feedback unerlässlich: Ehrliches Feedback sorgt dafür, dass sich die Personen mit ihrer Arbeit wertgeschätzt fühlen. Die Motivation bleibt erhalten, und die Bindung zum Unternehmen kann gestärkt werden. Das alles kann funktionieren, wenn das Feedback regelmäßig gegeben wird – und damit ist nicht das alljährlich heraufbeschworene Mitarbeiterentwicklungsgespräch gemeint. Nach 14 Tagen ist die emotionale Bindung an das Geschehene bei Normalbegabten sowieso verschwunden und hätte in diesem Fall keine Verhaltensregulierung zur Folge. Deshalb sollte immer sofort oder zumindest zeitnah eine Rückmeldung, positiv wie negativ, gegeben werden.

Feedback für die Generation Z muss sogar noch häufiger und für kleinere Teilschritte erteilt werden, nur so hält man junge Nachwuchskräfte bei der Stange. Sie sehen, dass ihre Tätigkeiten direkte Auswirkungen haben. Wie in der digitalen Welt, wenn sie Likes und Kommentare vergeben und erhalten, erhalten sie durch ihre Vorgesetzten zeitnahes Feedback. Vorgesetzte sollten heute den Jungen auch die Möglichkeit geben, ihr Feedback zu äußern. Bereits in den 1920er-Jahren konnten Forscher feststellen, dass Mitarbeiter motivierter sind, wenn sie die Möglichkeit haben, selbst ihre Meinung kundtun zu dürfen.[76]

Mitarbeitern mehr Feedback zu geben als gewöhnlich, kann für Vorgesetzte ungewohnt sein. Das bringt nicht nur einen höheren Führungsaufwand mit sich, sondern erfordert auch einen anderen Blick auf die Arbeit der jungen Nachwuchskräfte. Viele Tätigkeiten ihrer Mitarbeiter, die Vorgesetzte für selbstverständlich erachtet haben, müssen bei den jungen Nachwuchskräften positiv verstärkt werden. Einzelne Arbeitsschritte müssen quasi »häppchenweise« gelobt werden. Für einige Vorgesetzte mag sich das wie ein permanenter Waschgang mit Weichspüler anfühlen, doch mehr Feedback führt zu mehr Erfolg, was zwei junge Offiziere der niederländischen Armee belegen konnten. Die beiden schlossen einen Pakt: Wenn sie bei Veranstaltungen sein würden, wollten sie nur das Beste über den jeweils anderen erzählen. Auf Cocktailpartys oder Tanzveranstaltungen schwärmten sie vom jeweils anderen: »Charly ist der beste Mann der Marine!« Es dauerte nur einige Jahre, bis die beiden zu den jüngsten Admiralen der niederländischen Armee gekürt wurden und damit das »Dutch Admiral Paradigm« geboren wurde.[77]

Kurz gesagt: Gegenseitiges Lob kann Karrieren beflügeln. Und das in beide Richtungen: Sowohl die jungen Nachwuchskräfte als auch das Unternehmen können von wechselseitigem Lob profitieren. Der Erfolg zieht seine Kreise, so wie ein Stein ins Wasser fällt und Wellen schlägt. Außenstehende erfahren von den Erfolgen der Mitarbeiter, und die berichten positiv über das Unternehmen. Außenstehende entwickeln eine positive Einstellung zum Unternehmen. »Lobe mich!«, ein synchroner Ausruf von Mitarbeitern und Unternehmen. Lob motiviert – Mitarbeiter sowie das Unternehmen profitieren gleichermaßen.

Der Cyberraum

Die Zeit wird kommen, wo unsere Nachkommen sich wundern, da wir so offenbare Dinge nicht gewusst haben.

Lucius Annaeus Seneca

Was stellt die Digitalisierung mit den Jungen an?

Treffen sich die Eltern von Hannah, Nele und Kevin im Fahrstuhl. Sagt der Vater von Hannah: »Meine Tochter verkriecht sich jeden Abend bis spät in die Nacht in ihr Zimmer und zockt mit ihren Freunden. Sie hat einen Account, bei dem sich andere Menschen einloggen und ihr beim Spielen zuschauen. Sie ist so was wie ein kleiner Promi.« Die Mutter von Nele entgegnet: »Meine Tochter Nele könnte dann eine Zuschauerin von deiner Tochter sein. Und auch sie ist so was wie ein Promi: Stundenlang filmt sie sich dabei, wie sie andere Leute beim Zocken kommentiert.« Der Vater von Kevin fügt an: »Mein Sohn Kevin könnte dann ein Zuschauer deiner Tochter sein: Er sieht sich Videos von Influencern an, die andere Influencer beim Videospielen kommentieren.«

Das Spinnennetz

Mit 16 Jahren entdeckte Hannah zum ersten Mal das Gaming für sich. Es hatte sie regelrecht »gepackt«, und von da an »trainierte« sie täglich fleißig. Bis heute hat sich Hannah eine digitale Community aufgebaut, die nur darauf wartet, sie beim Videospielen zu beobachten. Das freut sie. Für sie ist es schon fast wie ein richtiger Job: In Strategiespielen hatte sie sich Stück für Stück Welten aufgebaut. Sie verdiente Spielgeld und konnte es in eine bessere Ausstattung ihres Avatars oder in eine Erweiterung ihrer Spielwelt investieren. Nur wenn sie abliefert, erreicht sie das nächste Level. Als vergangene Woche abends ein berufliches Meeting anstand, stand Hannah mächtig unter Druck: Sie wusste, dass ihre Anhänger auf sie im Warteraum warten würden, schließlich stand an diesem Tag ein Game im Multiplayermodus mit anderen semiprofessionellen Spielern an, sie sollte die Anführerin der Gruppe sein. Gemeinsam hätten sie digital eine Mission erledigt. Anschließend würden die Ergebnisse aller Spieler gewertet, und ihre Punkte würden dann darüber entscheiden, ob sie in der darauffolgenden Woche ebenfalls Anführerin sein durfte. Druck entsteht bei Hannah nicht nur dadurch, dass sie ihre mühsam aufgebaute Anhängerschaft im hart umkämpften Gaming-Business nicht enttäuschen will, sondern auch dadurch, dass ihre Mitspieler im Multiplayermodus nicht gerade erfreut wären, wenn sie ihr gemeinsames Event sausen ließe.[78] Und als wäre das nicht schon genug sozialer Druck für Hannah, sorgt das Spiel selbst dafür, dass Hannah immer am Ball bleiben möchte. Denn all die Items, die sie besitzt, konnte sie sich nur durch ihre geschickte Spielweise freischalten. Sie sind der Lohn für die stundenlangen Bemühungen. Und um die weiteren Items zu bekommen, um das nächste

Level zu erklimmen, muss sie noch mehr Zeit investieren, um an Spielgeld zu kommen. Die Level werden schließlich nicht leichter![79] Um die anderen ihrer digitalen Gilde und ihrer Anhängerschaft nicht zu enttäuschen, meldete sich Hannah zum beruflichen Meeting krank.

Hannah kann also die Finger nicht vom Gaming lassen. Das liegt nicht nur am Druck, den die anderen User und ihre Community auf sie ausüben, sondern auch am Mechanismus des Spiels. Wenn Menschen immer länger spielen müssen, um an mehr Spielgeld zu kommen, das nötig ist, um immer schwierigere Level zu erklimmen, nutzen die Spielemacher den *Endowment Effect*. Dieser beschreibt die Eigenschaft von uns Menschen, Dingen größeren (finanziellen) Wert zuzuschreiben, als die Sache eigentlich hat, wenn man sie sich selbst kauft oder verdient. Hannah, die sich über Monate hinweg eine komplexe digitale Spielwelt aufgebaut hat, würde sie wahrscheinlich um keinen Preis der Welt hergeben. Ihr bedeutet ihre Spielwelt viel mehr als Kevin, Username »EvilBoy666«, der ihr beim Gamen zuschaut.

Bei Nele, die sich auf das Kommentieren der Spielzüge von Gamern spezialisiert hat, sorgen ihre Follower dafür, dass sie sich mächtig ins Zeug legt. Ihre Währung sind die Likes ihrer Anhänger. Erfolgreich waren ihre Videos für sie dann, wenn sie möglichst viele Likes bekommen hat. Je mehr Likes sie bekommt, desto besser fühlt sie sich.[80] Um nichts dem Zufall zu überlassen, sind Neles Aufzeichnungen nicht spontan, sondern gescriptet. Mit dieser Technik sichert sie sich pro Video eine stabile Anzahl an Klicks, Kommentaren und Likes. Doch trotz intensiver Vorbereitung klappt das manchmal nicht, was Nele in dem Fall ärgert und frustriert. All die Arbeit umsonst. Aus psychologischer Sicht nachvollziehbar: 2003 hatte die amerikanische Sozialpsychologin Naomi

Eisenberger Personen untersucht, die sich im Rahmen eines Computerspiels einen Ball zuwerfen sollten. Nach einer Weile jedoch spielten die Teilnehmer des Spiels allein und schlossen die untersuchten Personen aus. Diese reagierten gekränkt auf die digitale Ausgrenzung. Im Blut der Teilnehmer fand man im Anschluss an die Untersuchung entzündungsfördernde Botenstoffe, die die Schmerzwahrnehmung ansteigen lassen.[81]

Kevin alias EvilBoy666, der gelegentlich das ein oder andere Bild auf Instagram postet, selbst aber kein Gamer oder Kommentierer ist und sich nur gelegentlich mit seinen Freunden Snaps hin und her schickt, ist für den sozialen Druck auf Social Media, die Jagd nach Klicks, Kommentaren und Likes und die Angst, aufgebaute Welten verlieren zu können, weniger empfänglich. Doch als EvilBoy666 ist auch er in die Fänge der Plattformdesigner geraten. Wenn sich seine Eltern durch den morgendlichen Stadtverkehr kämpfen, um ihren Sohn so gut wie pünktlich zur Arbeit zu bringen, taucht er in die Welt von Instagram, Twitch oder YouTube ein. Hier nutzen die Plattformdesigner das menschliche Bedürfnis, Situationen oder Tätigkeiten abschließen zu wollen. Erledigen wir eine Aufgabe vollständig, ist sie für unser Gehirn beendet. Müssen wir eine Aufgabe stattdessen unterbrechen, verbleibt sie als unabgeschlossen für unser Gehirn. Folglich erinnern wir uns besser an Unabgeschlossenes. Der erwähnte Zeigarnik-Effekt tritt ein, da man bei Social-Media-Plattformen unendlich weit nach unten scrollen kann (*endless scrolling*), jederzeit eine neue Nachricht hereinkommen könnte oder die Autoplay-Funktion bereits ein neues Video abspielt, noch bevor das alte zu Ende ist.[82] Sobald EvilBoy666 das Smartphone in die Tasche packt, beschleicht ihn das Gefühl, nicht alle interessanten Nachrichten gelesen oder eine Nachricht verpasst zu haben, so ist das Design der Plattform aufgebaut. Dabei sind die Inhalte, die ihm jeden Morgen angezeigt werden, doch so interessant! Dass es immer das Passende für Kevin gibt, liegt nicht nur daran, dass der Algorithmus registriert, was Kevin wie lange anschaut, und sich hieraus ein Präferenzenprofil von EvilBoy666 erstellt hat, sondern auch daran, dass er dem *mere-exposure-Effekt* unterliegt. Je öfter wir eine neutrale Sache wahrnehmen, desto positiver beurteilen wir sie. Allein dadurch, dass Kevin mit digitalen Geräten aufgewachsen ist, verbindet er mit dem Smartphone Positives. Auch wenn Kevin lediglich »Konsument« digitaler Inhalte von Contentproducern wie Nele und Hannah ist, hat auch er kaum eine Chance, den Fängen der Social-Media-Welt zu entkommen. Zu gewitzt ist der Krake, der sich mit seinen Saugnäpfen an seine Beute heftet. Durch seine beweglichen Arme kann er in kleinste Öffnungen und Felsspalten vordringen, so wie die Algorithmen in nahezu alle Bereiche unseres Lebens vordringen.

Warum alte Säcke auf Social Media wirken wie alte Säcke

O wie gut erginge es manchen Menschen, wenn sie einmal aus ihrem Geleise herauskämen.

Lucius Annaeus Seneca

Mit heute 2,9 Milliarden monatlichen Nutzern ist Facebook immer noch eine der erfolgreichsten Social-Media-Plattformen. Vor über 20 Jahren hob Mark Zuckerberg Facebook aus der Taufe, damals war es noch eine Novität. Es gab wenig Auswahl, und die User loggten sich hauptsächlich über einen herkömmlichen Rechner ein. Facebook war für die damaligen Jugendlichen der *place to be.* Für die heutigen Jugendlichen ist es der *place not to be.* Sieben Prozent aus der Generation Z weltweit haben 2023 ihr Profil auf Facebook gelöscht. In unseren Untersuchungen zum Social-Media-Verhalten antworteten Mitglieder der Gen Z: »Ich kann mich nicht erinnern, wann ich mich das letzte Mal bei Facebook eingeloggt habe.« Facebook ist für sie zweckmäßig, aber langweilig – wie die Nutzung von E-Mails. Ganz anders sieht es bei den Älteren aus, all jene, die sich damals als Jugendliche im *place to be* tummelten. Sie trafen dort Menschen digital, die sie analog bereits kannten. Ältere Menschen kennen ihr digitales Publikum auch im analogen Leben: Familie und Freunde. Die heutigen Jugendlichen machen das andersherum, sie lernen die neuen Bekanntschaften digital kennen und verweilen relativ lange in der digitalen Friendship-Zone. Ich muss nicht jeden User live sehen, es könnte schließlich auch ein Bot sein. Die jungen, digital sozialisierten Generationen haben andere Bedürfnisse, woraus ein anderes Nutzungsverhalten resultiert. Jüngere Menschen können in der digitalen Welt ein Publikum von potenziell Millionen Menschen adressieren. Viele wollen Influencern folgen oder selbst welche werden, denn Influencer sind die Stars von heute. Damit sind Jugendliche permanenten sozialen Vergleichsprozessen ausgesetzt. Ältere Menschen dagegen sind weniger sozialen Vergleichsprozessen ausgesetzt, weil der Kreis an Menschen, mit denen sie sich vergleichen, viel kleiner ist. Das, was ihnen unbekannte Menschen tun, interessiert sie gar nicht. Daher tappen sie auch weniger in die »Fallen« der sozialen Medien – zum Beispiel des Addictive Design, das dafür sorgt, dass Menschen möglichst lange Zeit auf den Plattformen bleiben möchten, weil ihnen immer wieder Videos, Reels oder Ähnliches präsentiert werden, die ihre Aufmerksamkeit einfordern. Bei älteren Generationen besteht weniger sozialer Druck, aktiv in sozialen Medien zu sein.

Treffen die unterschiedlichen Generationen auf einer Plattform aufeinander, führt das zu einer skurrilen Gemengelage. LinkedIn ist so ein Beispiel: Auf der einen Seite sind da die Boomer, die LinkedIn als neues Facebook auserkoren haben und nun mehr oder minder schlaue Küchenweisheiten heraushauen, Katzenbilder posten und sich politisch positionieren. Ähnlich wie bei einem Stammtisch. Auf der anderen Seite stehen jüngere User, die Linked-In als »Business-Instagram« verstehen und es zwecks Selbstinszenierung nutzen. Sie stellen sich häufig attraktiv und erfolgreich auf Hochglanzfotos dar, garniert mit emotionalen Zweiwortsätzen, in der Hoffnung, etwas vom unternehmerischen Glanz der alten weißen Männer in Form von Likes abzubekommen. Und so gibt es heute tatsächlich nicht nur Instagram-Influencer, sondern auch Business-Influencer. Facebook bleibt nun eben für die übrig, die sich nicht in der Arbeitswelt tummeln. Böse Zungen behaupten, Facebook wäre ein Social-Media-Portal für Rentner.

Das unterschiedliche Nutzerverhalten zwischen den beiden Kohorten Boomer und Gen Z hat auch mit der technischen Entwicklung zu tun, die, als die Plattformen groß wurden, dominierten. Früher ging man über den Standrechner auf Facebook, heutzutage rufen 95,1 Prozent der User ihre Plattformen über das Smartphone auf. Daher musste sich auch das Design der Plattformen an die neuen »Umweltbedingungen« anpassen. Einfacher musste es werden, damit auf den verkleinerten Bildschirmen das gleiche Nutzererlebnis möglich ist. Das Social-Media-Design wurde intuitiv, das heißt, technische Vorkenntnisse sind nicht nötig, um sich auf der Plattform zu bewegen, man benötigt nur einen Daumen. Was übrigens gut passt, denn der Begriff Digitalisierung kommt vom lateinischen *Digitus*, was »Finger« bedeutet. Da aber von den zehn Fingern meist die Daumen zum Scrollen, Tippen und Wischen verwendet werden, müsste Digitalisierung streng genommen in *Pollexierung* umbenannt werden (von lat. *pollex* »Daumen«).

Da Smartphones über den Daumen kinderleicht zu steuern sind – einige stolze Eltern rühmen sich dennoch für ihre gewitzten Dreijährigen, die schon das Smartphone richtig bedienen können –, werden bereits die Jüngsten von ihnen in den Bann gezogen. Hierauf reagierten die Softwareentwickler und kreierten bereits für Kinder ab sechs Jahren Mobile Games und Social-Media-Plattformen. Auf Spotlite können Kinder Videos und Bilder teilen, auf Beiträge von Freunden reagieren, diese kommentieren und sich Gruppen anschließen. Da wäre noch PlayKids Talk, eine Messaging-App für Kinder, oder Kidzworld, eine Kinder-Social-Networking-App. Bis zu acht Lebensjahre früher als noch vor 20 Jahren beginnt heute die »Smartphone-Sozialisierung«. Ein riesiger Markt hat sich aufgetan. Der macht aber, wie fälschlicherweise oft vermutet wird, die Jüngeren nicht digital fitter, im Gegenteil, denn in erster Linie konsumieren sie passiv. Das Maximale, was Klein-Timmi hierfür tun muss, ist, mit dem Daumen über einen Bildschirm zu wischen und ab und zu auf den Like-Button zu drücken. Klein-Timmi tut also etwas, was er sowieso schon kann.

Werden Kinder älter, suchen sie sich digitale Rückzugsräume ohne Erwachsene. Und auch ohne ihre Eltern. Die Kinder wissen oft genau, dass ihre Eltern sie auch digital überwachen wollen – und das tun sie auch. Stolz erzählen sie, wie vernünftig sich ihr Sohn oder ihre Tochter auf den Plattformen verhält. Die Eltern sehen häufig einen für sie konzipierten TikTok- oder Instagram-Account (fake) und einen für die Community (real).

TikTok-Nutzer sind zwischen 14 und 24 Jahren alt[83] – wenn man die stalkenden Eltern herausrechnet. Das ist die Lebensphase, in der es um die eigene Identitätsbildung geht. Also versuchen sich junge Menschen in Auseinandersetzung mit anderen jungen Menschen zu positionieren, ihren Weg zu finden. Soziale Medien dienen jungen Menschen zur Selbstdarstellung und Identitätsbildung, was in der Lebensphase von Jugendlichen und jungen Erwachsenen besonders wichtig ist. Facebook war damals so erfolgreich, da es von der jungen Generation für die junge Generation gestaltet wurde. Deshalb war TikTok auch so erfolgreich und Clubhouse eben nicht.

Heutzutage mögen junge Leute kurze, unterhaltsame Videos, was mit der Hauptgrund für den Aufstieg von TikTok ist – und für das Scheitern von Clubhouse. Während die kurzformatigen Inhalte auf TikTok und die visuellen Beiträge auf Instagram leicht und schnell konsumierbar für ein Millionenpublikum sind, stellt Facebook Text-, Bild- und Videomaterial – mit Ausnahme von Reels – ausschließlich von Menschen bereit, mit denen ein User befreundet ist. Facebook wird nur noch von wenigen Prominenten genutzt. Auch das spielt eine wichtige Rolle für die Attraktivität einer App für junge Menschen. Sie fühlen sich eher zu dynamischen und kreativen Plattformen wie Instagram, Snapchat und TikTok hingezogen. Die Algorithmen von TikTok und Instagram sind darauf ausgerichtet, virale Trends schnell zu verbreiten, was die jüngere Zielgruppe anspricht. Nicht wenige junge Leute wollen ihre Präsenz in der Welt bekannt machen, Influencer werden und Millionen von Followern haben. TikTok und Instagram sind bessere Plattformen als Facebook, um das zu erreichen. Es geht darum, Trends zu kreieren, eine Marke zu schaffen, etwas zu bewegen und zu verändern oder zumindest ein Teil davon zu sein.

Die Mechanismen dahinter sind aus technischer und wirtschaftlicher Sicht hoch spannend, aus ethischer und psychologischer Sicht jedoch fragwürdig. Besonders muss man hier das Cognitive Engineering betrachten, wozu auch das Addictive Design gehört. Wir kennen dies schon lange und sehen viele Designelemente, die auch in Social Media Anwendung finden. Infinity Scrolling, also das Gefühl, unendlich lange scrollen zu können, lässt uns alle länger als ursprünglich gewollt auf diesen Plattformen sein. Die Jungen kennen es gar nicht mehr anders. Aber auch Autoplay-Funktionen sind Elemente, um User in der App zu halten.

Vieles ist schwer zu verbieten, es gibt keine gesetzlichen Vorschriften. Alles ist offen, es gibt kein traditionelles Ende mehr, mit der ständigen Aufforderung, mehr zu generieren, mehr preiszugeben, mehr auszugeben, und das alles mit abnehmendem Einstiegsalter. Auch die Datenökonomie ändert sich. Die Diskussion um personenbezogenen Datenschutz reicht nicht mehr aus, sondern wir müssen sie erweitern auf gruppenbezogenen Datenschutz. Unsere Daten werden nicht nur auf uns zurückgespiegelt, sondern wir wissen nicht, in welcher Weise unsere Daten verwendet werden, um Vorhersagen zu treffen, die andere Menschen oder ganze Gruppen benachteiligen könnten. Und genau diese Daten werden in Social Media massiv verwendet.

Exzessive Nutzung ist in den meisten Fällen kritisch zu betrachten. Die exzessive Nutzung von sozialen Medien hat Auswirkungen auf die psychische Gesundheit und kann sogar zu Sucht und zu Entzugserscheinungen führen. Knapp drei Prozent (Tendenz stark steigend) der deutschen Jugendlichen zwischen zwölf und 17 Jahren seien laut der DAK-Studie 2017 süchtig nach Social-Media-Apps.[84]

Darüber hinaus kann die übertriebene Nutzung von Social Media in einem erhöhten Stresslevel und Schlafproblemen resultieren. Ironischerweise führt die intensive Nutzung von Sozialen Medien dazu, dass weniger Zeit für Face-to-Face-Interaktionen bleibt, was soziale Isolation fördern kann. Psychologen haben einen engen Zusammenhang zwischen sozialen Medien und Eheproblemen festgestellt, Depressions- und Angststörungen können sich verschlimmern. Ständige soziale Vergleiche oder die Suche nach sozialer Bestätigung können das Selbstwertgefühl beeinträchtigen. Insbesondere die ständige Konfrontation mit idealisierten Körperbildern und überbordenden Lebensstilen kann zu Unzufriedenheit mit dem eigenen Körper oder Leben führen. Junge Menschen sind dafür anfälliger als die älteren Generationen. Wir Menschen lassen uns in der Regel nicht durch rein rationale Informationen begeistern, sondern durch Emotionen. Deswegen kommt es auch eher bei jüngeren Menschen zu FOMO, der *fear of missing out*.

Viele junge Menschen filmen und fotografieren beinahe alles in ihrem Umfeld, um es auf Instagram oder TikTok zu posten. Ständig checken sie ihre sozialen Kanäle und schauen, wer etwas Neues hochgeladen, kommentiert oder einen Like hinterlassen hat, was in vielen Bereichen der Arbeit oder im Unterricht ebenfalls ein großer Störfaktor ist. So berichten in unserer Befragung Schulkinder, dass ihre Lehrer sehr oft selbst mit dem Handy rumhantieren. Lehrer berichten uns wiederum, dass sie ständig Angst haben, etwas falsch zu machen, ein Schüler dies filmt und ins Netz stellt.

Wollen wir so eine Welt? Denn wenn wir sehr viel Zeit und Engagement für etwas opfern, dann muss es auch sehr viel wert sein. Und das kann jeder für sich beantworten: Welchen Mehrwert für mein Leben liefert mir die Zeit, die ich in Social Media investiere? Und muss ich in der Social-Media-Welt nun auch noch meinen Arbeitgeber sehen?

Die Generation der Technikhörigen

Fortschritt besteht wesentlich darin, fortschreiten zu wollen.

Lucius Annaeus Seneca

Habe ich gut geschlafen? Die eigene Matratze hat Schlafrhythmus und Bewegungen gemessen und an das Smartphone gesendet, die Smartwatch zeichnet die Schlafphasen auf. Habe ich mich heute genügend bewegt? Die Gesundheits-App gibt an, was es zu optimieren gibt und wie viele Kalorien das Frühstück haben darf. Je mehr Lebensbereiche digital durchdrungen und vermessen sind, desto weniger benötigt der Mensch eine innere Stimme, die ihm sagt, wie er geschlafen hat und ob er sich nicht doch noch vom Sofa aus in die Joggingschuhe bequemen sollte. Wieso muss mir die Technik sagen, wie es mir geht? Weiß ich das denn nicht selbst am besten?

Die Technik macht es möglich, dass Wohlbefinden und Befindlichkeit zukünftig durch Algorithmen und nicht durch das Bauchgefühl bewertet werden. Wenn man sie lässt, kann die Technik auch Bekanntschaften und mögliche Partner in sozialen Netzwerken auf Basis von Wahrscheinlichkeiten vorschlagen. Was Künstliche Intelligenzen und deren Algorithmen vorgeben, ist für die Generation Z und auch für die Generation Alpha bereits handlungsprägend. Die innere Stimme geht auf dem Weg durch mindestens vier Stunden Social Media täglich, 30 Werbevideos und Storys, 400 Nachrichten und Push-up-Nachrichten pro Tag verloren. Diese Werte über die Generation Z basieren auf Vermutungen, aber so viel ist klar: Bei der Generation Alpha werden es sehr wahrscheinlich höhere Werte sein.

Die Alphas und die Gen Z'ler wachsen mit digitalen Umgebungskomponenten heran. Ältere Generationen sind damit nicht groß geworden. Menschen formen sich auch in Auseinandersetzung mit ihrer Umwelt. Überspitzt: Andere Welt – andere Menschen. Intuitiv werden die Eingeborenen der digitalen Welt die digitalen Geräte bedienen können. Da sie mehr auf das hören, was die Technik vorgibt, und weniger auf ihr eigenes Bauchgefühl, sind sie in der analogen Welt weniger »trainiert«. Analoge soziale Interaktionen zu bewältigen, wie Telefonate zu führen oder in Kundenkontakt zu treten, fällt ihnen schwerer als den Älteren. Werden diese Fähigkeiten zukünftig noch gebraucht, müssen die jungen Nachwuchskräfte das von den Älteren lernen. Sie können die jungen Nachwuchskräfte behutsam an Kommunikationsversuche in der Arbeitswelt heranführen und als Mentoren dabei helfen, Herausforderungen zu bewältigen.

Erschwert wird den Technikhörigen der Alltag durch das Smartphone, das ihnen ihre wenige verbliebene Aufmerksamkeit zwischen dem permanenten Checken des Smartphones regelrecht »absaugt«. In einer Studie wurden Probanden gebeten, ihr stumm geschaltetes Smartphone mit dem Display nach unten auf den Tisch zu legen, in ihrer Tasche zu verstauen oder im Nebenraum zu lassen. Am schlechtesten konzentrieren konnten sich die Probanden, die ihr Smartphone auf dem Tisch behielten. Deutlich besser diejenigen, die ihr Smartphone in der Tasche hatten, am besten diejenigen, deren Smartphone im Nebenraum lag.

Die Fähigkeit, die Einwirkungen der Technik auf den eigenen Körper kritisch zu reflektieren, ist eine der größten Herausforderungen für die jungen Nachwuchskräfte. Denn solange ältere, nicht-digital geprägte Menschen den Arbeitsmarkt dominieren, wird das Smartphone dort nicht in gleicher Weise einsetzbar sein wie im Alltag. Zudem: In Betrieben oder bei Tätigkeiten, in denen Momente der Unaufmerksamkeit gefährlich sein, ja, sogar Leben kosten können, wird das Smartphone auch in Zukunft tabu sein. Es braucht Aushandlungsprozesse zwischen den Technikbedürfnissen der Menschen und den Bedürfnissen der Unternehmen. Wie schön wäre es dann, wenn beide Parteien den Mut hätten, sich ihres eigenen Verstandes zu bedienen.

Die Eltern der Generation Alpha gehören meist der Generation Y an, die selbst digital versiert ist. Die »Digital Natives 1.0«, wie sie auch genannt werden, achten von Beginn an darauf, ihren Kindern das nötige Handwerkszeug für die digitale Welt mitzugeben. Deshalb wird sich die Generation Alpha noch besser als die Generation Z darin bewegen können. Noch mehr als die Generation Z wird die Generation Alpha kein Verständnis für Lebensbereiche haben, in denen digitale Vernetzung nicht gegeben ist.[85]

Der große kognitive Unterschied

Wenn etwas kleiner ist als das Größte,
so ist es darum noch lange nicht unbedeutend.

Lucius Annaeus Seneca

Kurt musste heute ausnahmsweise auf die Bahn zurückgreifen, da sein Flug ausfiel, und das auch noch in Zeiten des 9-Euro-Tickets. Chaos auf den Schienen, Chaos auf den Straßen. Nun stand er da an einem Bahnhof in einer Funkloch-Gegend, der voll mit gestrandeten Passagieren war. Es kam, wie es kommen musste: Der Zug fiel aus, Schienenersatzverkehr musste her. So ging es allen anderen am Bahnhof, was Kurt aber herzlich egal war, denn er hatte Zeitdruck. Zwei Jugendliche kamen auf ihn zu und fragten, ob sie sein Smartphone haben könnten, da bei ihnen die DB-App nicht funktionieren würde. Noch nie hatte ihn jemand gefragt, ob er sein Smartphone ausleihen könnte. Das war bestimmt ein Trick, um an sein Geld zu gelangen! Nein, könnt ihr nicht! Wieso auch? Na, weil unsere BahnApp nicht funktioniert. So ging es Kurt selbst, und er musste auf den Abfahrtsplan am Bahnhof zurückgreifen. Nur: Er kam erst gar nicht auf die Idee, dass die jungen Fragesteller einen gedruckten Abfahrtsplan gar nicht kannten. Erstaunt beobachteten sie ihn, wie er den Plan studierte. Dann fragte er sie, wo sie denn hinwollten. Düsseldorf, war die Antwort. Kurt deutete mit dem Finger auf den Abfahrtsplan und erklärte: »Hier steht es doch, in 15 Minuten auf Gleis 3.« Mit offenen Mündern starrten die Jungen auf den Plan. Wieso hängt hier ein Plan mit den Abfahrtzeiten? Die Jungs stellten weiter mit Erstaunen fest, dass sie ihr Problem analog gelöst hatten. Der verdutzte Blick der beiden Jungs ging Kurt nicht mehr aus dem Kopf. War es doch für ihn eine Banalität gewesen, den Plan zu konsultieren … Oder vielleicht auch ein analoges Training, das er, im Gegensatz zu den Jungen, die ersten zwanzig Lebensjahre genießen konnte, weil es da noch gar keine Smartphones gab? Vielleicht geht es jungen Menschen genauso, wenn sie uns Älteren die Möglichkeiten diverser Apps zeigen und wir erstaunt antworten, wie praktisch wir das finden?

Es haben sich also in vielen Lebensbereichen mittlerweile unterschiedliche Denkmuster etabliert. Junge Menschen, die durch ihr enormes digitales Training intuitiv denken. Und ältere, wie Kurt, die im ersten Moment versuchen, selbst die Umgebung zu beeinflussen oder die Lösung neuer Problemstellungen intuitiv in der analogen Umgebung zu suchen.

Viele, die die Einführung der ersten Navigationsgeräte miterlebt haben, fochten mit sich den Kampf zwischen der inneren Stimme aus, die uns leitet und auffordert, selbst nach den richtigen Straßenschildern Ausschau zu halten, und der Stimme des Navigationsgerätes. Fahre ich den Umweg, den mir das Navi vorschlägt, oder nutze ich die Abkürzung, die eigentlich nach der nächsten Kurve kommen sollte? Was machen Menschen, die nur die Methode der digitalen Navigation kennen?

Sie versuchen eine bessere, genauere und sichere digitale Navigationsmethode zu nutzen oder gar mehrere digitale Möglichleiten gleichzeitig. Klassisches Kartenlesen will gelernt sein und ist für Menschen, die im Bruchteil von Sekunden den Weg digital beschrieben bekommen, umständlich.

Auch Social Media trägt seinen Teil dazu bei, dass sich Menschen mit digitalen Denksystemen immer weiter von Menschen mit analogen Denksystemen entfernen. Ältere nutzen Social Media mit ihren analogen Logiken. Ist mal kein Smartphone zur Hand oder gibt es kein Netz, fragen sie einfach den Nächsten, der ihnen über den Weg läuft. Für die jungen Gen Z'ler ist es ungewohnter, wenn sie auf analoge Hilfe zurückgreifen müssen. Es fällt ihnen schwer, fremde Menschen anzusprechen. Und wenn doch, erbitten sie am liebsten digitale Hilfe. Daher fragten die beiden Jungs Kurt, ob sie sein Smartphone benutzen könnten.

Doch hatten die Kinder und Jugendlichen in den ersten Lebensjahren nicht viel Zeit, ihre Welt analog wahrzunehmen, zu entdecken und zu begreifen?

Hierbei kann man auf ein Phänomen verweisen, das Psychologen seit bald 100 Jahren bekannt ist und das Stroop-Effekt genannt wird. Experimentalpsychologisch konnte man belegen, dass trainierte Handlungen automatisch ablaufen können, während untrainierte Handlungen eine viel größere Aufmerksamkeit benötigen. Klingt erst mal trivial. Aber sehen wir uns das nochmals genauer an. Im Experiment wurden Probanden Wörter vorgelegt. Ihre Aufgabe war es, die Farbe zu benennen, in der die Wörter abgedruckt sind. Das Interessante daran war, dass es sich um Farbwörter, wie zum Beispiel die Wörter »grün«, »gelb« oder »rot« handelte, die aber nicht in der Farbe abgedruckt waren, wie ihre Bedeutung vermuten lassen würde. Das Wort lautete zum Beispiel »grün«, war aber in Blau abgedruckt. War die Farbe anders als, wie das geschriebene Wort, war nicht nur die Reaktionszeit wesentlich länger, bis der Proband die richtige Farbe benannte, es stieg auch die Fehlerzahl.

Obwohl wir lange, bevor wir lesen lernen, Farben benennen können und man vermuten könnte, wir könnten daher schneller Farben benennen als Buchstaben lesen, üben wir mit Beginn des Schuleintritts intensiv das Lesen ein, sodass das Benennen von Farben im Vergleich hierzu weniger gut trainiert ist. Genau das passiert mit den Generationen, die nach 2000 geboren wurden. Sie trainieren täglich ihre Kommunikation und ihr Verhalten in der digitalen Welt, wodurch große Zeit des »analogen Trainings« unter den Tisch fällt. Es greift an vielen Stellen nun der digitale Stroop-Effekt. Jugendlichen fällt es heute viel schwerer, auf unbekannte Menschen zuzugehen – außer sie brauchen sein oder ihr Smartphone. Aber auch jemanden, den man nicht kennt, einfach so anzurufen, fällt vielen jungen Menschen schwer, weil man es bisher immer digital umgehen konnte. Situationen, die digital lösbar sind, bleiben analog »untrainierter«, benötigen eine höhere Reaktionszeit und lassen die Fehlerzahl steigen. Was den Drang erhöht, es zukünftig lieber wieder digital zu lösen.

Die Beispiele

Verpasste Chancen

Zurzeit wächst die Bevölkerung in Deutschland wieder, doch das liegt ausschließlich an der Migration. 5,1 Millionen Kinder leben in Familien mit Migrationshintergrund, im Durchschnitt sind es vier von zehn. In den vergangenen Jahren stieg auch die Zahl der Kinder mit Migrationshintergrund an, die in Kindergärten und Kindertagesstätten gehen. Im Jahr 2019 hatte in den westlichen Bundesländern fast jedes dritte Kind einer Kinderbetreuungseinrichtung einen Migrationshintergrund, in den östlichen Bundesländern waren es 15 Prozent der Kinder, was einem bundesdeutschen Schnitt von 28 Prozent entspricht. Zum Vergleich: 2009 betrug die Zahl der Kinder mit Migrationshintergrund an deutschen Kinderbetreuungseinrichtungen 24 Prozent.[86] Immer mehr Jugendliche mit Migrationshintergrund erwerben höhere Schulabschlüsse. Ohne die Zuwanderung würde die Bevölkerung seit Langem schrumpfen, da seit 1972 die Zahl der Gestorbenen die Zahl der Geborenen jedes Jahr übersteigt. Doch der Schwund der Bevölkerung ist so groß, dass auch Migration nur ein Tropfen auf den heißen Stein ist: Bis 2035 wird die Bevölkerung in Deutschland um weitere 3 Millionen schrumpfen.

Doch viele Menschen in Deutschland sind nicht offen für Zuwanderung: Nur 12 Prozent finden es gut, wenn qualifizierte Fachkräfte zuwandern, um den Arbeitskräftemangel zu beheben. Stattdessen möchten 78 Prozent der Deutschen, dass die Bevölkerung in Deutschland besser aus- und weitergebildet wird und Langzeitarbeitslose wieder in den Arbeitsmarkt integriert werden. Fragt man Expats, also qualifizierte Fachkräfte, die im Ausland leben und arbeiten, wie gut sie sich im jeweiligen Gastland zurechtfinden, gibt Deutschland ein schlechtes Bild ab. Im Vergleich mit 52 Ländern belegt Deutschland den letzten Platz. Als Gründe werden Sprachbarrieren, bürokratische Hürden, etwa bei der Anerkennung beruflicher Qualifikationen und der Einbürgerung, sowie eine fehlende Willkommenskultur genannt.

Indem Menschen der Zugang zum Arbeitsmarkt in Deutschland erschwert wird, stellen wir uns selbst ein Bein. Denn so jedenfalls lösen wir das Problem des Fachkräftemangels nicht.

Der Blick auf die anderen

Das, was die jungen Nachwuchskräfte von heute ausmacht, ist wesentlich auch durch die Umgebung bestimmt, in der sie aufwachsen. Eine »globale Generation Z«, die unabhängig von dem Land, in dem sie groß geworden ist, gemeinsame Eigenschaften teilt, gibt es nicht. Was die Angehörigen der Generation Z aber eint, ist ihr Kontakt mit digitalen Technologien. Als das Internet etwa um das Jahr 2000 für die breite Masse an Menschen zugänglich wurde, befand sich die Generation Z noch in der Kinderstube. Sie ist damit die erste Generation, die im wahrsten Sinne des Wortes Hand in Hand mit digitalen Technologien aufwächst. Das Internet als konstante Einflussgröße auf die Generation Z haben wir vom Institut für Generationenforschung in verschiedenen Ländern untersucht.

Wir mussten aber immer wieder feststellen, dass die sich über 15 Jahre spannende »Generation Z«, wie sie populärwissenschaftlich beschrieben wird, in der Form nicht und schon gar nicht weltweit existiert.

Um das zu belegen, möchte ich Ihnen Beispiele aus anderen Ländern mit möglichst breiter Streuung nennen: Österreich, Pakistan und Ruanda.

Die Österreicher

Österreich ist zwar nicht weit weg von Deutschland, doch auch hier gibt es schon Unterschiede zwischen den Angehörigen der Generation Z. 2023 führten wir vom Institut für Generationenforschung eine repräsentative Befragung unter der Bevölkerung der beiden Länder durch. Dabei verglichen wir, ob die Generation Z in Österreich anders antwortet als ihre Altersgenossen in Deutschland. Wir untersuchten, wie sich die aktuelle weltpolitische Situation auf die Antworten der Befragten auswirkt.

Die Gen Z'ler aus Österreich sind eher als ihre Altersgenossen aus Deutschland der Meinung, dass sich unsere Gesellschaft für mehr Empathie grundlegend ändern muss. Eine andere Berichterstattung in Österreich, eine andere wirtschaftliche und politische Situation könnte insgesamt zu einer anderen Wahrnehmung des gesellschaftlichen Veränderungsbedarfs führen.

N=954; Cramer´s V=.410 (p<.001); dargestellt sind ausschließlich die Antworten der Angehörigen der Generation Z aus Deutschland und aus Österreich.

Des Weiteren konnte durch die Befragung festgestellt werden, dass die jungen Gen Z'ler aus Österreich nicht nur einen intensiveren Austausch mit ihrer Herkunftsfamilie pflegen, sondern ihre Familie als stärkeren Rückhalt empfinden als die Gen Z'ler aus Deutschland.

Das zeigt sich auch darin, dass junge Österreicher im Vergleich zu ihren deutschen Altersgenossen angaben, in ihrer Freizeit mehr Zeit mit ihrer Herkunftsfamilie zu verbringen. Wo der stärkere Familienbezug der österreichischen Gen Z'ler herrührt, ist bisher nicht klar. Er könnte beispielsweise auf eine andere Familienkultur zurückgehen oder auf eine geringere räumliche Distanz des Wohnortes der Gen Z'ler zum Wohnort ihrer Herkunftsfamilie. Vielleicht können wir Deutsche uns ja bei unseren österreichischen Nachbarn hier und da etwas abschauen.

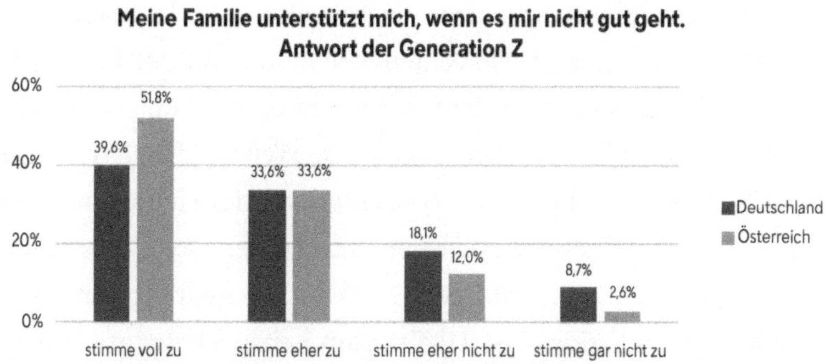

N=969; Cohen's d=.155 (p<.001); dargestellt sind ausschließlich die Antworten der Angehörigen der Generation Z aus Deutschland und aus Österreich.

Die Pakistani

4.500 Meter über dem Meeresspiegel im Himalajagebirge in Pakistan: Es schneit, und ein eisiger Wind weht. Aus einem Auto steigen mehrere Frauen aus Karachi (Süd-Pakistan) in High Heels. Sie drehen TikTok-Videos.

Verrückt? Nein, das ist die Generation Z in Pakistan. Als ich auf meiner Forschungsreise 2022 Pakistan besuchte, staunte ich nicht schlecht, dass TikTok auch den abgelegensten Flecken der Erde erreicht hat. Die jungen Pakistani tun genau das, was die jungen Leute auch hierzulande tun: Permanentes Smartphone-Wischen und exzessive mediale Selbstinszenierung auf den Social-Media-Plattformen – zu jeder Tageszeit und an jedem erdenklichen Ort.[87] Okay, zumindest für Frauen gilt das nur eingeschränkt: Fotos für Forschungszwecke durfte ich von den Frauen im Himalajagebirge jedoch nicht machen, denn die begleitenden Männer waren strikt dagegen; von den Männern wiederum durfte ich im Gegenzug jede Menge Bilder und Videos machen.

Viel zu wenig wissen wir über die Auswirkungen der Social-Media-Welt auf die jungen Menschen weltweit, denn der Fokus zur Untersuchung der Generation Z beschränkt sich im »Westen« wesentlich auf den »Westen«. Die halbe Welt wird nicht nur von Forschungen über das Internetverhalten, sondern leider auch bei vielen anderen Themen exkludiert. Ein Fehler, wenn wir sehen, dass sogar im Himalajagebirge TikTok-Videos gedreht werden.

Für die Generation Z ist TikTok zum Lebenselixier geworden. Bei den jungen Pakistani ist unter allen Social-Media-Plattformen vor allem TikTok beliebt. Die Kurzvideo-App war im Jahr 2020 die am meisten heruntergeladene App in den Stores von Google und Apple.[88] Besonders vermeintlich konservative Länder wie Pakistan waren bei den Rankings der Downloadzahlen in den letzten Jahren vorne mit dabei. Im Jahr 2019 gehörte Pakistan unter die Top5 der Länder mit den meisten Downloads der TikTok-App.[89]

Zwar wissen wir bereits von den immensen Auswirkungen von Social Media auf die Entwicklung und das Verhalten bei jungen Menschen[90], jedoch wissen wir vieles nur im jeweils untersuchten westlichen Kontext, nicht jedoch in Ländern wie Pakistan. Dort ist in den kommenden Jahren ein weiteres Bevölkerungswachstum zu erwarten, wodurch Social Media durch die vielen jungen Menschen viel häufiger genutzt werden wird. Während in Deutschland nur circa 20 Prozent der Bevölkerung unter 25 Jahre alt sind, ist in Pakistan mehr als die Hälfte der Bevölkerung in diesem Alter.[91] Hinzu kommt die grundlegend andere gesellschaftliche und politische Situation Pakistans – mit den Kontexten, mit denen die Generation Z hierzulande aufgewachsen ist, keineswegs vergleichbar. Pakistan gilt offiziell zwar als parlamentarische Demokratie, jedoch hat das Militär einen großen Einfluss auf die Politik. Meinungs- und Pressefreiheit sind erheblich eingeschränkt, sowohl durch die Regierung als auch durch extremistische Organisationen, die bis in viele Gesellschaftsbereiche die Kontrolle ausüben können.[92] Medien in der Landessprache Urdu werden durch die Regierung kontrolliert.[93]

TikTok wurde am 9. Oktober 2020 für pakistanische User verboten. Die Telekommunikationsbehörde Pakistans gab als Grund für das Verbot Beschwerden von Teilen der pakistanischen Bevölkerung gegenüber der Plattform an, sie zeige unmoralische und anstößige Inhalte.[94] Im Vorfeld des Verbots wurden im Juni des gleichen Jahres mehrere pakistanische TikToker in die pakistanische Fernsehsendung »Bol nights« eingeladen, wo das Thema diskutiert wurde. Das wohl auf den ersten Blick Überraschende: Die TikToker bekundeten gegenüber der Regierung ihre Unterstützung, selbst wenn die App verboten wird. Sie selbst beklagten die unangemessene Sprache auf TikTok und den mangelnden Jugendschutz – die TikToker wurden wohl »ermutigt«, ihre Regierungstreue zu bekunden. Letztlich war das Verbot jedoch nicht von langer Dauer: Eine groß angelegte Petition setzte sich durch,[95] allerdings unter Auflagen der Regierung. So wurden die »Community Guidelines« verändert und eine TikTok-Version in der Landessprache »Urdu« bereitgestellt.[96]

Die pakistanische TikTokerin Hareem Shah teilte beispielsweise 2019 ein Video von sich bei einem Besuch des pakistanischen Außenministeriums. Regelmäßig postet sie Bilder mit Imram Khan, dem Premierminister Pakistans. Die Unterstützung der Regierung jedoch überzeugt nicht einmal ihre eigene Familie: In einem Interview sagte sie, ihre Familie spreche sich gegen ihre TikTok-Karriere aus.[97]

Die Erfolgsgeschichte des pakistanischen TikTokers Phoolu zeigt, dass die Spannungen, die mit TikTok auszufechten sind, keineswegs rein staatlich-politische Angelegenheiten sind. Sie durchziehen alle Gesellschaftsbereiche: Der 27-Jährige, der durch TikTok-Videos bekannt wurde, ist mittlerweile zu einem der bekanntesten TikToker Pakistans avanciert. Vom Tellerwäscher zum Millionär – für 600 Rupien pro Tag, was etwa drei Euro entspricht, arbeitete er vor seiner Social-Media-Karriere in der Landwirtschaft, wurde dann aber durch einige virale Videos zum Internetstar. Das Paradoxe: Seinen eigenen Kindern verbietet er, TikTok-Videos anzuschauen.

Um herauszufinden, wie sich die einzigartige politische und kulturelle Situation Pakistans auf die TikTok-Nutzung auswirkt, führten wir vom Institut für Generationenforschung eine Untersuchung über das Social-Media-Nutzungsverhalten in Pakistan durch. Unsere Befragung streuten wir über die Social-Media-Plattform TikTok, und ich führte Interviews mit der pakistanischen Bevölkerung vor Ort. Wir fanden heraus, dass in Pakistan eine enorme Lücke zwischen den digitalaffinen Jungen und den Älteren klafft, die, wenn überhaupt, mit Monochrom-Handys bewaffnet der Digitalisierung gegenübertreten. Klar gibt es auch bei uns immer noch die ältere Bevölkerung, die wenig mit der Digitalisierung am Hut hat. Während in Deutschland der Anteil der über 70-Jährigen mit Smartphone mit der Zeit ansteigt, gibt es in Pakistan Teile der älteren Bevölkerung, die noch nie ein Smartphone in der Hand oder Berührungspunkte mit dem Internet hatten.

Vor allem TikTok hat es der jungen Bevölkerung angetan. Sie gaben an, dass Instagram viel zu langweilig sei: leblose Bilder ohne Bewegung seien nicht unterhaltsam oder lustig. Hier bewegen sich die jungen Gen Z'ler und die älteren Generationen tatsächlich in völlig anderen Welten, was die Kultur von Pakistan in Zukunft radikal verändern wird.

Die Tutsi und Hutu

Anderer Kontinent, andere Voraussetzungen für die Menschen, wir fliegen zum Viktoriasee. Hier sind über 50 Prozent der ruandischen Bevölkerung unter 20 Jahre alt, und das Durchschnittsalter der Bevölkerung liegt bei 22,7 Jahren. Zum Vergleich das alternde Deutschland: Hier sind lediglich circa 18,5 Prozent der Bevölkerung unter 20 Jahre alt[98], und durchschnittlich sind die Deutschen 44,5 Jahre alt.[99] Die Jugendbevölkerung in Ruanda wuchs von 2002 bis 2012 um rund 30 Prozent.

2021 besuchten wir Ruanda. Wir führten qualitative Interviews mit Vertretern unterschiedlicher Generationen durch, um ihre spezifische Lage und ihre Sicht auf die jungen Menschen in ihrem Land zu verstehen. Das größte Thema für die Befragten in Ruanda ist unabhängig ihres Alters immer noch der unfassbar grausame Völkermord im eigenen Land.

Seit jeher gibt es in Ruanda die Bevölkerungsgruppe der Tutsi, die sich überwiegend mit Viehzucht beschäftigt, und die Hutu, eine Bevölkerungsgruppe, die vornehmlich im Ackerbau tätig ist. Da unter der Regentschaft von König Kigeri IV zwischen 1853 und 1895 immer mehr Tutsi in führenden politischen Positionen eingesetzt wurden, wurden seither zusehends die Tutsi mit der herrschenden und die Hutu mit der untergebenen Bevölkerungsgruppe assoziiert. Als die Belgier zwischen 1919 und 1923 Ruanda kolonialisierten, trafen sie eine folgenschwere Entscheidung: Ob jemand Tutsi oder Hutu war, wurde in Ausweispapieren amtlich festgelegt. Hintergrund dieser Entscheidung war eine rassentheoretische Ideologie aus Deutschland, die die Belgier übernommen hatten. In dieser wurde behauptet, die Tutsi seien die herrschende Rasse, da sie mit europäischen Völkern verwandt seien. In den folgenden Jahrzehnten wendete sich jedoch das Blatt: Die belgischen Kolonialherren verstanden sich mehr und mehr als »Missionare« und ermöglichten Hutu die Teilhabe an Bildung und Politik. Gewaltsam und unter Blutvergießen ersetzten sie einen Großteil der politischen Posten in Ruanda durch Angehörige der Hutu. Der Mythos eines erfolgreichen Kampfes des ehemals unterdrückten Volkes wurde von den nun herrschenden Hutu geschürt: Durch Propaganda, Aufrüstung des Landes, die Verteilung von importierten Waffen an die Bevölkerung und massive Kriegsrhetorik wurden die Tutsi zum Feindbild stilisiert. Als im Jahr 1994 das Flugzeug des ruandischen Präsidenten Habyarimana abgeschossen wurde – bis heute ist unklar, wer dafür verantwortlich ist –, explodierte das Pulverfass: Bereits 30 Minuten später, in einem unvergleichlichen Rachefeldzug, begannen die Hutu damit, ihre zuvor erstellten Todeslisten abzuarbeiten. Zahlreiche Tutsi und oppositionelle Hutu fielen diesen zum Opfer. In den kommenden Wochen folgten öffentliche Aufrufe von Politikern an die Bevölkerung zu Tötungen der Feinde, zu Vergewaltigungen von Frauen und zum Aushungern von Belagerten. Die konservativsten Schätzungen gehen davon aus, dass etwa 500.000 Menschen getötet worden sind – etwa 37,9 Prozent davon mit einer Machete.

Die Generation Z in Ruanda ist die erste Generation nach dem Genozid. Die erste Generation, die kein Blut an den Händen kleben hat. In den Interviews berichteten sie mir immer wieder, dass sie sich stark von den Geschehnissen der Vergangenheit abgrenzen möchten. Im Gegensatz zu ihren Eltern und Großeltern sehen sie keine Unterschiede zwischen Tutsi und Hutu, und sie sind sich bewusst, dass es sich um eine von Menschen gemachte Differenzierung handelt, die aus der Welt geschafft werden muss. Viele wissen, dass es diesen Völkermord nie gegeben hätte, hätten sich nicht europäische Kolonialmächte große Teile des afrikanischen Kontinents unter den Nagel gerissen. In einem Interview sagte mir ein ruandischer Jugendlicher: »*Maybe my parents are able to see a difference. Me? I can't and I don't want to see any difference between Rwandians.*« Für die Jugendlichen ist ein tolerantes Zusammenleben essenziell.

Auch in Politik und Wirtschaft wollen es die jungen Ruander besser machen: Sie fordern in ihrem wirtschaftlich aufstrebenden Land aktiv Mitbestimmung ein und sind bereit, dafür zu investieren. Viele arbeiten freiwillig weit mehr als 40 Stunden pro Woche, auch Start-ups boomen, und Mitarbeiter sind bereit, Überstunden zu machen. Aktiv werden und den Wohlstand für das Land zu vergrößern, ist das erklärte Ziel vieler Befragter. Das Weltgeschehen soll durch ihr Zutun positiv beeinflusst werden. Sie sehen sich nicht nur als Mitbegründer des Wohlstandes in Ruanda, sondern auch als verantwortlich für eine aussichtsreiche und tolerante Zukunft ihres Landes. Um das zu erreichen, haben sie bereits viel in ihre Bildung investiert und sind auch zukünftig dazu bereit. Die gut ausgebildeten Angehörigen der Generation Z in Ruanda sind bei vielen gesellschaftlichen Entwicklungen Vorreiter, das ist schon allein zahlenmäßig sichtbar: Jugendliche machen beispielsweise über 53 Prozent der Bevölkerung in der Hauptstadt Kigali aus. Zwar leben noch rund 80 Prozent der jungen Ruander in ländlichen Gebieten, doch die Städte Ruandas verzeichnen einen Anstieg des Anteils an jungen Menschen.

Von der pessimistischen Weltsicht, die der Generation Z in Deutschland häufig unterstellt wird, findet man in Ruanda nichts. Im Gegenteil: Die jungen Ruander blicken optimistisch und voller Tatendrang in die Zukunft, und zwar weil man alles in der Macht Stehende dafür tut, dass sich das dunkle Kapitel der Geschichte nicht wiederholt. Daher packen sie die Zukunft an. Damit einher geht auch eine Abgrenzung von den eigenen Eltern und Großeltern, denen die jungen Leute noch eine tiefe Verwobenheit in den Konflikt zwischen Hutu und Tutsi zuschreiben. Hier ist der größte Unterschied zur Generation Z in Deutschland sichtbar: Der für die Generation Z in Deutschland typische Neo-Konventionalismus, also die Übernahme der Werte und Einstellungen der Eltern, ist für die Generation Z in Ruanda nahezu ausgeschlossen. Vielleicht hängt damit auch die große Kreativität im Hinblick auf die Gestaltung der Zukunft des Landes zusammen.

Vergleichbar mit der deutschen Gen Z ist der enorme Smartphone- und Social-Media-Konsum der Gen Z in Ruanda. Die meiste Zeit ihrer Social-Media-Nutzung verbringen die jungen Ruander auf Instagram. Bargeldloser Zahlungsverkehr ist unter den jungen Menschen inzwischen Standard geworden. Bezahlt wird ausschließlich mit dem Smartphone. MoMo heißt die digitale Währung und steht für »MobileMoney«. Dazu reicht es, wenn man eine ruandische SIM-Karte besitzt und *182# eingibt. Schon erscheinen auf der Menüoberfläche die Bezahlungsmöglichkeiten. An ATM- oder MoMo-Ständen kann man sein Handy mit Geld »aufladen«.

Auch in puncto Geschlechtergerechtigkeit zieht Ruandas Generation Z mit der weltweiten Generation Z mit: Insgesamt besuchen gleich viele Jungen und Mädchen die Grundschule. Die Hochschulbildung verzeichnete zwischen 1999 und 2008 einen Anstieg der Einschreibungen mit einer jährlichen Wachstumsrate von 19 Prozent. Junge Frauen machen mittlerweile 42 Prozent der Hochschulstudenten aus.

Die Gen Z in Ruanda sieht den Arbeitsmarkt als Chance für eine Veränderung, am liebsten würden sie überdurchschnittlich viel arbeiten, um ihr Land in eine andere Ära zu bringen, und weisen hierbei in einigen Bereichen ein höheres Engagement als ihre Eltern auf. Das vorliegende Buch mit dem Titel *Generation arbeitsunfähig* würde in Ruanda wahrscheinlich mehr den Älteren als den Jüngeren zugeordnet werden.

Die Zukunft

Auf der Reise nach Dystopia-Ineffizienzia

Je weniger es von etwas gibt, desto wertvoller wird es. So wie bei Gold – oder der Generation Z. Der Fachkräftemangel setzt Arbeitgebern die Pistole auf die Brust, und die rennen wie eine Horde aufgescheuchter Hühner los, um die Jungen zu begeistern. Die gut ausgebildeten jungen Nachwuchskräfte picken sich das Beste heraus. Einige Arbeitgeber haben das Gefühl, die Jungen tanzen ihnen auf der Nase herum. Schließlich hat ein Großteil von ihnen studiert – und das möchten sie auch honoriert wissen. Mehr als die Hälfte der Menschen eines Jahrgangs sind in einigen Bundesländern wie zum Beispiel Hamburg mittlerweile hochschulberechtigt. Die Anzahl der Studienanfänger hat sich in den letzten 15 Jahren verdoppelt.[100] Während zum Wintersemester 2002/2003 noch 1.939.233 Personen an Hochschulen in Deutschland eingeschrieben waren, waren es im Wintersemester 2022/2023 bereits 2.920.223 Studenten. Innerhalb von nur zehn Jahren stieg die Zahl der Studenten um 1.000.000![101] Immer mehr Menschen stehen Bildungswege nach oben offen.

Der Blick auf die Ein- und Ausbildung

Wo Licht ist, ist meistens aber auch Schatten. Fast ein Drittel der Studierenden brechen ihr Studium vorzeitig ohne Abschluss ab.[102] Eine Hochschulzugangsberechtigung zu haben, heißt noch lange nicht, dass auch ein Studienabschluss dabei herauskommt. Und: Mit der Zahl der Studierenden verkleinert sich gleichzeitig die Zahl der Auszubildenden, die seit Jahren stark rückläufig ist. Im Jahr 2000 gab es noch 1.702.017 Auszubildende, dagegen im Jahr 2022 nur noch 1.216.305.[103] Unternehmen, die die jungen Auszubildenden benötigen, kommen in die Bredouille. Es sind schlichtweg zu wenige.

»Gesamtschrumpfung« nennt sich das Phänomen, wenn der soziodemografische Wandel den Arbeitsmarkt ausbluten lässt. Es kommen dann nicht nur weniger Nachfrager auf den Arbeitsmarkt, sondern auch das Angebot verkleinert sich, weil Unternehmen ihr Ausbildungsplatzangebot verkleinern. Die Schrumpfung ebenfalls beschleunigt hat in den vergangenen drei Jahren die Coronapandemie. Viele Unternehmen waren aus betriebswirtschaftlichen Gründen gezwungen, die Zahl der jährlichen Ausbildungsstellen zu reduzieren.[104] 2022 blieben in Deutschland 13 Prozent – das ist jede siebte bis achte – der betrieblichen Ausbildungsstellen unbesetzt.[105] Gute Nachrichten für die zukünftigen Arbeitnehmer, die nahezu freie Stellenwahl haben. Rechnerisch kamen im Jahr 2022 101,6 Ausbildungsplatznachfrager auf 100 Ausbildungsplatzangebote. Dieser Wert ist so hoch wie seit Beginn der Erstellung der Angebots-Nachfrage-Relation im Jahr 2007. Zumindest theoretisch hatte 2022 jede Person in Deutschland die Möglichkeit, einen Ausbildungsplatz zu ergattern.[106] Tatsächlich sieht die Arbeitswelt anders aus: Insgesamt 68.000 Ausbildungsstellen blieben im Jahr 2022 frei, und trotzdem waren 60.400 Personen auf der Suche.[107] Wie kann das sein?

Das liegt einerseits daran, dass das Verhältnis zwischen Bewerbern und Ausbildungsangeboten je nach Bundesland unterschiedlich ist. Während in Brandenburg beispielsweise jeder fünfte Ausbildungsplatz unbesetzt blieb und in Bayern 18,7 Prozent der Ausbildungsstellen, waren es in Hessen und Nordrhein-Westfalen nur 8,7 Prozent.[108] Das Hauptproblem aber liegt laut Arbeitsmarktforschern darin, dass es ein »Passungsproblem« gibt, also Angebot und Nachfrage nicht zusammenkommen.[109] Das kann aus den unterschiedlichsten Gründen der Fall sein: Bewerber finden bestimmte Ausbildungsangebote nicht attraktiv, beispielsweise suchen handwerkliche Ausbildungsbetriebe seit Jahren nach Auszubildenden, während der Öffentliche Dienst keine Personalschwierigkeiten hat; Bewerber haben einen schulischen Werdegang, der nicht zur Ausbildung passt, oder bewerben sich ausschließlich auf Berufe, bei denen bereits große Konkurrenz um die freien Ausbildungsplätze herrscht. Auch die Coronapandemie hat vermutlich die Passungsprobleme verstärkt: Denn viele Maßnahmen zur Berufsorientierung konnten in Zeiten von Schulschließungen und Homeschooling nicht stattfinden.[110]

In unseren Generation-Thinking-Befragungen 2018 und 2022 interviewten wir unter anderem angehende Abiturienten, ob sie sich vorstellen könnten, nach dem Abschluss eine Ausbildung zu absolvieren. Einige hatten über die Möglichkeit einer Ausbildung bisher noch nie nachgedacht. Für sie war klar: Nach dem Abitur wird studiert, eine Ausbildung war im Arsenal der Möglichkeiten gar nicht vorhanden. Das Problem ist also nicht, dass Bewerber und Ausbildungsplatz nicht zusammenfinden wollen, sondern dass sie das gar nicht können, weil mögliche Bewerber gar nicht in Betracht ziehen, sich zu bewerben. Nur etwa 25 Prozent der Abiturienten beginnen eine Ausbildung.[111] Auszubildende werden heutzutage gegenüber den Studenten immer seltener. Denken wir an das Gold zurück, das deshalb wertvoller als andere Materialien ist, weil es wenig davon gibt – vielleicht könnten Personen mit Ausbildung auch wertvoller für den Arbeitsmarkt werden?

Aus entwicklungspsychologischer Sicht jedenfalls könnte eine Ausbildung sogar eine größere Herausforderung sein als ein Studium und letztendlich mehr persönliche Lernerfahrungen bieten. Die heutigen jungen Abiturienten erwerben innerhalb von drei Jahren den Bachelorabschluss, einige hängen dann noch ein zweijähriges Masterstudium hintendran. Das Studium ist eine Fortsetzung der Schule, nur mit mehr Freiheiten. Zu definierten Zeiten aufstehen, Arbeitszeiten einhalten oder die Bedürfnisse anderer Menschen berücksichtigen mussten sie auf ihrem Weg zu den Abschlüssen kaum, bis sie etwa mindestens 21 Jahre alt sind. Sie lernen das, was der Lehrplan vorgibt, können Urlaubssemester nehmen, Auslandssemester einlegen oder teilweise Kurse sausen lassen, wenn sie ihnen nicht liegen. Der nahezu unbegrenzten Wahlfreiheit während des Studiums steht eine klar strukturierte Ausbildung mit festem Rahmen gegenüber. Während die Mehrheit der Generation Z ihrem Studentenleben frönt, hat die Minderheit der Auszubildenden aus der Generation Z einen ganz anderen Tagesablauf: Die Arbeitszeiten richten sich nach betrieblichen Anforderungen, die letzten zwei Arbeitsstunden können nicht einfach unentschuldigt ausgelassen werden, sie unterliegen einer Hierarchie aus Chefs, Mitarbeitenden und Ausbildungsleitern. Urlaub muss mit Vorgesetzten und Kollegen abgesprochen werden. Und das alles machen einige Azubis zum ersten Mal bereits im Alter von 14 bis 17 Jahren – in einem Alter, in dem die zukünftigen Studenten noch die Schulbank drücken. In der Berufsschule sind sie Schüler und müssen die Dinge lernen, die sie im Betrieb praktisch umsetzen. Im Betrieb sind sie dann selbstständiger und treffen eigene Entscheidungen. Die Ausbildung ist keine Fortsetzung der Schule, sondern Schule und Arbeit zugleich.

Kurz gesagt: Während Auszubildende ihre Wünsche und Bedürfnisse zugunsten anderer Menschen oder ihrer Organisation aufschieben, müssen Studenten das nicht tun. Auszubildende erlernen viel früher Strategien, wie sie verschiedene Anforderungen von Schule und Unternehmen balancieren, wie sie ihren Tag organisieren, mit ihren Finanzen und Arbeitsanweisungen umgehen, Gespräche mit Kunden oder Vorgesetzten führen oder Konflikte im Team bewältigen. Sie lernen sich selbst in der Arbeitswelt kennen. Das sind auch einige der Aufgaben, die Entwicklungspsychologen als wünschenswerte To-dos junger Menschen beschreiben: ein Gefühl für die eigene Identität entwickeln, eigene Interessen, Meinungen, Fähigkeiten, Werte und Wünsche kennenlernen, sich mit anderen Erwachsenen auseinandersetzen und die eigene Position inmitten von gesellschaftlich-kulturellen Erwartungen finden.[112] Das heißt nicht, dass Studierende das nicht schaffen würden, allerdings werden die Entwicklungsaufgaben bei Auszubildenden in einer Weise angestoßen, die ihnen die Integration in den Arbeitsmarkt einfacher macht.

Zudem sind das alles Fähigkeiten, die die jungen Studierenden häufig vermissen lassen, wenn sie erste Berührungspunkte mit der Arbeitswelt haben, die Auszubildende schon so früh in ihrem Leben trainieren müssen. Das könnte eine Chance sein, um den Auszubildenden wieder die Wertschätzung entgegenzubringen, die sie eigentlich verdienen. Auf eine Ausbildung könnte man sich eigentlich heute etwas einbilden.

Was will die nächste Generation?

Eigentlich hat sich, seit die Gen Z jung war, nichts ereignet, was als schlagartig bezeichnet werden könnte – am 01.01.2010 hat also kein Raumschiff die ersten Alphas auf die Erde niedergelassen. Die Alphas wurden bisher durch ähnliche Einflüsse geprägt wie die Gen Z. Daher sind auch die Probleme alte Bekannte:

Schreiben Programmiererinnen einen Code, wird dieser in 78,6 Prozent der Fälle vom Auftraggeber akzeptiert. Der Wert von Frauen liegt dabei um vier Prozent höher als bei Männern. Ist das Geschlecht der programmierenden Person jedoch bekannt, wird der Code von Programmiererinnen häufiger abgelehnt als der ihrer männlichen Kollegen.[113] Nicht nur in der IT-Branche, sondern durch die gesamte Arbeitswelt ziehen sich Geschlechterungleichheiten wie ein roter Faden: Frauen verdienen in Deutschland durchschnittlich 18 Prozent weniger pro Stunde als Männer. Hiervon lassen sich etwa 63 Prozent darauf zurückführen, dass Frauen häufiger als Männer in Berufen anzufinden sind, die schlechter bezahlt werden, oder wo sie in Teilzeit arbeiten. Neben diesem strukturellen Problem bleibt aber unklar, worauf die restlichen 37 Prozent der Geschlechterunterschiede zurückzuführen sind. Arbeitnehmerinnen in Deutschland verdienten bei gleicher Tätigkeit, Qualifikation und Erwerbsbiografie im Jahr 2022 rund sieben Prozent weniger pro Stunde als ihre männlichen Kollegen.[114]

2022 stellten wir vom Institut für Generationenforschung in unserer Befragung zur Arbeitseinstellung fest, dass sich Frauen viel weniger als Männer zutrauen, Führung für ein Team zu übernehmen, schwierigere Arbeitsaufgaben anzupacken oder eine abweichende Meinung zum Team zu vertreten. Viel öfter als ihre männlichen Kollegen gaben sie an, bei neuen Aufgaben Hilfestellung zu benötigen. Das ist aber kein Phänomen, das lediglich ältere Arbeitnehmer betrifft. Im Gegenteil: Doppelt so häufig wie junge Frauen kreuzten junge Männer an, dass es ihnen »sehr wichtig« sei, später einmal Führungskraft zu sein.

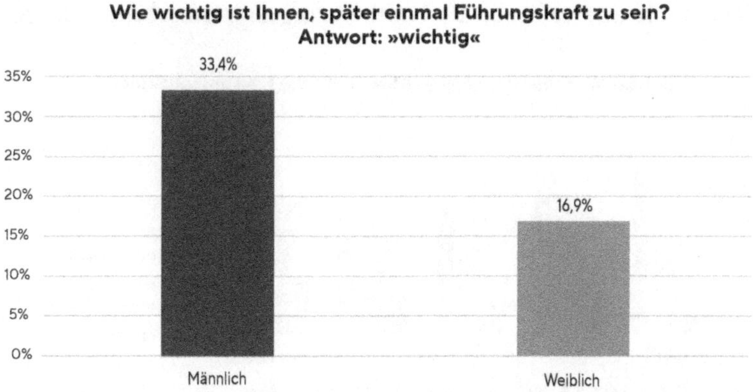

N= 1.276; Kategorie »divers« der Geschlechterzuordnung aufgrund von zu wenigen Beantwortungen nicht dargestellt; dargestellt ist ausschließlich die Antwortkategorie »sehr wichtig« einer 4-stufigen Likert-Skalierung.

Männer hatten und haben aktuell nicht nur die besseren Karten, was die gesellschaftlich bedingte Ausstattung mit Macht und Ansehen angeht, sondern sind zudem häufiger von sich überzeugt. Öfter als Frauen hegen sie daher Aufstiegsambitionen. Die Sozialisation von Frauen erlaubt es ihnen immer noch nicht in gleicher Weise wie Männern, den legitimen Wunsch nach Karriere zu hegen. Frauen, die sich dem Paradigma widersetzen, gelten als arbeitswütig und karrieregeil – einige Neider vermuten sogar, das Familienleben fülle die Frauen nicht aus oder es würde ihnen abgehen. Die »Kampfemanzen« vernachlässigen ihre originäre Bestimmung als Frau. Ja, hätten sie Familie, wären sie erfüllter und müssten nicht, wie Männer, die Karriereleiter erklimmen.

Egal, wie man es dreht und wendet, Frau und Karriere sind vielen ein Dorn im Auge. Ende 2023 führten wir vom Institut für Generationenforschung eine Umfrage unter der Bevölkerung in Deutschland durch, um herauszufinden, wie stark die Menschen noch althergebrachten Vorurteilen verhaftet sind. Also konfrontierten wir unsere mehr als 1.200 Befragungsteilnehmer mit ge-

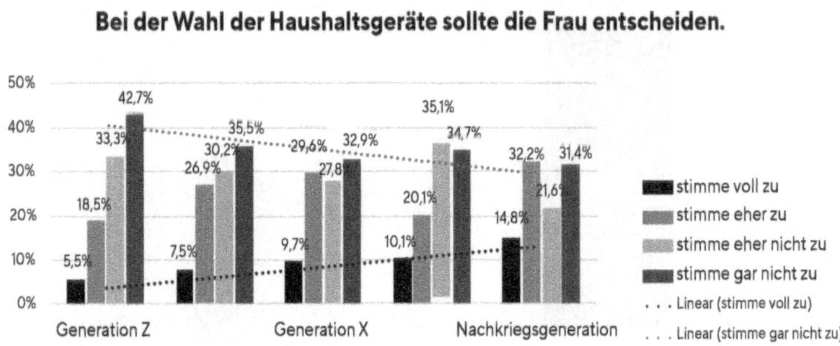

N= 1.198, p=0.013, Effektstärke: 0.014 (Eta Squared) – klein (Korrelation zwischen ›Generation‹ und ›Bei der Wahl der Haushaltsgeräte sollte die Frau entscheiden.)

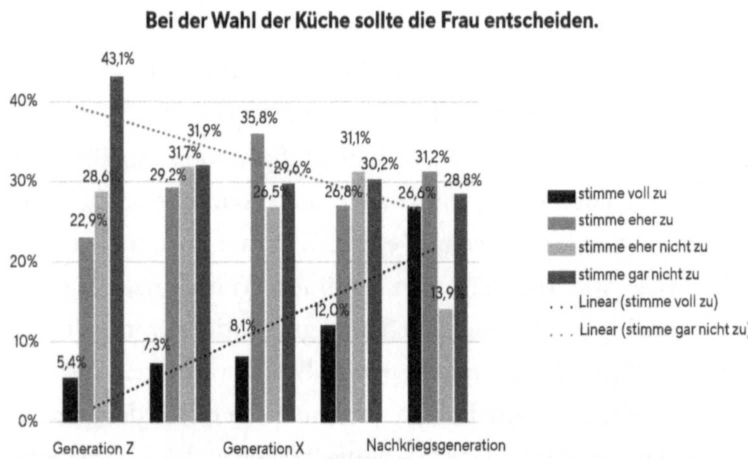

N= 1.196, p=0.002, Effektstärke: 0.022 (Eta Squared) - klein (Korrelation zwischen ›Generation‹ bezüglich ›Bei der Wahl der Küche sollte die Frau entscheiden.‹)

schlechterabhängigen Vorurteilen. Sie konnten dann angeben, ob sie dem Vorurteil zustimmen oder es ablehnen.

Je älter eine Person ist, desto eher stimmt sie zu, dass die Frau entscheiden sollte, wie die Küche aussieht und welche Haushaltsgeräte in die Küche gehören. Unabhängig davon, ob man die Antworten der Alten als negative, geringschätzende Zuschreibung – die Frau gehört an den Herd – oder positiv, wertschätzend konnotiert – die Küche, das Hoheitsgebiet der Frau – verstehen möchte, geschlechterdiskriminierend ist es allemal. Auch ist unklar, ob die (männlichen) Angehörigen der Generation Z es tatsächlich auch so vorurteilsfrei sehen oder umsetzen, wie sie es ankreuzen. Festhalten können wir jedoch, dass die junge Generation für dieses Thema sensibilisiert ist. Sie nimmt geschlechterabhängige Vorurteile eher als Problem wahr als ältere Generationen. Zu hoffen bleibt, dass sie weniger tolerant für Intoleranz sein wird.

Anders ist auch, dass die Alphas in einer immer komplexeren Gesellschaft groß werden. Im Bundesdurchschnitt haben laut dem Soziologen Aladin El-Mafaalani etwa 40 Prozent der derzeitigen Alphas einen Migrationshintergrund; rechnet man den Osten Deutschlands heraus, der vor 25 Jahren noch relativ homogen war, könnten in einigen Regionen Westdeutschlands 60 Prozent der Alphas einen Migrationshintergrund haben.[115] Ein Durchschnittsalpha in Deutschland wäre dann wahrscheinlich jemand mit einem Migrationshintergrund, der irgendwann Abitur macht und einen Bachelorabschluss erwerben wird.

Die Eltern der Alphas nehmen sich mehr Zeit für die Erziehung, was die Erziehungsformen wie Überbehütung wahrscheinlicher macht. Die Eltern trauen ihren Schützlingen wenig zu, wodurch sich die Alphas weniger selbstwirksam, eigenverantwortlich und selbstbewusst wahrnehmen. Parallel dazu steigt die Anzahl der Erwachsenen, die keine Kinder haben werden. Die Generationen könnten auseinanderdriften, was vorsichtig formuliert das gegenseitige Verständnis erschweren könnte. Ein Aufeinanderzugehen wird in Zukunft immer wichtiger!

Durch das Versäumnis vieler Eltern, ihre Kinder zu eigenständigen Individuen zu erziehen, müssen sich Vorgesetzte zukünftig mehr Zeit für Führung nehmen. Sie müssen empathischer, sensibler und zeitnäher agieren sowie präziser kommunizieren. All das wird aber nur gelingen, wenn die Leitungsspanne von 5 bis 6 Personen pro Team überschaubar bleibt. Am besten funktionieren dabei altershomogene Teams, denn es gibt Reibungsverluste durch die Unterschiede zwischen analog und digital geprägten Kohorten. Führen bedeutet heute zu wissen, wie und wann ich meinen Mitarbeitern Feedback gebe, wie ich sie aktivieren beziehungsweise motivieren kann, wie ich sie kontrollieren sollte, wann und wie ich sie instruiere oder informiere, wie ich für sie Remote-Arbeitsplätze einplane und mitentscheiden kann oder wie ich ein Teammeeting moderiere, bei dem ein Teil zu Hause ist, und jeder individuell berücksichtigt werden will. Spürt man das nicht, ist man schnell beim nächsten Arbeitgeber. Die direkte Führungskraft bekommt somit eine immer wichtigere, aber auch immer schwierigere Aufgabe.

Auch sollte im Unternehmen zukünftig Führung diverser gedacht werden. Menschen nicht nach ihrer Geschlechtszugehörigkeit zu beurteilen, Frauen in Führungspositionen sowie ein buntes Team aus Personen verschiedener Nationalitäten zu formen, ist für die jungen Nachwuchskräfte mitnichten ein Pluspunkt, es ist selbstverständlich! Genauso, wie es in ihrem bisherigen Leben auch war. Finden sie einen anderen »Kontext« im Unternehmen vor, dann wirkt das für sie zunächst einmal irritierend.

VUCA, BANI & GEIS

»Nicht Mangel an Ideen - denn man hat immer welche -, sondern an neuen macht Langeweile.«

Jean Paul

Die Arbeitswelt nutzt viele Abkürzungen und Schlüsselbegriffe. Sie bieten uns sogenannte »Frameworks«, um nur mit einem Begriff ausdrücken zu können, was wir meinen. Sprechen wir den Begriff aus, eröffnet sich bei unserem Gegenüber gedanklich eine Welt aus Bedeutungen. Alles das, was er mit dem Begriff verbindet, die Ursache-Wirkungs-Zusammenhänge, um die Welt und das Geschehen zu begreifen, taucht vor seinem gedanklichen Auge auf. Aktuell kursieren in der Arbeitswelt verschiedene Frameworks: VUCA, BANI, New Work, Scrum, Arbeitswelt 4.0, Industrie 4.0 und so weiter.

VUCA – das ist das englische Akronym für die Begriffe »volatility«, »uncertainty«, »complexity« und »ambiguity«. Mit BANI ist kein Fluss in Ostafrika gemeint, sondern das Akronym für »brittle«, »anxious«, »non-linear« und »incomprehensible«.

VUCA beschreibt die Rahmenbedingungen und Herausforderungen, mit denen Unternehmen in einer sich ändernden Arbeitswelt konfrontiert sind. Unter Volatilität versteht man die Schnelllebigkeit und Schwankungen, die in der digitalisierten Welt erlebbar sind. Unsicherheit umfasst die erschwerte Unvorhersagbarkeit von Ereignissen. Komplexität meint die Vielschichtigkeit und große Anzahl von Einflussfaktoren auf den Arbeitsalltag, die gegenseitigen Abhängigkeiten und Interaktionen untereinander. Ambiguität oder Mehrdeutigkeit beschreibt Situationen, die mehrere Bedeutungen gleichzeitig haben können.

BANI: Die Strukturen und Systeme, die bisher steif und nur gering anpassungsfähig waren, werden brüchig und porös (brittle). Das äußert sich in ängstlicher oder besorgter Stimmung der Menschen (anxious). Oft ist unklar, warum und wie bestimmte Ereignisse eintreten, die Ursache und Wirkung sind nicht klar zuordbar (non-linear). Das führt dazu, dass Menschen schwer verstehen können, was passiert (incomprehensible).

Löst BANI VUCA ab, ist es eine Ergänzung oder tatsächlich ein neues Framework? Die Fachwelt ist sich scheinbar uneinig.[116]

Doch Hand aufs Herz, die Akronyme sind nicht neu. So wurde das Akronym VUCA zur Zeit des Kalten Krieges vom »US Army War College«, einer Bildungseinrichtung der US Army, eingeführt. Das Modell wurde für Unternehmen angepasst, um deren strukturelle Anforderungen einzuordnen. Das Akronym BANI wurde vom amerikanischen Zukunftsforscher Jamais Cascio ersonnen, um die aktuellen Entwicklungen der Arbeitswelt zu veranschaulichen und verständlich zu machen. Was Unternehmen und Führungskräfte von heute angeblich brauchen: nämlich noch ein Akronym, das – »RAAT«. Mit RAAT ist nicht die Ratte auf Englisch gemeint, deren Vokal lang ausgesprochen wird, sondern Resilienz, Achtsamkeit, Adaptation und Transparenz. Auch hierbei handelt es sich um die altbewährten Kompetenzen, nur diesmal mit Persil gewaschen. Besitzen Unternehmen und Personen *Resilienz*, sind sie dazu fähig, gelassen auf Krisen zu reagieren und sie unbeschadet zu überstehen. *Achtsamkeit* beschreibt die Fähigkeit, Emotionen wahrzunehmen und zu regulieren. Für Führungskräfte und Unternehmen bedeutet das, vermehrt auf positive Kommunikation zu setzen und Mitarbeitende in Veränderungsprozesse von Beginn an einzubeziehen. Die Fähigkeit der *Adaption* bedeutet, Ungewissheit zu akzeptieren und darauf angemessen zu reagieren. Dafür ist eine gewisse Anpassungsfähigkeit notwendig, ein Denken außerhalb der festen Strukturen. *Transparenz* umfasst, Informationen, Entscheidungen und Veränderungen strukturiert und verständlich an Mitarbeitende weiterzugeben. Schließlich sitzen alle im gleichen Boot und müssen wissen, wo es langgeht. Es gäbe noch TUNA, was nicht für Thunfisch, sondern für Turbulent, Uncertain-Novel-Ambiguous steht, oder RUPT, Reality Understanding, Possibilities and Transparency.

Aber was bringen all die Akronyme, die nur sagen, du musst die Umgebung, das Unternehmen und die Mitarbeiter im Blick haben? Und was ist da jeweils neu?

Bezogen auf die heutigen Nachwuchskräfte, hätte ich noch ein weiteres Akronym anzubieten, nämlich GEIS; auf Englisch könnte man es wohl gleich PISS nennen: Parent-Internet-Social Demographics and Speed. Zu Deutsch: Geschwindigkeit-Eltern-Internet-Soziodemografie. Denn das sind genau die Punkte, die heutige Arbeitgeber alle berücksichtigen müssen:

- Geschwindigkeit ist heute unabdingbar. Ein »Haben wir immer so gemacht« ist der größte Abtörner bei jungen Nachwuchskräften. Was heute in ist, ist morgen out – so haben sie ihr ganzes Leben wahrgenommen. Sie sind immer *up to date*.
- Viele neue Nachwuchskräfte fangen nicht bei einer Firma an, ohne dass es die Eltern gut finden. Sie kündigen nicht bei ihrem Arbeitgeber, ohne dass die Eltern ihr Go geben. Stellt man junge Nachwuchskräfte ein, stellt man häufig auch die Eltern mit ein. Die Job Journey gehen viele Junge an elterlicher Hand.
- Die digitale Welt ist omnipräsent: Dort finden wir die neue Firma, dort bewerben wir uns und hinterlassen unsere Kommentare, wenn es mal nicht nach Plan läuft. Das Internet bietet, neben den Eltern, die größte Hilfestellung für die Neuen.

- Der seit Langem bekannte soziodemografische Wandel schlägt mittlerweile mit voller Wucht zu. Unternehmen müssen sich attraktiv platzieren, um in Deutschland, aber auch international den Anschluss nicht zu verpassen.

Self-Tracking und die Dystopie der Fehlervermeidung

Nele, das Organisationstalent
Nele ist ein echtes Organisationtalent: Sie strukturiert sich ihren Tagesablauf mithilfe von technischen Hilfsmitteln wie Apps, nutzt Smartwatches, um ihre Gesundheit zu optimieren, und trifft sich gerne mit ihren Freunden auf einem Discord-Server. Kürzlich hat sie sich Kryptowährung gekauft und tradet regelmäßig. Die 21-jährige Absolventin der Betriebswissenschaft erledigt am liebsten alles online.

In einer Welt, in der die Kultur der Effizienz und Perfektion hochgehalten wird, scheint es, als sei Selbstoptimierung der Schlüssel zum Erfolg. Eine Person, die diesem Ideal entspricht, ist Nele. Nele ist ein Paradebeispiel für einen modernen Menschen, der in seiner Jagd nach Effizienz und Perfektionismus Apps und Technologien nutzt, um jeden Aspekt des Lebens zu überwachen und zu verbessern. Nele ist eine Self-Trackerin, einer jener Menschen, die glauben, dass die Verfolgung und Messung jeder Aktivität – sowohl Schlaf, Ernährung, Arbeit und Freizeit – zu einem effizienteren und erfolgreicheren Leben führen. Jede auf ihrem Smartphone installierte App dient einem bestimmten Optimierungs-Zweck, sei es zur Selbstvermessung, zur Zeitoptimierung, zur Arbeitsorganisation oder zur Erreichung von persönlichen Zielen. Nele hat sich selbst zu einer lebenden Schnittstelle zwischen Mensch und Technologie gemacht. Diese umfassende Selbstvermessung und Kontrolle über das eigene Leben soll es effizienter und erfolgreicher machen. Jede Minute des Tages wird geplant, die eigene Leistung gemessen und kontinuierlich verbessert.

Das Streben nach Perfektion und Effizienz ist in unserer Gesellschaft zu einem beispiellosen Imperativ geworden. Doch paradoxerweise führt diese Obsession mit Perfektion nicht immer zu den gewünschten Ergebnissen. Mit unzähligen Apps auf dem Smartphone verfolgt Nele jeden Aspekt ihres Lebens und wird damit ein Opfer der Manipulierbarkeit von Kennzahlen, denn sie neigt dazu, die Daten so zu interpretieren, dass sie ihre Vorstellung von Effizienz und Perfektion bestätigen. Sie verfällt leicht der Versuchung, ihre Leistung zu beschönigen und Fehler zu kaschieren, um ihr Selbstbild als effizienter Mensch aufrechtzuerhalten. Self-Tracking-Praktiken können in eine Kultur der Selbsttäuschung und Manipulation führen[117].

In unserer heutigen Leistungsgesellschaft richtet sich alles auf maximale Leistung aus. Die aktuelle Subjektkultur ist stark von der gesellschaftlichen Erwartung geprägt, als »unternehmerisches Selbst«[118] selbstverantwortlich und effizient die Aufgaben und Herausforderungen der heutigen Gesellschaft zu meistern. Das Individuum steht damit unter enormem Druck. Zwar hat es vermeintlich die freie Möglichkeit, Entscheidungen zu treffen, um das eigene Leben selbstbestimmt zu gestalten. Tatsächlich stellt sich diese vermeintliche Freiheit jedoch als Zwang heraus. Denn das Individuum ist in einer immer schnelleren und komplexeren Welt ständig gezwungen, sich innerhalb eines Überangebots an Möglichkeiten zu entscheiden. Und mit jeder Entscheidung geht es das Risiko ein, die falsche Entscheidung getroffen und damit einen Fehler begangen zu haben. In einer Welt, in der Fehler vermieden werden sollen und Perfektionismus als das höchste Ziel betrachtet wird, steht das Subjekt unter einem enormen Leistungsdruck[119]. Diese Überforderung kann zum einen zu Entfremdung und Angst führen. Zum anderen haben die scheinbar erstrebenswerte Perfektion und Effizienz auch ihre Tücken. Denn die Gesellschaft hat verlernt, Fehler zu akzeptieren und aus ihnen zu lernen. Nele und viele andere in ihrem Alter streben danach, das eigene Leben bis ins kleinste Detail zu optimieren, doch dabei verlieren sie den Blick für das Ganze und haben vergessen, dass echte Effizienz und Erfolg oft durch das Zulassen von Fehlern und daraus erfolgten Einsichten entstehen. Die Paradoxie besteht darin, dass Nele und viele ihrer Altersgenossen in ihrem Streben nach Effizienz und Perfektion oft ineffizienter werden. Sie verlieren den Blick für das Wesentliche, weil sie Fehler vermeiden wollen. In gewisser Weise sind sie Gefangene einer »Kontrollgesellschaft«[120], die in der Selbstüberwachung und -disziplinierung zu reinem Selbstzweck geworden sind. Diese Gesellschaft verlangt ständige Anpassung und Konformität, und die individuelle Freiheit wird oft zugunsten von Normen und Kennzahlen geopfert.

Fehler kratzen an unserem Ego und erschüttern unser Selbstbild. Die Aversion gegenüber Fehlern wird in der von uns gelebten »Blame Culture« deutlich.

Es ist längst an der Zeit, aus Maximus ein *Minimus* oder zumindest ein *Medius* zu machen und infolgedessen eine positive Fehlerkultur zu etablieren, die es uns erlaubt, aus Fehlern zu lernen. In einer Welt, die von Individualisierung und Ökonomisierung geprägt ist, müssen wir die Freiheit haben, Entscheidungen zu treffen und dabei auch Fehler zu machen. Es ist wichtig, zu verstehen, dass Entscheidungen, richtig oder falsch, ein wesentlicher

Bestandteil des Lebens sind. In einer Kultur, die von der Idee der Selbstoptimierung geprägt ist, sollten wir uns bewusst sein, dass wahre Effizienz und wahrer Erfolg nicht in der Vermeidung von Fehlern liegen, sondern im Umgang mit ihnen. Die Gesellschaft sollte nicht nur die Perfektion und Effizienz feiern, sondern auch die Fähigkeit, aus Fehlern zu lernen und sich weiterzuentwickeln. Dies erfordert eine Neudefinition von Erfolg und eine Abkehr von der Obsession der Selbstkontrolle und Perfektion.

Nur wenn wir unsere Fehler akzeptieren und aus ihnen lernen, können wir wirklich effizienter und erfolgreicher werden. Eine Kultur der Fehlerakzeptanz und -reflexion ist der Schlüssel zu einer gesunden und nachhaltigen Gesellschaft, die individuelles Wachstum und Innovation fördert. Es ist an der Zeit, den Mythos der perfekten Effizienz zu hinterfragen und eine neue Kultur zu schaffen, die die Werte des Lernens aus Fehlern und des individuellen Wachstums schätzt.

Das war wohl nix!

Menschen stehen in einer Warteschlange für Essen an oder bekommen das Essen in ihre Autos gereicht. Kinder kreischen, toben und tippeln nervös von einem Bein auf das andere. Wenn die Menschen bei der Essensausgabe an der Reihe sind, müssen sie verhältnismäßig viel Geld bezahlen, erhalten dafür genießbares, aber nicht gut schmeckendes Essen. Das Essen ist mit viel Papier umwickelt und mit viel Plastik verpackt. Diejenigen, die das Essen durch geöffnete Autofenster erhalten haben, haben die Verpackungsmaterialien gleich mitgenommen. Die Menschen in der Warteschlange essen an einem Tisch. Da sie alle wenig Zeit haben, schlingen sie ihr Essen herunter. Trotz des Zeitdrucks scheint es für sie selbstverständlich zu sein, ihren entstandenen Verpackungsmüll aufzuräumen. Sie hinterlassen ihren Platz sauber und verschwinden anschließend wieder in alle Himmelsrichtungen. Die Menschen, die das Essen austeilen, arbeiten währenddessen wie im Akkord, um alle Mäuler zu stopfen.[121] Na, Appetit bekommen?

Herzlich willkommen in der größten Fast-Food-Kette der Welt, die Pate für eine kapitalistische Entwicklung der Gesellschaft steht, die der Kultur- und Wirtschaftssoziologe George Ritzer in der Fast-Food-Kette verkörpert sieht – der McDonaldisierung der Gesellschaft.[122] Mit der McDonaldisierungs-These geht der US-amerikanische Professor davon aus, dass das Prinzip und die Werte, nach denen große Fast-Food-Ketten arbeiten, in vielen Bereichen unserer Gesellschaft verwirklicht werden.[123] So lassen sich Zeichen der McDonaldisierung auch in Erziehung, Freizeit, Politik oder der Familie sichtbar machen.[124] Ritzer glaubt, dass Menschen nach Optimallösungen streben, und wenn sie diese gefunden haben, Regeln und Normen festsetzen, mit denen das Optimum immer wieder erreicht werden kann. Die Menschen stellen ihr Denken in den Dienst des Optimums. Die Regeln und Normen sehen dabei nicht vor, dass Menschen nach alternativen Lösungswegen suchen.[125] Was hat also die Fast-Food-Kette mit den Nachwuchskräften der Generation Z zu tun?

Nele, eine neue Kollegin der Wirtschaftswissenschaften bei uns im Institut, hatte sich auf ihrem Standrechner eine Software installiert, die ihr zu einem besser strukturierten Tagesablauf verhelfen soll. Sie teilt den Arbeitstag in »Fokuszeiten« und »Ruhephasen« ein. Mittels Push-up-Nachrichten erinnert sie Nele, dass jetzt eine Fokuszeit, also eine Phase intensiven und möglichst störungsfreien Arbeitens beginnen sollte, und läutet dann wieder eine »Ruhephase« ein, eine kurze Pause, in der sie sich erholen kann. Mal abgesehen davon, dass bei uns am Institut keine Software ohne die Einwilligung des IT-Supports heruntergeladen werden darf – Nele hatte das nach eigenen Angaben »vergessen« –, konnten wir diese Idee nicht richtig zuordnen. Natürlich kann sich kein Mensch acht Stunden am Tag gleich gut konzentrieren. Kurze Ruhephasen erlauben es uns, Energie zu tanken, wodurch wir umso effizienter arbeiten können. Nele könnte eine engagierte Mitarbeiterin sein, die nicht die Prozesse des Teams übernimmt, sondern einen möglicherweise noch effektiveren Prozess vorschlägt. Auch wenn wir es selbst nicht nutzen wollten, ließen wir sie die Software in ihren Arbeitsalltag integrieren. Was sollte dabei schon schiefgehen? Schließlich versuchen uns einige Autos auch vor Unfällen zu bewahren, indem sie uns nach einer bestimmten Fahrzeit daran erinnern, eine Pause einzulegen.

Mit Ritzer können wir davon sprechen, dass eines der vier Prinzipien der McDonaldisierung – Effizienz, Berechenbarkeit, Vorhersehbarkeit und Kontrolle – auch bei uns am Institut sichtbar ist: die Effizienz. So wie es bei Fast-Food-Restaurants darum geht, in möglichst kurzer Zeit und ohne selbst zu kochen ein Hungergefühl zu befriedigen[126], geht es in vielen Organisationen darum, mit dem effizientesten Weg die Optimallösung zu erreichen, ohne dabei viele Ressourcen zu verbrauchen. Nele versuchte hierbei mitzuhelfen. Unsere Begeisterung über ihren Vorschlag wich allerdings, als neben ihrer App für die Tagesstruktur ihr Smartphone etwa alle 20 Minuten ein Geräusch von plätscherndem Wasser machte, um sie an das Trinken zu erinnern, und sie während der Mittagspause noch Identifikationsgespräche mit ihrem Arbeitsrechner bei Banken führte, um Tradingkonten zu eröffnen – Nele erzählte uns, sie kaufe Kryptowährung. Das hieß auch, dass sie zweimal stündlich den Kurs an der Börse mit ihrem Smartphone checkte. Als dann zweimal wöchentlich der Postbote beim Institut klingelte und Kochboxen vorbeibrachte, die sie sich bestellt hatte, um nach der Arbeit nicht noch an eine Paketstation laufen zu müssen, mussten wir die Reißleine ziehen. Aus den turbulenten Erfahrungen mit Simon wussten wir, dass wir zeitnäher Grenzen setzen mussten: Für Nele war ab sofort das Handy am Arbeitsplatz tabu, jegliche Software, die sie installiert hatte, wurde deinstalliert, Pakete sollte sie sich nach Hause liefern lassen.

»Rationale Systeme [bringen] zwangsläufig eine Reihe irrationaler Dinge hervor [...], die dazu beitragen, die Rationalität einzuschränken, und sie letztlich zu gefährden oder sogar zunichtezumachen.«[127] Das, was einem Menschen ursprünglich das Leben erleichtern soll, wird zur Last. So beschreibt Ritzer die Folgen der McDonaldisierung. Wir vermuten, dass Nele überfordert war. Die Software, die ihren Arbeitstag eigentlich strukturieren sollte, hatte keine Chance gegen die Störfeuer, die die anderen Apps, Erinnerungen und technischen Erleichterungen erzeugten. Hannah strebte effizient nach Ineffizienz. Denn leider konnte sie die Deadlines, die ihr ihre Vorgesetzte gesetzt hatte, nicht einhalten.

Gerade weil sich Nele möglichst effizient verhalten wollte, unternahm sie starke Anstrengungen, plante vieles im Vorfeld, um berechnen und letztlich kontrollieren zu können.[128] Durch die Bemühungen verlor sie das Ziel aus den Augen – nämlich die gestellten Aufgaben innerhalb der dazugehörigen Deadlines. Das brachte ihre Vorgesetzte mitunter in richtige Schwierigkeiten, als diese die Aufgabe, mit mehreren Forschungspartnern per Telefon die Termine für den Start eines Forschungsprojekts abzustimmen, an Nele übertrug. Sie googelte vor jedem Anruf die Person auf der Telefonliste. Schließlich sei es »gruselig«, jemanden anzurufen, den man zuvor noch nie gesehen habe, sagte sie ihrer Vorgesetzten im Feedbackgespräch. Was eigentlich als ein Arbeitsauftrag für etwa 30 Minuten eingeplant war, dauerte so mehr als einen Vormittag.

Es ist sicherlich nicht verkehrt, sich im Vorfeld über einen Gesprächspartner zu informieren. Vorbereitet in ein Gespräch zu gehen, kann die Nervosität senken und signalisiert dem Gegenüber, dass es wichtig ist. Mit der McDonaldisierungs-These können wir jedoch davon ausgehen, dass Hannah nicht unbedingt deswegen mit ihrer Recherche loslegt, weil sie ihrem Gesprächspartner zeigen möchte, dass sie sich auf ihn aus Respekt vorbereitet hat, sondern weil sie Schwierigkeiten hat, Unkontrollierbares zuzulassen. So wie jedem Besucher eines Fast-Food-Restaurants im Vorfeld klar ist, wie man dort bestellt, wie der Burger verpackt ist und so weiter, so durchforstet Nele LinkedIn, Xing und Google, um sicher sein zu können, wer und was sie am anderen Ende der Leitung erwartet.[129] Zwar wusste sie vor jedem Telefonanruf, wer abheben wird, doch besser informieren konnte sie ihre Gesprächspartner deswegen nicht.

Nele hatte mehr als das Fünffache der Zeit für die Aufgabe benötigt. Um es mit den Worten eines Besuchers eines Fast-Food-Restaurants zu sagen: Es hat lange gedauert, bis das Essen da war, und dann schmeckte es nur nach wenig. Man könnte auch sagen: Die Qualität der Produkte leidet im McDonaldisierten Arbeiten.[130] Das Schlimmste dabei aber ist, dass die McDonaldisierung den Menschen als vernünftiges Wesen überflüssig macht. Denn sie werden ausschließlich durch die Regeln der Rationalisierung gesteuert: Am besten funktionieren die Menschen, wenn sie dabei ihre eigenen Gedanken und Gefühle ausschalten. Muss Nele unbedingt eine App haben, die ihr sagt, wann sie Pause einlegen sollte, oder könnte sie nicht auch in sich hineinspüren und merken, dass sie unkonzentriert wird? Wäre es nicht einfacher für Nele, sie könnte selbstbewusst auf Gesprächspartner am Ende der Leitung eingehen, statt sich zeitintensiv über sie im Vorfeld zu informieren?

Im Bestreben nach mehr Effizienz hastet Nele von der einen Push-up-Nachricht zur nächsten und übersieht dabei, dass sie gestresst ist und sich durch die vielen Unterbrechungen nicht mehr richtig konzentrieren kann. Als sie sich dann endlich wieder an die Arbeit macht, läutet ihr installierter Tagesplan zur Ruhephase ein.

»Man könnte auch sagen: Rationale Systeme sind entmenschlichende Systeme. In anderem Zusammenhang bedeuten rational oder vernünftig das Gleiche, aber hier bezeichnen sie gegensätzliche Phänomene.«[131]

Billy-Regal, mehr als ein Burger

Die Forscher Michael I. Norton und Dan Ariely von Duke teilten ihre Probanden in zwei Gruppen auf. Die erste Gruppe sollte ein Möbelstück zusammenbauen, während die zweite Gruppe das bereits zusammengebaute Möbelstück betrachten sollte. Anschließend gaben die Teilnehmer an, wie viel sie bereit wären, für das Möbelstück zu zahlen. Obwohl die Teilnehmer der ersten Gruppe das Möbelstück selbst zusammenbauen mussten, lagen ihre Preise durchschnittlich um 63 Prozent höher als die Preise der zweiten Gruppe.

Nicht *obwohl* sie es selbst zusammengebaut haben, sondern gerade *weil* sie es selbst zusammengebaut haben, sind Menschen dazu bereit, mehr dafür auszugeben. Menschen schätzen ein Endergebnis mehr – obwohl die Anleitung aus Wut zerrissen wurde, seltsamerweise ein Brett übrig bleibt und das Regal am Ende schief steht –, wenn sie sich selbst um dessen Herstellung bemühen mussten.[132] Das könnte daran liegen, dass die Erbauer stolz sind, die Aufgabe durch eigene Kraft geschafft zu haben. Auch das Gefühl, man habe durch die Eigenmontage besonders viel Geld gespart, kann dazu führen, dass wir Selbsterbautem höhere Werte zuweisen. Beides spielt sicherlich dem schwedischen Möbelhersteller in die Karten, der Namenspate des IKEA-Effektes wurde, nachdem die Versuchsteilnehmer IKEA-Möbel aufbauen mussten.[133]

In einer McDonaldisierten Gesellschaft, deren Ziel das Streben nach Rationalität ist, sind Tätigkeiten, bei denen selbst etwas geschaffen wird, selten geworden. Um Unkontrollierbares zu vermeiden und letztlich schneller das gewünschte Produkt erzeugen zu können, zerlegen Menschen große Arbeitsaufgaben in kleine wiederholbare, standardisierte Teilschritte[134]. Jeder Teilschritt wird perfektioniert, Fehler ausgemerzt. Für einzelne Teilschritte gibt es Experten.[135] Die wenigsten Menschen haben heutzutage noch Tätigkeiten, bei denen sie das große Ganze im Blick haben. Stattdessen bearbeitet der Sachbearbeiter seine Sache und legt sie ad acta, der Chirurg sieht den verletzten, aber nicht den genesenen Patienten, und Nele bei uns am Institut rief »gruselige« Leute von einer Telefonliste für ein Forschungsprojekt an, bei dem sie nur informiert wurde, aber nicht mitgewirkt hatte. Zwar sind die meisten von uns Teil eines großen Ganzen, eines Endprodukts, doch sehen wir selbst nur selten, wie es Früchte trägt. Die Arbeit kommt uns »fremd« vor, als kleines Rad in einer großen Maschinerie empfinden wir wenig Stolz oder Selbstwirksamkeit. Kleine Räder lassen sich zudem schnell ersetzen. Ohnehin, schreibt George Ritzer, wäre es gegen das Effizienzprinzip der McDonaldisierten Gesellschaft, würde man von den Menschen fordern, »[..]daß [sic!] sie den optimalen Weg zu einem Ziel ständig neu entdecken«.[136] Wohnst du noch, oder baust du schon? – Eine Frage, die in der

McDonaldisierten Arbeitswelt nicht aufkommen kann. Kurzum: Der Mensch bleibt auf der Strecke. Quiet Quitting, die stille Kündigung, hohe Fluktuationsraten und unzufriedene junge Nachwuchskräfte können als Phänomene unserer Arbeitswelt gedeutet werden. Demgegenüber stehen Ausbilder, Personalverantwortliche und Arbeitgeber, denen die Köpfe rauchen. Was können wir tun, um motivierte junge Nachwuchskräfte für uns zu gewinnen?

Die Ideen sind so haarsträubend wie zahlreich und wurden oben bereits genannt: 50 Euro fürs Erscheinen beim Bewerbungsgespräch, firmeninterner Yogakurs am Mittwoch, Zuzahlung fürs Fitnessstudio, Tablet fürs Netflixen bei der Zugfahrt, Family&Friends-Rabattkarte, Mitarbeiterausflüge während der Arbeitszeit, garniert mit dem allseits bekannten täglichen Obstkorb. Das Obst, respektive die Optionen, hängen den Jungen zu den Ohren heraus. Alle Ideen haben dabei eines gemeinsam: Sie haben nichts mit der Arbeitstätigkeit zu tun. Sie sind Peripherie. Peripherie ist schön und gut, aber könnte es sein, dass wir genau deswegen so viel Peripherie haben, weil wir uns von unserer Arbeit entfremdet haben? Weil es gar nicht mehr wichtig ist, »was« wir machen, sondern nur noch »wie«? Wenn ein Mensch für etwas brennt, ist er intrinsisch motiviert und legt sich, trotz Widrigkeiten, mächtig ins Zeug. Dabei muss nicht alles nach seinen Wünschen gestaltet sein, sondern er passt sich mit seinen Wünschen an, da es für ihn wichtiger ist, das Ziel seiner Arbeitstätigkeit zu erreichen.

»Dann allerdings könnte für die ›letzten Menschen‹ dieser Kulturentwicklung das Wort zur Wahrheit werden: ›Fachmenschen ohne Geist, Genußmenschen [sic!] ohne Herz: dies Nichts bildet sich ein, eine nie vorher erreichte Stufe des Menschentums erstiegen zu haben.‹«[137]

Die Entthronung

Hektik weist auf ein krankes Gemüt. Hauptmerkmal eines geordneten Verstandes ist Beharrungsvermögen und die Fähigkeit, mit sich selbst umgehen zu können.

Lucius Annaeus Seneca

Leistung, was soll das?

Sportunterricht. Während Steffi als Teamkapitänin das rote Team zusammenstellt, ist Tom für das blaue Team zuständig. Zwei bleiben übrig: Daniela und Marc. Lars wählt Daniela. Für Marc ist klar, er muss in die Gruppe von Steffi. Beschämt trottet er in Richtung der roten Gruppe. Den Kopf gesenkt, dadurch kann er nicht sehen, wie ihm ein Teammitglied ein rotes Trikot zuwirft. Das landet dann wie ein Hut auf seinem Kopf. Das rote und das blaue Team kringeln sich vor Lachen.

»Sport ohne Leistung ist Kappes«, so beschrieb der ehemalige Präsident des Deutschen Sportbundes von 1974 bis 1986, Willi Weyer, seine Ansicht über die Beziehung zwischen Sport und Leistung.[138] Und ja, Weyer hat recht, wenn man sich beispielsweise die Leistungen der Fußballnationalmannschaft ab Gewinn des Weltmeistertitels 2014 ansieht: Mit Pleiten, Pech und Pannen gewinnt man nicht einmal einen Blumentopf. Doch mal ehrlich: Um was kämpfen das rote und das blaue Team der Klasse 5c? Um Ruhm, Ehre und Respekt? Aber nicht für Daniela und Marc?

Daniela gehört zum blauen Team, Marc zum roten Team. Heute steht Fußball auf dem Lehrplan, es ist für die beiden Unsportlichsten der Klasse eine Schmach. Die aufmunternd gemeinte Anfeuerung des Sportlehrers, »Auf geht's!« läuft ihnen wie ein kalter Schauer über den Rücken, denn beide wissen: Sie bekommen den Ball nur im äußersten Notfall zugespielt, und meist vertändeln sie ihn dann. Die schlechtesten 30 Prozent der Schüler erhalten bei den Bundesjugendspielen per definitionem eine Teilnehmerurkunde, mehr aber auch nicht. Marc und Daniela haben sich ihre Teilnehmerurkunde übrigens nicht im Kinderzimmer aufgehängt, während bei Steffi und Lars zwei Ehrenurkunden die Wände des Kinderzimmers schmücken. Mit Leistungsdruck im Schulsport soll nun Schluss sein, das beschlossen der Ausschuss für die Bundesjugendspiele und die Kommission Sport im Jahr 2021. Ab dem Schuljahr 2023/2024 soll Sport »kindgerechter« sein. Weniger Wettkampf, mehr Spaß. Ziel: Sport soll als gemeinsames Event betrachtet werden und weniger als Leistungsvergleich.[139]

Doch Sport ohne Leistung ist Kappes, vor allem für Daniela und Marc! So banal es klingen mag, doch Mannschaftssport braucht eine Mannschaft, um ein Ziel zu erreichen. Sicherlich ist das Ziel bei den meisten Sportarten ein Sieg. Möge der Beste gewinnen. Und das motiviert die Kinder auch, die auf dem Platz rennen, bis die Köpfe glühen. Nur leider motiviert das auch einige Eltern oder Sportlehrer, die die Jüngsten frenetisch zu Höchstleistungen antreiben möchten. Dabei übersehen sie das eigentliche Ziel, dem der Mannschaftssport der Kinder dient: ein körperlicher Ausgleich zum anstrengenden Alltag zu sein, die eigenen körperlichen Fähigkeiten kennenzulernen, füreinander einzustehen und Frust gemeinsam aushalten zu können, wenn es einmal nicht nach Plan läuft. Die Kinder der roten und blauen Gruppe lernen dies in unterschiedlichem Maße kennen, Marc und Daniela aber fürchten sich geradezu, wenn sie mitmachen müssen.

Soll dieser Leistungsbegriff in unserer Gesellschaft gelten?

Wissenschaftlich betrachtet, kann nicht genau definiert werden, was Leistung eigentlich ist.[140] Je nach Zeit und Kultur verknüpfen die Menschen einer Gesellschaft andere Bedeutungen mit dem Begriff. Einig sind sich Wissenschaftler lediglich darin, dass Leistung bedeutet, eine schwierige Aufgabe zu meistern, etwas besser und schneller zu erledigen, Probleme und Herausforderungen zu überwinden, einen Standard zu erreichen oder andere im Wettbewerb zu überbieten.[141]

Während sich die Teammitglieder des roten und blauen Teams ganz auf das Spiel konzentrieren, alles auf das nächste Tor setzen, einen neuen Trick versuchen oder mit einem Doppelpass die Gegner schwindelig spielen, sind Daniela und Marc darum bemüht, möglichst nichts zu machen, was ihren Mitspielern aufstoßen könnte. Marc klopft Daniela aufmunternd auf die Schulter, wenn ihr mal etwas misslingt – obwohl sie im jeweils gegnerischen Team spielen. Wer zeigt nun mehr Leistung? Daniela und Marc oder ihre Teammitglieder?

Je nachdem, von welcher Perspektive man auf die Sportstunde der Klasse 5c blickt, findet man unterschiedliche Formen von Leistung. Daniela und Marc erreichen wahrscheinlich keine sportlichen Höchstleistungen, sind aber in Sachen Sportsgeist, Durchhaltevermögen und Teamzusammenhalt echte Vorbilder. Leider sind sie Ausnahmen, denn für die anderen stehen die sportlichen

Leistungen im Vordergrund. Vermutlich werden Daniela und Marc nicht gerne in den Sportunterricht gehen.

In unserer Gesellschaft dominiert die Vorstellung von Leistung als Wachstumsprinzip. Mehr Leistung bringt dir mehr Erfolg. Wie bei einem Fußballspiel sollen wir uns von Spiel zu Spiel steigern, möglichst viele Tore machen, möglichst viele Pässe spielen und Zweikämpfe gewinnen und ja nicht ausgewechselt werden. Der Soziologe Ulrich Bröckling beschreibt die gesellschaftlichen Anforderungen an uns als »unternehmerisches Selbst«. Wir sollen eine optimierte Version von uns selbst werden, die sich kreativ, flexibel, eigenverantwortlich und risikobewusst auf dem Markt durchsetzt, dabei bilden wir uns permanent fort, werden von Tag zu Tag besser und überbieten die anderen im Wettkampf um Qualifizierungen. Wir sollen Herausforderungen lieben, uns permanent beweisen und so Trophäen einfahren. Wir alle sind Unternehmer unserer Selbst, die immer das Beste aus sich herausholen wollen.[142]

Die Generation Z scheint hier einen anderen Kurs einzuschlagen. Zum Entsetzen der älteren Generationen fordert sie Teilzeitarbeit, hat keine Lust drauf, wenn nach 17 Uhr noch der Arbeitgeber durchklingelt, und versucht tunlichst, Überstunden zu verhindern. Geht es danach, was den Gen Z'lern zugeschrieben wird, so ist Leistung die Summe der zur Verfügung stehenden Freizeit. Möglichst viel durch möglichst wenig, lautet die Devise. Geht es danach, was den Babyboomern zugeschrieben wird, so ist Leistung die Summe der individuell erreichten Ziele. Sich möglichst gegen die Gegenspieler mit Ellenbogenmentalität durchsetzen, den Kontrahenten, wenn nötig, zu Boden ringen, ja keine Schwäche zeigen, um vor zahlreichen Trophäen im heimischen Wohnzimmer die Beförderung mit Champagner zu feiern.

Brechen die Jungen etwa mit dem unternehmerischen Selbst und ziehen ihr eigenes Ding durch?

Denken wir an Hannah und Simon zurück, können wir den Babyboomern das Entsetzen nehmen? Keine Sorge, es bleibt alles so schlecht wie bisher! Die Wachstumsdoktrin ist die Essenz unserer Gesellschaft. Die älteren Generationen haben einen unvergleichlichen Wohlstand angehäuft, von dem einige der jüngeren Generationen durch Optionsvielfalt oder einen großen Geldbeutel profitieren. Sie streben dann auch nach »Mehr« – allerdings nur im Privaten. Das Maximale an Hedonismus, Freizeit, Erholung und Spaß muss her. Das alles geht nur, wenn es in der Peripherie – gemeint ist das Geld – stimmt. Das sind eigentlich die Boomer 2.0. Diejenigen, die nicht profitieren, streichen die Segel, so wie die, die ewig dazu verdammt sind, als Letzte gewählt zu werden: Wieso sollte ich mich anstrengen, wenn nichts für mich rausspringt? Ich bin schließlich keine Kuh, die man melken kann!

Egal, wie man es gestern, heute oder morgen dreht und wendet, die meisten Menschen streben nach dem Maximum. Hoffen wir, dass nicht so Sportaffine wie Daniela und Marc nicht immer benachteiligt werden, sondern ihr eigenes Potenzial entfalten können. Zur Leistung motiviert nicht am besten Druck von außen – brüllende Fußballeltern, Sportlehrer oder der wütende Vorgesetzte –, sondern die Aussicht darauf, dass man sich selbst mit seinen eigenen Kompetenzen einbringen kann. Das nennt sich intrinsische Motivation.[143] Diese bringen Marc und Daniela auch mit, nur nicht beim Sport und vielleicht in einer Fähigkeit, in der es nicht darum geht, die anderen zu übertrumpfen. Hoffen wir, dass die Haie die beiden nicht irgendwann schlucken, denn gegen den Strom zu schwimmen ist auf Dauer sehr anstrengend.

Aber auch den größeren Fischen geht es dabei nicht gut, denn sie plagt das permanente Gefühl, nicht gut genug zu sein, nicht genug Ressourcen investiert oder auf das falsche Pferd gesetzt zu haben. Man muss sich ranhalten, um mitschwimmen zu können.[144] Alle kleinen Ich-Unternehmer haben die Rechnung aber ohne den Wirt gemacht! Nicht alles an uns lässt sich optimieren.[145] Irgendwann wird die See so rau, dass die Schwimmfähigkeiten nicht mehr ausreichen. Dann sinken alle auf den Boden der Tatsachen zurück. Und lassen, gescheitert an den Erwartungen, enttäuscht die Flossen hängen.

Was spricht also dagegen, ein bisschen Geschwindigkeit aus dem Spiel zu nehmen?

Die Entmachtung des alten weißen Mannes

Kein Besitz macht Freude, wenn der Freund fehlt.

Lucius Annaeus Seneca

Philipp, der Soziologe

Philipp ist 29 Jahre alt und bezeichnet sich selbst als woke. *Nach seinem Soziologiestudium arbeitete er zwei Jahre für eine NGO in Schweden, ehe er seine Arbeit für die die LGBTIQ+-Community in Brennpunktbezirken in Deutschland fortsetzte. Philipp liebt es, mit anderen Menschen ins Gespräch zu kommen und deren Perspektive nachzuvollziehen. Ein Problem hat Philipp mit toxischer Männlichkeit und Computern. Sein Markenzeichen ist sein graues Klemmbrett, das er auch im Urlaub mit im Rucksack hat.*

Der Begriff »Status« ist die relative Stellung einer Person zu den Wertvorstellungen einer Gesellschaft, kritzelt der Soziologe Philipp auf sein Klemmbrett. Je nach Status erfährt eine Person ein unterschiedliches Maß an Wertschätzung von anderen Personen. Die gemeinsam geteilten Wertvorstellungen sind damit die Referenz, an der sich die Menschen orientieren. Jeder möchte so weit wie möglich die gesellschaftliche Rangfolge nach oben klettern, um einen möglichst angesehenen Status zu ergattern.

Das Konstrukt »Status« funktioniert aber nur so lange, wie es Mitspieler gibt. Sich in einer Fantasiewelt zum Status des Königs zu erheben, ist in der Realität zum Scheitern verurteilt, weil für die Menschen dort eine andere Vorstellung des Status König vorherrscht. Um König in der Realität zu werden, muss der Tagträumer die Wertvorstellungen der realen Menschen erfüllen. Das kann er durch emsiges Arbeiten tun, wenn zum Beispiel Fleiß die Doktrin ist, auf deren Grundlage Status in der Gesellschaft verliehen wird. Kurt macht daher weitaus mehr als »Dienst nach Vorschrift«, hängt sich kräftig in seine Aufgaben rein, stößt Mitbewerber listig zur Seite und avanciert zur knallharten, aber wohlverdienten Führungskraft, die ihre Gefolgschaft im Unternehmen durch charmantes Augenzwinkern, großzügige Spendierhosen am »social-day« und die freitägliche Mitfahrgelegenheit im roten Porsche am Thron schnuppern lässt. Kurt kann sich zurücklehnen, weil er die Wertvorstellungen der Gesellschaft qua Geburt bereits erfüllt. Als weißer Mann mit dickem Geldbeutel tut er einfach das, was »Mann« kann. Honoriert wird Kurt für seine mittelmäßigen Leistungen über seinen überdurchschnittlichen Status. Unser Träumer hat sich zum realen König gemausert.

Je nachdem, ob sich Kurt den Status erarbeitet (Philipp notiert das als »erworbener Status« auf sein Klemmbrett) oder den

Status in die Wiege gelegt bekommen hat, was der Soziologe als »zugeschriebenen Status« protokolliert –[146] Kurt braucht eine Gesellschaft, die ihm den Status zugesteht. Eine Gesellschaft, die Wertvorstellungen definiert hat, die der Träumer erfüllt. Die Gesellschaft honoriert alles, was unser Kurt hat: Macht, Geld und Einfluss sowie Männlichkeit, Alter und Dominanz sowie immer noch Haare auf dem Kopf. Philipp, der an der Ecke eines Berliner Hotels am Kanzleramt neben dem Taxistand steht, sich dort mit seinem Klemmbrett positioniert hat und spaßeshalber die Zahl der Glatzköpfe notiert, also Kollegen von Kurt ohne Kopfbehaarung, die mit den Limousinen an einem Nachmittag angeliefert werden, um sie der Zahl der Frauen gegenüberzustellen, die am Hotel ankommen, wird von Kurt aufgefordert: »Fahr mich zu Unter den Linden.« Da unser Soziologe aber nicht weiß, wie man vom Kanzleramt auf schnellstem Wege zu Unter den Linden kommt und er zudem kein Taxifahrer ist, geschweige denn einen Führerschein oder ein Auto hat, hält Philipp die Aufforderung für ein Missverständnis und sagt: »Ich bin kein Taxifahrer, sondern Soziologe. Ich mache hier Feldforschung zur Genderthematik.« Kurt schüttelt verständnislos den Kopf und steigt in das nächste Taxi. »Wärste lieber Taxifahrer geworden, du Lauch!«, ruft er süffisant grinsend dem Soziologen aus dem Taxi zu, ehe sich die verdunkelte Fensterscheibe zwischen Philipp und Kurt schiebt.

Kurt lacht im Taxi über den Taugenichts. Während er in den nächsten vier Stunden einen millionenschweren Deal über die Bühne bringen wird, wird Philipp Leute zählen. Für Kurt ist die Nachmittagsbeschäftigung des Soziologen so relevant, wie beim Einschlafen Schafe zu zählen. Dann muss er aber an das Lachen denken, das ihm der Klemmbrett-Typ zuwarf, kurz bevor sich die Fensterscheibe schloss. War er etwa zum Forschungsobjekt geworden? Wie konnte es der Soziologen-Lauch wagen, über ihn zu lachen? Ja, hatte dieser Niemand denn nicht gesehen, wer da vor ihm stand, ein Mann von Status und Verstand?

Kurt wird es nicht besser gehen, würde er erfahren, dass ihn der Soziologe nicht bewundert hat. Für ihn ist Kurt ein ganz besonderes Exemplar, ein vom Aussterben bedrohter Alphamann. Kurts Schloss fängt langsam an zu bröckeln, es steht auf sandigem Grund, denn der Soziologe Philipp teilt die Wertvorstellungen nicht, die die Gesellschaft an Kurts Status bisher immer gehabt hat. Für ihn hat der Geschäftsmann keinen höheren Status als andere Menschen. Der Status des Geschäftsmannes wird zum Luftschloss.

Der Status gibt Auskunft über die tatsächliche oder wünschenswerte Persönlichkeit eines Menschen, schreibt der Soziologe Philipp weiter, sodass ein Verlust des Status zu einer Reduzierung oder gar dem Verlust des Selbstwertgefühls führen kann. Ja, was ist denn ein König ohne Schloss und Hofstaat? Ein Träumer ohne Traum oder ein Geschäftsmann ohne Geschäft? Ein Alphamann ohne Vorrangstellung? Und so erwacht auch unser Träumer Kurt als das, was er eigentlich sein sollte, als ein Mensch mit gleichem Rang, so wie alle anderen auch.

In einer Arbeitswelt, in der ein dickes Auto, viele Überstunden auf der Uhr, die goldene Senator oder gar die HON Circle Statuskarte, der Montblanc-Kuli oder der Porsche keinen Wert mehr haben, entfällt auch die gewöhnliche Wertschätzung für diejenigen, die bisher ihr Selbst hierauf fundierten. So geht es heute nun häufig älteren Vorgesetzten und Arbeitgebern, wenn sie mit Neuankömmlingen aus der Generation Z konfrontiert werden. Rotzfrech geigen ihnen die Berufseinsteiger, unabhängig ihres Status, die Meinung. Die Beobachter, die die vergangenen Jahrzehnte konziliant zu Kreuze krochen und brav Beifall spendeten, haben Besseres zu tun.

Guten Tag, neue Götter! Wer denkt, mit der jungen Generation hätte sich ein Kollektivbewusstsein für Ungleichbehandlung entwickelt, der hat sich geschnitten. Nun dient die Gefolgschaft den digitalen Göttern. Gefüttert vom Algorithmus jagen die digitalaffinen Lemminge Hochglanzbilder auf Plattformen hoch, besuchen die Orte und Veranstaltungen mit der meisten Instagramability, lassen sich ihre Tagesstruktur durch ihre Apps diktieren und durch regelmäßige Push-up-Nachrichten vom Leben ablenken. Dabei ist die Beute stets im Blick: Likes, positive Kommentare und Klicks heißen die neuen Statussymbole. Diejenigen, die gut sind, bekommen die Wertschätzung der User, diejenigen, die schlecht sind, gehen schlimmstenfalls im Shitstorm unter, werden entfolgt und entthront. Und die statuslosen digitalen Eremiten werden zu Trollen oder wettern über ihr Dasein in digital unbedeutenden Nischen und Foren.

Das Selbstwertgefühl aus sich heraus und unabhängig gesellschaftlicher Wertvorstellungen zu definieren, gelingt auch den meisten jungen Menschen nicht.

Der glückliche Sisyphos-Boomer

Die Vorstellungen von Arbeit könnten heute nicht unterschiedlicher sein. Nichts ist in Stein gemeißelt oder für immer, *panta rhei* kann eben auch für die eigene Person gelten. Man definiert sich nicht mehr (nur) über die Arbeit, den Arbeitsplatz oder den Job. Dadurch herrscht auch ein völlig anderer Blick auf die Arbeit, auf jene, die sich den Beruf mühsam erarbeitet haben und stolz sind auf ihre Spezialisierung, und jene, die es als andere Art von Freizeit sehen, also mehr wie Camus' Sisyphos und seine scheinbare Strafe: eine Erfahrung, von der man selbst profitieren kann.

Sisyphos, eine Figur der griechischen Mythologie, die in der Antike bei Homer behandelt wurde, erlangte erneut Bekanntheit Mitte des 20. Jahrhunderts durch Albert Camus' Auslegung im Buch *Der Mythos von Sisyphos.* Sisyphos war Sohn des Aiolos und König von Korinth. Er war bekannt für seine Weisheit und seine List, mit der er gleich mehrere Götter hinters Licht führte. Mehrmals gelang es ihm, dem Tod zu entrinnen und aus Hades' Reich zu entfliehen. Eines Tages wurde er dennoch von den Göttern bestraft, und Sisyphos musste in der Unterwelt auf ewig einen schweren Felsblock einen steilen Hang hinaufrollen. Denn kurz vor dem Gipfel entglitt ihm der Stein immer wieder, und er musste erneut von vorne anfangen. Klingt nach Fließbandarbeit ohne Feierabend.

Philosophisch interpretiert Albert Camus diese Situation mit dem Absurden, die sich im Spannungsverhältnis zwischen der Sinnwidrigkeit der Welt auf der einen Seite und der Sehnsucht des Menschen nach Sinn auf der anderen Seite zeigt. Wer kennt das nicht? Der Lebensalltag ist voll von Momenten des Sisyphos, die einem mühsam, ja geradezu sinnlos erscheinen und Kräfte rauben. Und doch, so absurd es klingt, können diese Momente zufrieden machen.

Am Ende des Werkes von Albert Camus folgt die Pointe, die so nicht zu erwarten ist: »Der Kampf gegen Gipfel vermag ein Menschenherz auszufüllen. Wir müssen uns Sisyphos als einen glücklichen Menschen vorstellen.«[147] Warum aber soll ausgerechnet Sisyphos glücklich sein? Die Antwort von Albert Camus zeigt bereits auf, worin der Mehrwert im Mythos des Sisyphos zu sehen ist. »Sein Schicksal gehört scheinbar ihm. Sein Fels ist seine Sache, auch wenn er dazu gezwungen wurde.«[148]

Nun schauen die heutigen Nachwuchskräfte auf die Menschen, die jeden Tag ihren Felsen nach oben rollen, und denken sich, nein, das ist nicht mein Konzept vom Leben, so möchte ich nicht enden. Nur: Wenn ich den ganzen Tag zuschaue, wie andere Steine einen Berg hochwuchten, habe ich am Ende auch keine Berufung. Denn viel Sinnstiftendes rührt in der Regel nicht vom Zuschauen und Chillen her; aber vom Steinrollen am Ende wohl auch nicht. Dennoch, und hier müssen wir Camus komplett recht geben, wird der Steineroller am Ende glücklicher sein als die Basis der Chill-Meister und Chill-Meisterinnen.

Kurt wäre also infolgedessen glücklicher als Philipp, doch um das nochmals genauer zu analysieren, schauen wir uns mal an, warum Kurt Piña Coladas so gut schmecken.

Piña Coladas

Von den Nachwuchskräften wird keine Revolution der Arbeitswelt ausgehen …

Kurt bekommt das beste Frühstück an den Tisch, von dem er nur träumen kann. Gemeinsam mit seiner Partnerin macht er sich anschließend auf zum Strand. Er trägt luftige Sommerkleidung, die seinem Körper schmeichelt, und auch seine Partnerin sieht heute bestechend aus. Die Haut gebräunt und glatt, durchtrainiert und mit einem verführerischen Lächeln auf den Lippen. Die neidischen Blicke der Passanten geben seiner Vermutung recht, dass beide heute verboten gut aussehen. Die beiden entdecken einen Strandabschnitt, der vollkommen verlassen und von Palmen gesäumt ist. Vögel trällern eine Melodie, die sich so ganz nach ihrem Lieblingslied *Escape (The Piña Colada Song)* von Rupert Holmes anhört. Sie legen sich in die Hängematten, die zwischen den Palmen gespannt sind. Es raschelt im Gebüsch. Eine Person, die fast genauso gut wie seine Partnerin und er aussieht, bietet den beiden an, ihren Lieblingscocktail zu mixen. Und zwar umsonst. Er bestellt zwei Piña Coladas. Nachdem er einige Zeilen des Lieblingslieds gesummt hat, hört er aus der Ferne ein leises Klingeln. Dann Schritte der Bedienung, die sich mit den Cocktails auf dem Tablett nähert. Das Klingeln wird lauter, ja, ohrenbetäubend laut! Die Bedienung präsentiert den beiden das Tablett, auf dem zu ihrem Entsetzen aber ein Wecker steht. Voller Schreck purzelt Kurt aus der Hängematte und wacht auf. Aus der Traum, rein in die Realität. Oder wie Rupert Holmes trällern würde:

»I didn't think about my lady,
I know that sounds kinda mean,
But me and my old lady,
Had fallen into the same old dull routine.«

In einer Welt der unbegrenzten Möglichkeiten ist es auch möglich, ins Paradies zu fliehen. Du brauchst nicht zu träumen, mach es einfach! So zumindest das Heilsversprechen, das der Kapitalismus propagiert. Mehr schafft mehr. Gibst du mehr, kriegst du mehr. Und hast du nicht genug bekommen, hast du auch nicht genug gearbeitet. Die jungen Nachwuchskräfte, die weniger arbeiten möchten, ganz auf die Vier-Tage-Woche setzen, bei ihren Vorgesetzten Dienst nach Vorschrift abliefern, scheinen das durchschaut zu haben. In einer Welt begrenzter Ressourcen schafft mehr nicht ein Mehr, sondern ein Weniger – und zwar für alle, die sich qua Geburt nicht auf der Sonnenseite des Lebens befinden. Die jungen Nachwuchskräfte könnten es doch geschafft haben, den Traum vom »Escape«, wie ihn Rupert Holmes nennen würde, zu leben, und zwar ohne danach in der unbequemen, kapitalistisch diktierten Realität aufzuwachen? Indem sie sich für eine Welt einsetzen, in der es nicht wichtig ist, mehr Geld zu bekommen, sondern mehr zu geben.

Dazu lohnt sich ein Blick auf die Umfrageergebnisse des Instituts für Generationenforschung aus dem Jahr 2023. Wir fragten die Angehörigen der Generation Z in Deutschland, wie viele Stunden sie gerne arbeiten würden, wenn sie es sich aussuchen könnten. Mehr als 8 von 10 jungen Menschen würden am liebsten weniger als 40 Stunden wöchentlich arbeiten. Anschließend fragten wir diese Gruppe, was sie in der frei gewordenen Zeit machen würden: Etwa 30 Prozent wollen mehr Sport machen und weitere 30 Prozent sich mehr um die Familie kümmern. 14 Prozent möchten sich mehr ausruhen. Circa sieben Prozent freuen sich auf mehr Zeit für sich selbst. Nur sieben Prozent möchten sich stärker sozial engagieren. Die Ergebnisse decken sich mit einer Befragung des Statista Research Department, wonach sich ein Großteil der Menschen in Deutschland eine 4-Tage-Woche wünscht und die freie Zeit hauptsächlich für sich selbst haben möchte.[149] Eine Absage an den kapitalistischen Wachstumsgedanken sieht vermutlich anders aus.

Doch auch die Älteren brauchen sich nicht in Lobeshymnen zu suhlen. Ein Altersvergleich unserer Befragung aus dem Jahr 2023 zeigt: Auch die Angehörigen der noch arbeitenden Generationen möchten sich nicht mehr sozial oder für andere Menschen engagieren. Die Vermutung, die Älteren könnten die Revolutionäre der Arbeitswelt sein, diejenigen, die sich für andere engagieren, verbietet sich schon im Hinblick auf die Vergangenheit. Nicht umsonst gibt es seit Jahrhunderten unterdrückende Strukturen in der Arbeitswelt, die die älteren Generationen niemals komplett abschütteln konnten.

Von den älteren Arbeitskräften wird auch keine Revolution der Arbeitswelt ausgehen …

Unser Soziologe Philipp ist ein großer Bewunderer der beiden französischen Soziologen Luc Boltanski und Ève Chiapello, die davon überzeugt sind, dass der Kapitalismus so gut funktioniert, weil wir alle an ihn glauben. Zwar sorgt er dafür, dass wir uns systematisch unserer eigenen Lebensgrundlagen berauben, präsentiert uns aber im Gegenzug seine Annehmlichkeiten wie Produkte, sodass uns die Ausbeutung von uns und unserer Umwelt nicht auffällt. Damit Menschen nicht aus der Kapitalismuslogik ausbrechen können, liefert uns der Kapitalismus »attraktive Lebensperspektiven«, »Sicherheitsgarantien« und »sittliche Gründe für das eigene Handeln«.[150] Haben wir mehr von etwas, können wir ein gutes und sicheres Leben führen und bekommen en passant eine Rechtfertigung, warum wir das »Mehr« besitzen.

Die meisten, die scheinbar aus dem Diktat der 40-Stunden-Woche ausbrechen, füttern den Kapitalismus dennoch weiter, indem sie für einiges an »Mehr« etwas tun, nicht aber, um dem System einen anderen Stempel aufzudrücken. Und wer möchte schon auf ein attraktives, sicheres Leben verzichten, das sich so schön rechtfertigen lässt?

Auszubrechen aus der kapitalistischen Logik würde bedeuten, dort hinzugehen, wo es kurzfristig einmal nur das »Weniger« gibt. Eine Abkehr vom Mehr bedeutet damit, dorthin zu gehen, wo es unbequem ist, um vielleicht langfristig etwas Besseres zu erreichen – etwas, was vielen Menschen mehr wert ist als eine Piña Colada.

Manchmal ist die Lösung nicht so weit entfernt, gar näher, als man glaubt.

Die Neukalibrierung

»Hierin ahmte ich die Reisenden nach, die, wenn sie sich im Walde verirrt finden, nicht umherlaufen und sich bald in diese, bald in jene Richtung wenden, noch weniger an einer Stelle stehen bleiben, sondern so geradewegs wie möglich immer in derselben Richtung marschieren und davon nicht aus unbedeutenden Gründen abweichen sollten, obschon es vielleicht im Anfang bloß der Zufall gewesen ist, der ihre Wahl bestimmt hat; denn so werden sie, wenn sie nicht genau dahin kommen, wohin sie wollten, wenigstens am Ende irgendeine Gegend erreichen, wo sie sich wahrscheinlich besser befinden als mitten im Wald.«

René Descartes

Wahrscheinlich kam der Philosoph Descartes in den Wäldern in Ulm und um Ulm und um Ulm herum auf dieses Zitat, denn dort war er als 23-jähriger Soldat in den Zwanzigerjahren des 16. Jahrhunderts stationiert. Descartes beschreibt eine Welt, die durch die Geschwindigkeit technischer Entwicklungen immer undurchsichtiger wird. Wir sehen den Wald vor lauter Bäumen nicht. Ähnlich ist das in der Arbeitswelt: Die Pluralisierung von Arbeitsrealitäten sorgt dafür, dass wir Mühe haben, uns in der Arbeitswelt zurechtzufinden. Gut, dass uns all die VUCA-, BANI-

und New-Work-Berater durch das Dickicht zu geleiten vermögen, uns mit ihren logikgepressten Akronymen die Funktionsweise der Arbeitswelt erläutern können.

Nehmen wir nun die Idee von Descartes auf und verfolgen den Waldweg immer in die gleiche Richtung. Oder anders gesprochen: Wir bleiben uns selbst treu und lassen uns nicht so sehr von den Pfaden ablenken, in denen sich unser Waldweg gabelt. Mit Descartes gesprochen, könnten wir sagen, dass wir neue Modelle und Systeme im Unternehmen nicht von heute auf morgen umsetzen, also einen völlig anderen Weg einschlagen sollten. Denn dann besteht die Gefahr, falsch abzubiegen und uns im Wald zu verlaufen. Das Alte raus, das Neue rein ist nur selten der richtige Weg, aber das Neue hat – wie auch das Alte – durchaus seine Daseinsberechtigung. Das Neue ist die frische Brise, die uns um die Nase weht, das Alte der Kompass, der uns auf vergangenen Waldspaziergängen zuverlässig navigiert hat.

Idealerweise greift ein Unternehmen auf Altbewährtes zurück und passt es der neuen Umgebung an. Ja, wenn rechts oder links vom Waldweg der Wald lichter wird, kann es sich lohnen, vom Weg abzugehen und abseits nach einem neuen Pfad zu suchen. Man kalibriert sein System neu, um es besser zu machen. Man verhindert, auf dem Holzweg zu sein. An einigen Stellen muss man hierzu lediglich etwas entstauben, an anderen Stellen braucht es eine Revision, eine Neuentdeckung oder eine Rehabilitation. Mit einem guten Kompass in der Tasche bedeutet das eine Veränderung, aber nie ein Zusammenbruch des Systems.

Was müssen wir für unsere heutigen Nachwuchskräfte überdenken?

Die Revision der Vorbilder

Die menschliche Gesellschaft gleicht einem Gewölbe, das zusammenstürzen müsste, wenn sich nicht die einzelnen Steine gegenseitig stützen würden.

Lucius Annaeus Seneca

Stellen wir uns vor, wir leben zur Zeit unseres Zitate-leitenden Philosophen Seneca, also weit vor Descartes. Wir leben auf dem Land und versuchen, uns dort durchzuschlagen. Wir teilen uns mit unserer Familie einen Hof und bewirtschaften die Felder. Alles, was wir zum Leben brauchen, ernten wir selbst, zudem besitzen wir ein paar Hühner, Ziegen und ein Pferd. Es leben drei Generationen auf dem Hof.

Das Leben der Ältesten zu dieser Zeit entspricht in etwa dem, welches die Enkel vorfinden. Als Oma und Opa im Alter der Enkel waren, hatten sie eine ähnliche Umgebung. Im fernen Rom regiert gerade Nero, davor hieß der für unseren Hof so ferne Kaiser Caligula, und nach Nero wird er Vespasian heißen. Einen Einfluss auf unser Leben hat das nicht. Wir sind heute dran mit Ziegenmelken. Unsere Großmutter sieht uns die Ziege melken und fragt, ob wir diese auch linksherum gestreichelt haben. Denn dann würde sie mehr Milch geben. Unser Vater bekommt das mit und interveniert: »So ein Unsinn, das ist Aberglaube!«

Wem hätten wir geglaubt?

Die Wahrscheinlichkeit ist sehr hoch, dass es die Großmutter ist, denn schließlich hat sie sich viel länger als der Vater in unserer Welt bewegt. Ihr Erfahrungsschatz ist um 30 Jahre größer als der des Vaters. Ihr Erfahrungswissen bootet das aller anderen auf unserem Hof aus. Sie gibt aufgrund ihres Alters die Richtung vor.

Wie unterschiedlich ist das Leben heute von dem unserer Großeltern, als sie in unserem Alter waren?

So enorm, dass wir mit dem Erfahrungswissen nichts mehr anfangen können. Es ist nicht mehr umgebungsrelevant. Gut fürs Museum, aber keine Hilfe im Hier und Jetzt. Jahrtausende war vieles für die nachfolgende Generation gleich, aber heute ist es anders. Der technische Einfluss erlaubt es schlicht nicht mehr, dass eine Generation der nächsten einen Erfahrungsschatz vermitteln kann. Vielmehr sind nun alle angehalten, täglich zu wissen, was gerade angesagt ist. Nur so können wir mit der Geschwindigkeit standhalten. Ob wir Menschen für exponentielle Veränderungsgeschwindigkeit gemacht sind, ist eine ganz andere Frage. Aber wir wissen alle, dass wir den Arbeitsalltag ohne technische Devices längst nicht mehr meistern können. Und ja, unseren privaten Alltag auch nicht mehr.

Von Natur aus sind wir aber anders ausgestattet. Etwa 100.000 Jahre vor Seneca entwickelten unsere Vorfahren der »Generation Steinzeitmensch« eine Art komplexe Sprache mit all ihren grammatikalischen und konnotativen Besonderheiten. Die Sprache des Urzeitmenschen veränderte sich im Laufe der Jahre. Etwa 50.000 Jahre später kann der Mensch bereits komplex sprechen. Grammatik und alles, was dazugehört, sind größtenteils vorhanden. Die Entwicklungsgeschwindigkeit: ein halbes Jahrhunderttausend. Heute ist bereits nach einem Tag vieles veraltet, out oder nicht mehr nennenswert. Es dauerte also sehr lange, um aus grimmig Dreinschauen und Grunzen eine komplexe Sprache, wie wir sie heute kennen, zu entwickeln. Klar, wenn wir Sätze wie »Hey Alter, wie gehts Dir Bro? Digga, alles safe bei dir, du Opfer?« hören, können wir kaum glauben, dass wir mal Steinzeitmenschen *waren*. Auch nicht, wenn wir auf das Smartphone gebeugt durch die Straßen laufen.

Mittlerweile hat uns die Technik überholt, sie rast dahin, und diese Geschwindigkeit lässt uns zunehmend straucheln. Bald ist eine KI nötig, um die KI zu verstehen, und bald brauchen wir Apps, um unsere eigenen Kinder oder Nachwuchskräfte im Unternehmen zu verstehen. Gott sei Dank gibt es eben auch für alles eine App oder eine digitale Lösung. Und wenn der Gen Z'ler den Boomer nicht versteht, antwortet er ihm:

Schon sus Diggi aber Ok Boomer das ist Dein goofy Film Alter also wallah alles auf deinen Nacken!

Soll heißen, lieber älterer Herr, du wolltest genau diesen Fortschritt, also wirf mir doch das nicht vor, ich kenn ja gar keine andere Welt, die Schuld liegt doch im Endeffekt bei dir.

Vielleicht sollte man hierbei noch erwähnen, dass »Digga« beziehungsweise Diggi für das Satzzeichen *Komma* und »Alter« in diesem Fall für das Satzzeichen *Punkt* in der Jugendsprache stehen kann. Je nach Betonung aus Ausrufe- oder Fragezeichen. Nicht nur die Sprache ändert sich, denn nun endlich wird unsere Sprache durch Satzzeichen phonetisch begleitet. Doppelpunkt und Semikolon gibt es in diesem Fall nicht, oder haben Sie schon mal »Alter-Alter« oder »Alter-Digga« gehört?

Wenn die Älteren anfangen, von ihrer Vita oder wie es früher war zu erzählen, trifft das bei den Jüngeren eigentlich nur auf Unverständnis, und genau das passiert in allen Unternehmen. Der riesige Erfahrungsschatz verbunden mit Hierarchie, Status und Co. der Boomer ist für junge Menschen überhaupt nicht mehr umgebungsrelevant.

Vom ersten Tag an durften sie mitbestimmen, das Unternehmen hat sich ihnen angepasst. Wie bitte sollen sie denn die Hierarchie anders wahrnehmen, außer flach? Das aus ihrer Sicht ewige Gejammer der Alten, wie schwierig alles früher gewesen sein soll, finden ja Gen Z und Babyboomer heute gar nicht mehr vor. Heute ist schließlich nicht mehr gestern. Welche Handlungsmaxime soll sich denn bitte hieraus ergeben?

Um zu wissen, wie wir uns verhalten sollen, müssen wir die sich immer schneller verändernden Umgebungskomponenten kennen. Idealerweise haben hierbei nicht die Jüngeren den Wissensvorsprung, sondern die Älteren, so wie es jahrtausendelang auch war. Denn wenn ein Kind permanent den Eltern erklärt, wie zum Beispiel die App funktioniert, wie man am Smartphone Dinge einstellen kann, was man essen darf, wie man zum Urlaubsziel kommt oder generell wie man sich fortbewegen darf und Ähnliches mehr, dann haben wir hierbei einen Rollentausch. Es fehlt der Navigator für die Kinder. Eltern, Vorgesetzte und mehr oder weniger alle älteren Menschen dürfen also gern auch mal wieder Vorbilder sein, denn wenn sie es dann sowieso machen, also als sinnvoll erachten, wieso kamen sie dann nicht selbst auf die Idee? Ältere Menschen müssen sich also in die entsprechenden Themen und Bereiche einarbeiten, wenn sie ernst genommen werden wollen. Wie toll wäre es, wenn sie, wie es Jahrtausende der Fall war, wieder ein Vorbild wären: in der Arbeit, im Privaten und vor allem auch im Digitalen. Nicht die Jüngeren müssen sagen, wohin die Reise geht, sondern die Älteren. Außer sie haben wirklich keine Ahnung, dann müssen sie aber auch alles andere akzeptieren, was die logische Konsequenz hieraus wäre.

Die momentane Situation ist ja für beide Seiten unzufriedenstellend. Also wieso nicht einen Spagat probieren, wieder zurück zum Anfang mit Berücksichtigung der heutigen Bedingungen?

Denn gleichzeitig sollten sich die Älteren auch wieder auf das besinnen, was sie gut können, die Bereiche, in denen sie fit sind, um auch ein authentisches Vorbild zu bleiben. Ältere sollten sich weniger fragen, was sie von den Jungen alles lernen können, als vielmehr, was sie ihnen alles zeigen und beibringen können und wie sie die Jungen wieder begeistern können. Dabei geht es weniger um Erfahrungswissen als um einen Verständnisvorsprung im Umgang mit der digitalen und analogen Arbeitswelt.

Wir müssen also nur kleine Schräubchen drehen, ohne dass wir uns mitdrehen.

Die Revision von New Work

»New Work meint ein Oszillieren zwischen Individualität und Kollektivität. Ein Spagat, der individuell ausgehandelt und der regelmäßigen Revision offenstehen muss.«
Zukunftsforscher Hartwin Maas

Zwischen Homeoffice, Workation und der Rückkehr zum altbewährten Arbeitsplatz – die Erfahrungen aus der Coronapandemie haben Debatten um New-Work-Maßnahmen neuen Auftrieb gegeben. Unter dem Stichwort »New Work« versammeln sich eine Reihe verschiedener Arbeitsmodelle und -maßnahmen. Ihre Gemeinsamkeit besteht in dem Anliegen, die Art und Weise, wie wir arbeiten, zu verbessern. Der zunehmende Fachkräftemangel, der demografische Wandel, die Ausweitung flexibler Arbeitszeiten und -orte durch die Coronapandemie, die immer weiter reichenden Möglichkeiten der Digitalisierung: Ein solcher Wandel der Arbeitswelt ist nicht nur technisch möglich, sondern auch dringend gefordert. Kein Wunder, dass Jobs immer mehr Anforderungen genügen müssen und dass die Erwartungen der wenigen Bewerber, die es gibt, gegenüber den Arbeitgebern anwachsen.

Die Coronapandemie hat gezeigt: Homeoffice war ein voller Erfolg und ist gekommen, um zu bleiben. Wir vom Institut für Generationenforschung haben in zahlreichen Befragungen belegen können, dass der Großteil der Arbeitnehmer mit ihrer Produktivität im Homeoffice sehr zufrieden war. Zwar hatten viele Arbeitnehmer bei spontanen Absprachen mit Kollegen zu Beginn der Coronapandemie Schwierigkeiten, diese konnten aber durch Kollaborationstools immer besser überwunden werden. Knapp 60 Prozent der Befragten vermissen im Homeoffice jedoch den persönlichen und informellen Austausch mit ihren Kollegen. Ebenso fehlt den meisten der persönliche Kontakt und der fachliche Austausch im Team sowie die gemeinsame Kaffeepause oder das gemeinsame Mittagessen. Jede zweite Führungskraft gab an, dass es ihr besonders schwerfiel, die eigenen Mitarbeiter im Homeoffice zu kontrollieren und zu motivieren. Die Mitarbeiter erhalten weniger Feedback, wenn sie im Homeoffice oder am »mobilen Arbeitsplatz« sind. Die räumliche Distanz zwischen Führungskraft und Geführten hatte dazu geführt, dass Arbeitsaufträge zwar wie gewohnt erfüllt wurden, jedoch das Feedback von den Führungskräften an die Mitarbeiter ausblieb. Führungskräfte mussten lernen, dass Feedback auch dann nötig ist, wenn die Geführten nicht vor Ort sind. Videoschalte, Telefon oder E-Mail mussten erst als Feedbackmedien entdeckt werden. Gerade wenn die Geführten noch sehr jung sind, ist regelmäßiges Feedback für den Arbeitserfolg dringend nötig. Grund hierfür ist, dass sich Gen-Z-Mitglieder durchschnittlich vier bis sechs Stunden täglich in den sozialen Netzwerken aufhielten. Und hier herrschte das »Diktat der Likes«. Die Psychologie weiß: Likes sind eine Form des Feedbacks und der Anerkennung. Posts, die gut ankommen, bekommen viele Likes. Nicht erfolgreiche Posts bekommen keine Likes und keine Anerkennung. Was hier für die digitale Welt gilt, gilt auch für die analoge: Feedback wird in der Arbeitswelt von jungen Menschen eingefordert.

In der Isoliertheit während der Pandemie war vor allem ein Gefühl für die jungen Arbeitnehmer prägend: Sehnsucht. Sehnsucht nach informellem Austausch mit Kollegen, dem gemeinsamen Mittagessen und dem Brainstorming im Team. Der physische Austausch unter Gleichaltrigen. Mehr als die vorangehenden Generationen legt die derzeitige junge Generation Wert auf ein angenehmes, kollegiales Arbeitsumfeld.

Um in New Work erfolgreich zu sein, reicht es nicht, gewisse Arbeitsinstrumente wie mobiles Arbeiten anzuwenden. Es wäre sinnlos, Produktionsmitarbeiter, Kellner oder Krankenpfleger ins Homeoffice oder die Workation zu schicken. Dennoch gibt es in diesen Berufssparten auch Möglichkeiten, das Konzept von New Work umzusetzen.

Denn im Sinne des Wortschöpfers, Frithjof Bergmann, meint New Work mehr: Es meint, die Arbeit so zu gestalten, dass sie zur jeweiligen Zeit passt. Darüber hinaus soll die Arbeit zur Selbstverwirklichung und Persönlichkeitsentwicklung beitragen, sie soll selbstständiges Handeln und Kreativität im Rahmen der Arbeit ermöglichen und dabei gleichzeitig genug Freiheit lassen, um eigene Entscheidungen treffen zu können. Klingt ein bisschen schwammig, oder?

Tatsächlich kann man New Work auch als Utopie betrachten. Bergmanns New-Work-Modell stammt aus einer Zeit, in der starre Arbeitsformen das Arbeiten vieler Menschen dominierten und ihnen große psychische und physische Lasten in der Arbeitswelt aufbürdeten. Mit seinem Modell wollte er einen Gegenentwurf entwickeln, um die einschränkenden Arbeitsformen aufzubrechen.

Agile Methoden wie Scrum, ein Konzept des Projekt- und Produktmanagements, haben ihren Ursprung in Softwareentwicklungsunternehmen, in denen sie erfolgreich funktionieren. Einige Unternehmen außerhalb der Softwareentwicklungsbranche versuchten, Scrum anzuwenden, doch viele scheiterten. Die Methoden sind eben nicht eins zu eins auf andere Jobs übertragbar, müssen also immer angepasst werden. Genau das meint New Work: auf die arbeitenden Menschen mit ihren Bedürfnissen und Vorstellungen eingehen.

Es gibt keine Blaupause für New Work. Wie New Work ausgestaltet wird, ist sehr stark abhängig von der eigenen Unternehmenskultur, dem Portfolio, der Belegschaft und ihrer Bereitschaft, Dinge stetig zu verändern. Eine Form der Arbeit, die mit der Zeit geht, Bedürfnisse der Arbeitenden antizipiert, langfristige Bedingungen für kreatives und selbstständiges Handeln schafft. Es ist also eine Arbeit, die ihrer Zeit immer einen Schritt voraus ist und mehr eine *Future Work.*

Utopien können, durch ihre starke Fokussierung auf ein Thema, die Realität aus dem Blickfeld verlieren. New Work bringt Paradoxien hervor, die es zu beachten gilt:

Work-Life-Separation vs. Work-Life-Blending

New Work birgt das Potenzial, die Arbeitsbedingungen frei zu gestalten. Arbeitsort und Arbeitszeit sind nicht determiniert, sondern können individuell an das eigene Leben angepasst werden: E-Mail dann beantworten, wenn Zeit dafür ist, während der Arbeitszeit Reisen unternehmen oder nachts arbeiten, weil man morgens gerne ausschläft. Alles ist möglich, solange die Arbeitsaufträge erfüllt werden. Nachteilig dabei ist, dass Arbeit und Freizeit nicht mehr klar voneinander abgegrenzt sind und verschwimmen, was als »Work-Life-Blending« bezeichnet wird. Zwar wird gegenwärtig häufig jungen Menschen New Work als Arbeitskonzept angepriesen, doch zeigen die Studien des Instituts für Generationenforschung, dass die Angehörigen der Generation Z lieber auf Work-Life-Separation setzen: 73 Prozent der Gen Z'ler möchten das Arbeitsleben strikt vom Privatleben trennen.

Autonomie vs. Heteronomie

Wenn Hans von Grönland aus und Ursula auf den Fidji-Inseln arbeitet, müssen sich Arbeitgeber umso mehr darauf verlassen können, dass die beiden ihre Arbeitsaufgaben zu Ende bringen. Denn die Arbeitszeit ist nicht zwangsläufig ein Indikator dafür, dass gearbeitet wurde. Das Einzige, über das die Leistung der Arbeitskräfte noch für die Arbeitgeber sichtbar ist, ist das erfolgreich abgeschlossene Projekt zum Stichtag einer Deadline. Können Ursula und Hans die Deadline nicht einhalten, können sie schwer damit argumentieren, sie hätten jeden Tag acht Stunden daran gearbeitet. Jetzt zählt, was abgegeben wird. Zwar empfinden es Ursula und Hans als Erleichterung, dass sie ihre Arbeitszeit autonom gestalten können, gleichzeitig erhält die tatsächlich geleistete Arbeit ein größeres Gewicht. Die Deadline ist heteronom bestimmt. Ob sie ihre Arbeitsaufgaben schaffen, ist ganz von ihnen selbst abhängig. Scheinbar autonom sorgen sie dafür, heteronom zu arbeiten. Das kann Druck und Stress bei den beiden erzeugen, wenn es mal nicht nach Plan läuft. Dann machen die beiden Überstunden, um die Deadline zu halten, nicht gerade im Sinne der Gen Z.

Workation vs. Teamwork

»Work« und »Vacation« ergibt »Workation«. Es sind Situationen, wenn wir die Videokonferenz auf Mallorca abhalten, während wir am Strand liegen, dem Meeting zuhören oder das Mikro stumm schalten müssen, damit das Meeresrauschen nicht das Meeting untermalt. Für Menschen, die kein Problem damit haben, ihre Arbeit auch mit in die Freizeit zu nehmen, ist Workation eine gute Sache. Arbeit und Freizeit fügen sich in ein Bild. Das Problem: Wenn Hans um 9 Uhr Workation in Grönland macht, wird er Teammitglied Ursula auf den Fidji-Inseln, bei der es zur gleichen Zeit 22 Uhr ist, nicht antreffen. Da die beiden aber gemeinsam an einem Projekt arbeiten, tut sich nicht wirklich viel, bis Workation vorbei ist. Auch der Zusammenhalt des siebenköpfigen Teams schrumpft – schließlich weiß keiner so richtig, was der andere gerade macht. Ohne gemeinsame Kernzeiten ist Workation schwer zu realisieren. New Work bedeutet, Arbeit so zu gestalten, dass sie zu den Individuen passt. Nur wenn die Arbeitskräfte auf keinen gemeinsamen Nenner mehr kommen und Projekte nicht mehr abgeschlossen werden können, wird durch eine maximale Individualisierung der Arbeitsplatz selbst gefährdet. New Work bedeutet, den Spagat zwischen individueller Arbeitsgestaltung und der notwendigen Produktivität erfolgreich zu gestalten.

Agilität vs. Struktur

New Work fordert eine Form der Arbeit, die in die Zeit passt. Besonders agile Organisationen werden in der Wirtschaft als Pioniere hierfür ausgemacht. Flexibel passen sie sich an den Kunden an. Sie adaptieren schnell veränderte Marktbedingungen. Ihre Mitarbeiter stellen sie so zusammen, dass sie die Kundenwünsche zeitnah erfüllen können. Aber agile Organisationen funktionieren nur, wenn die Mitarbeiter bereit sind, sich beständig weiterzuentwickeln. Nicht jeder Mitarbeiter mag sich innerhalb seiner Tätigkeit ständig neu erfinden müssen. Zudem haben die Gen Z'ler und Boomer einen völlig anderen Blick auf Progress und Selbsteinschätzung.

Und schließlich kann es der individuellen Lebensplanung zuwiderlaufen, die im Rahmen von New Work doch so wichtig ist, wenn ausschließlich die Kundenwünsche an erster Stelle stehen. Bei agilen Organisationen besteht die Gefahr, dass die Flexibilität auf dem Rücken der Mitarbeiter ausgetragen wird, die sich eben so lange verbiegen müssen, bis die Kundenwünsche erfüllt sind.[151] Unternehmen, die ihren innerbetrieblichen Arbeitsabläufen treu bleiben, werden als strukturiert bezeichnet. Strukturiert aufgebaute Unternehmen geben den Mitarbeitern Sicherheit, können unter Umständen für schnelle Arbeitsergebnisse sorgen, passen sich aber nur schwer an veränderte Marktbedingungen an. Das New-Work-Konzept muss zum Unternehmen mit seinen Mitarbeitern, seinen Kunden und den Marktbedingungen passen, nur es wird bei Weitem nicht automatisch eine Idealform für die Gen Z sein.[152]

Ein Begriff sticht bei den gegenwärtigen Debatten um New Work besonders hervor: die Freiheit. Schon Bergmann setzte Freiheit in den Mittelpunkt seines Konzepts. Von Flexitime über Remote Work bis hin zu demokratischen Führungsmodellen sind auch Unternehmer darum bemüht, ihren Bewerbern ein möglichst freies Arbeiten einzurichten. Aber was heißt das überhaupt?

Um Arbeit tatsächlich »neu« zu denken, reicht die rein ökonomische Perspektive nicht aus. Ein philosophischer Blick über den Tellerrand eröffnet uns womöglich ein neues Verständnis für New Work – und ein Gefühl für die Zukunft.

Freiheit und New Work

Eine wichtige Stellung nimmt der Begriff der Freiheit in den Arbeiten der Philosophin Hannah Arendt ein. Die Freiheit besteht für sie in der Möglichkeit eines Neuanfangs. Dabei ist die Fähigkeit, ganz neu anzufangen, morgen etwas völlig Neues auszuprobieren und Dinge zu verändern, für Arendt grundsätzlich allen Menschen zu eigen. Denn als Menschen sind wir Anfänger per Geburt – durch unser Neu-Hinzukommen als einzigartige Charaktere in diese Welt. Allerdings sind wir hierbei nicht allein. Denn der Freiheit ist zu eigen, dass sie die anderen braucht, das Zusammenleben mit anderen Menschen. Arendts Denken ist daher ein Denken in Relation. Und gerade hierin besteht für Arendt das Potenzial zur Freiheit: im gemeinsamen Handeln einen ganz eigenen, neuen Anfang zu machen.

Was lässt sich daraus für die Arbeitswelt lernen? Zunächst einmal vermittelt Arendt ein Gefühl für das Potenzial der Pluralität. Es gibt keine pauschalen Lösungen, die für alle Menschen und Kontexte passen! Vielmehr ermöglicht der vielfältige gemeinsame Austausch erst die Chance, Dinge anders zu betrachten. Den Neuanfang – den Arendt so sehr schätzte – gibt es nur im Plural. Deshalb liegt auch in Flexibilisierungsmaßnahmen vonseiten der Betriebe, wie etwa den Arbeitsort frei zu wählen, keine Freiheitssteigerung. Diese Veränderungen bieten den Arbeitnehmern womöglich Erleichterung in ihrem Alltag, aber in diesem Sinne keine Freiheit. Etwas zu entscheiden, bedeutet nämlich nicht, etwas zu gestalten. Die Art, wie die Entscheidung aussieht, wurde bereits präsentiert, lediglich die Wahl steht offen. Jede Entscheidung ist eine vorgegebene Struktur, die nicht aus dem gemeinsamen Handeln entstanden ist. Sie bildet keinen Neuanfang.

Unternehmen, die sich dem Arendtschen Begriff von Freiheit nähern wollen, kann daher vor allem das Denken im Team nahegelegt werden. Die Mitglieder der jungen Generation sind keine Einzelkämpfer, das zeigen unsere Forschungen ganz deutlich! Der Großteil der ab 1996 geborenen Personen präferiert Team- vor Einzelarbeit. Dennoch wollen sie ihre Interessen einbringen und vor allem mitbestimmen. Gemeinsame Teilhabe ist daher ein Grundpfeiler eines auch in Zukunft für junge Menschen attraktiven Arbeitsumfelds. Instrumente wie Remote Working, 6-Stunden-Tage, 4-Tage-Woche, Workation, Holokratie, Job Sharing, Creative Spaces und demokratische Führungskonzepte könnten dazu beitragen, Arbeit im Kollektiv zu denken. Denn durch den derzeitigen Wandel der Arbeitswelt sind neue Freiräume entstanden, sowohl räumlicher als auch sozialer Natur. Sie können gezielt eingesetzt werden und sollten deshalb nicht zu Beginn als Goodies verschenkt, sondern als der Sache dienlich genutzt werden – ein großer und sehr wichtiger Unterschied! Für Unternehmen heißt das, sie müssen die Bewerber und potenziellen Nachwuchskräfte mit der originären Arbeit konfrontieren, nicht mit den Goodies links und rechts. Viele Probleme sind hausgemacht. Wenn wir mit Ach und Krach versuchen, auf jeden Wunsch einzugehen, verunmöglichen wir genau das, was junge Menschen brauchen: Vorbilder, Strukturen und Fürsorge. Wenn wir aber von Prozessen sprechen, machen all diese Dinge wieder Sinn, aber es muss zur originären Arbeit passen und nicht zum Wunschzettel, der bekanntlich nie enden wird.

Das Konzept New Work hat zudem hierfür einige Lösungen in petto: Der alte Arbeitsplatz wird frei und steht neuen Nutzungsmöglichkeiten offen, beispielsweise für das »Social Office«, einen Raum für gemeinsame kreative Tätigkeiten und Networking. In der digitalen Welt bietet sich die »Social Coffee Station« an, eine virtuelle Plattform, die den Mitarbeitenden für informelle Gespräche zur Verfügung steht. So zukunftsträchtig das Konzept New Work auch klingen mag, unsere Erkenntnisse der Generationenforschung zeigen, dass längst nicht alle Arbeitnehmer gleich ticken. Es gibt kein Patentrezept, sondern es geht um die Suche nach interessanten, individuellen Lösungen. Mit Arendt gesprochen: Erst im kollektiven Austausch entsteht die Chance für etwas Neues. Was Arendt interessierte, war nicht die genaue Ausgestaltung dieses Neuen und nicht, wie das Morgen aussehen könnte. Ebenso wenig lässt sich der Zukunft der Arbeit mit einer Checkliste der Weg bereiten. Was wir von Arendt lernen können, ist die Offenheit, gemeinsam Veränderungen anzustoßen. Das geht nicht in festgefahrenen Bahnen. Nicht zu Unrecht werden daher unter dem Stichwort »New Work« auch Flexibilisierungsmaßnahmen hinsichtlich Unternehmensstrukturen, Denkgewohnheiten und Arbeitsroutinen verhandelt. Mit der Akzentuierung des gemeinsamen Handelns als Bedingung für den Neubeginn verkörpert Arendts Theorie das Denken im Kollektiv. Das New-Work-Konzept hingegen fokussiert sich auf das Individuum. Beides gleichzeitig geht in der Arbeitswelt nicht, und um zu verhindern, dass sich ein Konzept einseitig durchsetzt, kann die Wahrheit hier wohl nur in der Mitte zwischen Kollektivität und Individualität gesucht werden.

Die Revision der Hierarchie

»Die Generation Z will Freiheiten wie nie eine Generation zuvor … und braucht Strukturen wie nie eine Generation zuvor.«

Flache Hierarchien, Teamzusammenhalt, unbürokratische Lösungen: Weg mit den starren Strukturen, die uns allen das Arbeitsleben schwer gemacht haben. So funktioniert das Arbeiten heute! Flache Hierarchien, so die Argumentation, seien transparenter und moderner. Daher setzen viele Unternehmen auf langwierige und teure Umstrukturierungsprozesse. Je schlanker, desto besser.

Personalexpertin Emilia könnte ein Lied hiervon singen, denn ihre Agentur hat sehr flache Hierarchien. Zu Beginn hatte die Agentur sehr wenig Mitarbeiter, die jeweils selbstständig eigene Projekte bearbeiteten, doch mit dem Erfolg wuchs auch ihre Anzahl sehr schnell auf 90 an. Über Strukturen und Hierarchieebenen hat sich die Unternehmensleitung nie wirklich Gedanken gemacht – der Erfolg war da und die Mitarbeiter im Grunde zufrieden. Stellen Sie sich vor, Lea hätte sich für Emilias Agentur entschieden. Die angehende Veranstaltungskauffrau wäre in eine Arbeitsgruppe mit sehr flachen Hierarchien integriert worden.

Als Emilias Agentur zu Beginn aus nur drei Mitarbeitern bestand, war eine festgelegte Struktur nicht nötig. Alle drei Mitarbeiter waren der Inhaberin gleich unterstellt, wussten also auch, wo sie stehen, an wen sie sich bei Fragen wenden müssen und wohin die Reise des Unternehmens gehen soll. Die drei Mitarbeiter hatten innerhalb kürzester Zeit erste Erfolge eingefahren. So entschied sich die Chefin, ihr Team zu vergrößern, aber nach dem Motto »never change a running system« alle Prozessabläufe so zu belassen wie bisher. Mit zunehmender Mitarbeiterzahl merkte die Inhaberin, dass sie ihre Mitarbeiter nicht mehr gleich führen konnte. Es gab einfach viel zu viele Projekte, in denen sie unmöglich zur gleichen Zeit gut Bescheid wissen konnte. Gleichzeitig wusste die Chefin, dass ihre Mitarbeiter Experten ihres Fachs sind, die ihre Projekte schon wuppen würden. Und genau das haben die Mitarbeiter in den ersten Jahren auch mit Bravour gemeistert.

Geschafft haben sie es, indem sie inoffizielle Strukturen etablierten: Für Gabi, eine der Pionierinnen des Unternehmens und leidenschaftliche Texterin, war immer klar, dass ihre Texte nur dann erfolgreich werden, wenn sie ihre Grafiken von Kai gestalten lässt. Der gelernte Mediendesigner war mehrere Jahre bei großen Zeitungen angestellt und weiß, wie Grafiken aussehen müssen, damit die Presse darauf anspringt. Gerade für heikle Themen hatte Kai ein Händchen: Mit seinen Grafiken provozierte er zum Nachdenken, aber auf eine Weise, die dem Thema gerecht wurde. Für die Agenturchefin war es vollkommen okay, wenn sie bei Besprechungen zwischen Kai und Gabi nicht im Bilde war, da sie volles Vertrauen in die Fähigkeiten der beiden hatte.

Flache Hierarchien funktionieren gut, solange die Mitarbeiter die Kompetenzen besitzen, die in flachen Hierarchien benötigt werden. Denn flache Hierarchien fördern immer auch Grauzonen zutage. Wie bei Gabi und Kai: Zwar war es für die beiden wie ein unausgesprochener Kodex, immer dafür zu sorgen, dass sowohl das Thema und die darin vorkommenden Personen keinen Schaden durch ihre Kampagnen erleiden, schriftlich fixiert war das aber nirgendwo. Kai und Gabi hätten sich ganz schön aus dem Fenster lehnen können, ohne ernsthafte Konsequenzen befürchten zu müssen. Dass die beiden den Bogen überspannt haben könnten, hätte die Agenturchefin erst mitbekommen, wenn es schon zu spät gewesen wäre, nämlich wenn sie morgens die Zeitung aufgeschlagen hätte.

Flache Hierarchien funktionieren nur, wenn die Arbeitskräfte die Kompetenzen besitzen, mit Grauzonen umzugehen. Die Beteiligten müssen viel miteinander kommunizieren, um sich abzustimmen. Sie müssen wissen, wen sie fragen können, wenn sie einmal etwas nicht wissen. Das wiederum setzt voraus, reflektieren zu können und seine eigenen Schwachstellen zu kennen. Sie müssen selbst aktiv organisieren, um Projekte bis zu einer Deadline einhalten zu können. Da gibt es niemanden, der mahnend mit dem Zeigefinger auf die Uhr tippt. Wie viele kleine »Chefs« sorgen sie dafür, dass ihr Projekt den Hafen sicher erreicht.

All diese erfolgreiche Arbeit innerhalb flacher Hierarchien setzt voraus, dass den Mitarbeitern das Projekt am Herzen liegt, dass es ihnen ein Anliegen ist, es bis zu einer Deadline fertigzustellen, dass es ihnen wichtig ist, dass es gut wird. Kurzum: dass sie intrinsisch motiviert sind. Denn nur dann können sie die Energie und die Motivation aufbringen, all die Arbeit zu erledigen, die das Chefsein so mit sich bringt. Während sich Personen, die Teilschritte eines Projekts oder lediglich einzelne Tätigkeiten übernehmen, nach getaner Arbeit zurücklehnen können, muss der Ich-Unternehmer bereits die Teilschritte in ein Ganzes fügen und die weiteren Schritte planen.

Als in Emilias Agentur die Mitarbeiterzahl zweistellig wurde, kam es immer wieder zu Konflikten, und auch die Leistungen waren nicht mehr stetig. Oft gingen Deadlines unter, niemand fühlte sich für unliebsame Projekte verantwortlich, oder man schob sich bei versemmelten Entwürfen gegenseitig die Schuld in die Schuhe. Was hatte sich verändert?

Als sich das Team vergrößerte, mussten sich die neuen Mitarbeiter erst in das Team einfügen. Die lang eingespielten informellen Arbeitsabläufe mussten in neue Bahnen gelenkt werden. Das funktionierte nicht immer nahtlos. Schließlich ist es schwer, geeignetes Personal zu finden, das genau in die Struktur der Agentur hineinpasst. Zudem steht nirgends geschrieben, dass man das muss – geschweige denn, dass das immer sinnvoll ist. Genau das stellte zum Beispiel Daniel infrage, ein ehemaliger Journalist, der es liebte, nach eigenen Aussagen »medial auf die Kacke zu hauen«. So produzierte der neu angestellte Mitarbeiter, wenn auch gut gemeint, anstößige Kampagnen, die der Agentur zeitweise einen zweifelhaften Ruf einbrachten. »Auch negative PR ist PR«, war Daniel überzeugt und hat nach ein paar mehr oder minder erfolgreichen Projekten auch gekündigt. Er brach damit nicht nur mit Kais und Gabis unausgesprochenem Kodex, sondern zog sich den Groll der gesamten Agentur zu. Die Agenturchefin konnte nur unbeteiligt zusehen, schließlich gab es bisher kein verpflichtendes Vier-Augen-Prinzip, bevor eine Kampagne vom Stapel gelassen wurde, sodass Daniel freie Hand hatte.

Ohne Verbindlichkeit und klare Regeln tauchen Unsicherheiten auf: Hand aufs Herz, wenn das Projekt nicht läuft, wer übernimmt die Verantwortung bei so viel Ungewissheit und Grauzonen, ja, wer ist denn eigentlich verantwortlich?

Zusammengefasst: Flache Hierarchien funktionieren ausschließlich unter eingespielten, intrinsisch motivierten Teammitgliedern, die mit ihren Grauzonen umgehen können. Je flacher die Hierarchie, desto tiefer der Grauzonenbereich, in dem die Mitarbeiter sich ständig neu einordnen müssen. Genau das Gegenteil von dem, was die Mitglieder der Gen Z benötigen. Denn vor allem für neu hinzukommende Teammitglieder sind flache Hierarchien immer eine Herausforderung. All die informellen Regeln müssen sie erst kennenlernen und in ihre Aufgaben hineinwachsen. Tauchen dann noch Konflikte oder Probleme auf, sind die Neuen komplett auf sich allein gestellt. Wer macht denn eigentlich was? Wer ist für mich zuständig? Und wer hilft mir?

Auch Emilia ist auf den Zug der flachen Hierarchien aufgesprungen und rührt kräftig ihre Werbetrommel mit dem Argument. Hätte sie Lea eingestellt, wäre Lea in ein Team gekommen, das davon lebt, dass sich die vielen kleinen Ich-Unternehmer aktiv einbringen. Nach wenigen Wochen hätte Lea bereits ein eigenes kleines Projekt übertragen bekommen. Da nirgendwo definiert ist, wie ein Projekt genau abzulaufen hat, entsteht für Lea eine Grauzone, die sie bearbeiten muss. Sie muss notwendige Informationen selber einholen, einen Projektplan erstellen, bei Texterin Gabi um Rat fragen, von Kai lernen, andere darüberschauen lassen, wenn sie sich unsicher fühlt. Und letztlich auch die Deadline einhalten. Kann Lea das alles überhaupt schaffen?

Für Lea, Angehörige der Generation Z, ist nichts so selbstverständlich wie für die Kohorten davor. Denn die intensive digitale Bespielung, bei Lea mit 70 Stunden pro Woche im Netz, hat ihre Schattenseiten. Lea ist relativ untrainiert in der analogen Welt. 70 Stunden digitales Training pro Woche bedeuten 70 Stunden wöchentlich weniger analoges Training, wie beispielsweise ein analoger Umgang mit anderen Menschen zu bewältigen ist, wie man bei Gesprächen zwischen den Zeilen lesen oder die Wünsche des Gegenübers erkennen kann. Alle Fähigkeiten, die nötig wären, um mit Grauzonen umgehen zu können. 70 Stunden digitales Training pro Woche bedeuten wahrscheinlich auch, in 80 Prozent der Zeit passiv Social-Media-Kanäle zu konsumieren. Da ist auch schon der nächste Post, den es zu bewerten gilt. In der analogen

Welt helfen die Eltern Lea durch alle Lebenslagen, denn sie sind ihre engsten Verbündeten. Wie soll Lea in einer flachen Hierarchie ihren Platz finden, wenn alles eigenständige und eigenverantwortliche Handeln derart neu für sie ist?

Lea würde mit ihrem Verhalten gehörig anecken. Da sie es gewohnt ist, auf Augenhöhe mitzusprechen, würde sie sich gleich zu Beginn einbringen, was allerdings nicht bei allen Kollegen zu einem freudigen »Danke für den Tipp, und das gleich am ersten Tag!« führen würde. Die indirekten Sanktionen der Kollegen würden aufgrund der flachen Hierarchien nicht lange auf sich warten lassen und Lea in ihre Schranken verweisen. Lea könnte ein Gefühl von Unbehagen spüren, wenn sie merkt, dass ihr nur noch die unliebsamen Tätigkeiten zugeschoben werden. Ohnehin hat sie niemanden, mit dem sie darüber sprechen kann! Irgendwie ist am Ende keiner für sie zuständig!

Durch klare Rollenzuweisungen in Teams werden soziale Interaktionen vereinfacht[153]. Wenn in einem Gespräch klar ist, dass die Beteiligten dasselbe Ziel verfolgen und wer welche Rolle dabei ausfüllt, ist es leichter, zu koordinieren und zu kommunizieren. Dadurch entstehen weniger Konflikte. Wissenschaftler kamen zu dem Ergebnis, dass Strukturen das tief liegende psychologische Bedürfnis nach Sicherheit erfüllen und zu Zufriedenheit und Motivation führen können[154]. Bei Menschen ist das Bedürfnis nach Sicherheit, Orientierung und auch Struktur sowie das Bedürfnis, etwas zu erreichen, ausgeprägt. Strukturen erfüllen genau diese Bedürfnisse, indem sie jedem Menschen im Unternehmen einen Platz geben und damit eine zuverlässige Vorhersagbarkeit für Verhalten liefern. Wenn Menschen wissen, wo sie stehen und was sie dürfen, könnten sie unter Umständen leistungsstärker und motivierter sein. Wäre es für Lea also besser, wenn es mehr Strukturen im Unternehmen, ja wieder die klassischen Hierarchien gäbe?

Der Terminus Hierarchie hat einen Beigeschmack. Oft einen, der nach einem totalitären Machtgefüge schmeckt, in dem wie bei einem CEO alle Informationen und Entscheidungen zusammenlaufen und in dem sonst keiner etwas zu melden hat. Der Begriff Hierarchie ist sehr alt und stammt ursprünglich aus dem religiösen Kontext. Hierarchie beschrieb die Rangordnung der Priester im antiken Griechenland. Der Priester, der den Göttern am nächsten war, also der Hierarch, hatte die Macht über die anderen Priester, darüber waren nur noch die Götter. Was bis vor 150 Jahren als nötig erachtet wurde, um die Arbeitermassen an Maschinen zu koordinieren, funktioniert heute, wenn überhaupt, nur noch beim Militär. Dennoch sind Organisationen, in denen keinerlei Hierarchie besteht, heute wie damals undenkbar, schließlich entwickeln sich informelle »Hierarchien« sowieso, wenn Menschen zusammenarbeiten. Kai wurde durch seine hervorragende Arbeit irgendwann von den anderen Teammitgliedern wie ein stellvertretender Chef gehandelt. Wenn die Chefin nicht da war, entschied Kai. Wieso also das, was zwischen den Zeilen steht, nicht aussprechen?

Der Begriff Hierarchie sollte heute mehr sein, als er in seiner ursprünglichen Form bedeutete. Hierarchie sollte als Zuordnung von Entscheidungsbefugnissen und Kompetenzen verstanden werden, um informelle Strukturen formalisiert und visibel zu machen. Das heißt noch lange nicht, dass einer oben und der andere unten steht, einer mehr oder weniger wert ist, sondern nur, dass klar ist, wo wessen Kompetenz liegt und wer was entscheiden darf. Das würde es Lea um einiges einfacher machen. Sie sieht so bei der Betrachtung des Organigramms, wo ihr Platz ist. Hat sie Fragen, weiß sie, wohin sie gehen muss und an wen sich ihr Vorgesetzter wenden muss, wenn dieser Fragen hat.

Teams, bei denen Entscheidungsbefugnisse klar verteilt sind, arbeiten, trotz gelegentlicher gegenteiliger Behauptungen, quantitativ und qualitativ besser[155]. Zudem ist bei klarer Zuordnung und Rollenverständnis das Verhältnis unter den Teammitgliedern ausgeglichener[156], aggressionsfreier und offener für die Kooperation untereinander[157].

Eine Diskussion über Hierarchie ist heute nicht wirklich populär, aber notwendig, wenn es um die Gen Z geht. Zu sehr stößt der Begriff vielen auf und erinnert an ausbeuterische Arbeitsbedingungen. Doch Hierarchien, verstanden als klare Verteilung von Rollen und Entscheidungsbefugnissen, können Licht in die Grauzonen bringen, mit denen sich die jungen Menschen so schwertun. Es ist schlicht zu viel Grauzone für die erste Tätigkeit des wirklichen »Müssens«. Eine transparente Hierarchie mit einem Vorgesetzten für alle Belange ist das, was die Neuen auf jeden Fall brauchen. Dass sie auf Augenhöhe mitsprechen wollen, ist hierbei kein Widerspruch, im Gegenteil, es ist das Recht einer jeden Person, mit ihrer Meinung akzeptiert zu werden. Da Lea weiß, dass diejenigen ihre Meinung hören, die auch für sie zuständig sind und mit ihr gemeinsam an einem Projekt arbeiten, ist ihre Meinung mehr wert, als würde sie zu ihren vielen Teammitgliedern sprechen, von denen keiner für sie verantwortlich ist.

Ein unternehmensinternes Gefälle an Entscheidungsbefugnissen ist ebenfalls notwendig, da nicht alle Mitarbeiter in gleicher Weise an allen Entscheidungen partizipieren können. Psychologen fanden heraus, dass Menschen, die Entscheidungsbefugnisse besitzen, zielstrebiger auf die unternehmerischen Ziele hinarbeiten[158], weil sie häufig das große Ganze im Augen behalten (müssen). Auch diejenigen, die weniger Entscheidungsbefugnisse besitzen, werden damit nicht zwangsläufig auf einen untergeordneten Rang verbannt: Menschen in einem Team, die auf gleicher organisatorischer Stufe arbeiten – im Gegensatz zu ihren Vorgesetzten, die den gesamten Prozess sehen müssen –, arbeiten in der Regel detailorientierter und aufmerksamer, sie können sich schneller an einen veränderten Kontext anpassen. Diese beiden Gruppen ergänzen sich quasi innerhalb einer Leistungseinheit[159]. Vorgesetzte und ihr Team sollten sich also gegenseitig ergänzen, um so effektiver und leistungsstärker zu sein. Etwa zwei Drittel der Generation Z wünscht sich genau das: Teamarbeit in einer sichtbaren Hierarchie.[160]

Wichtig ist, dass die Regeln auch eingehalten werden. Hierarchiestufen zu überspringen und einem Mitarbeiter mehrere Leiter zuzuteilen, ist leider immer noch keine Seltenheit im Arbeitsalltag. Die Neuen verwirrt und demotiviert das enorm, oder wie schon die Römer zu sagen pflegten: »*Serva ordinem et ordo servabit te!*« (sinngemäß: *Bewahre die Regeln, und die Regeln werden dich bewahren.*)

Die Revision der Führung

Das althochdeutsche Wort *fuoren* oder das mittelhochdeutsche Wort *vüeren* sind die Urväter des heutigen Wortes führen und ein Kausativ zu »fahren«. Führen kann also »Jemand lässt sich fahren« bedeuten, so wie Simon täglich seine Eltern geführt hat, als er von ihnen in unser Institut kutschiert wurde.

Das Präfix »an« wie »an«-führen bedeutete früher, »am Körper tragen« oder »am Körper führen«. Die Bedeutung von »führen« hat sich gewandelt und ist heute im Sinne von »leiten« zu verstehen. Wie ein verantwortungsbewusster Chauffeur den Wagen lenkt, so sicher sollte auch ein Vorgesetzter seine Mitarbeiter leiten, was allerdings die wenigsten beherrschen. Beim »Wagen führen« haben vor allem die Deutschen eine große Überschätzungsillusion, denn die meisten Menschen hierzulande gehen davon aus, »überdurchschnittlich gute Autofahrer« zu sein. Wenn alle so denken, verschiebt sich der Durchschnitt aber nach oben, und alle sind wieder durchschnittlich gute Autofahrer. Eine *Überschätzungsillusion* tritt vor allem auf, wenn wir alltägliche oder automatisierte Abläufe verrichten.

Führen von Menschen ist aber alles andere als automatisiert oder alltäglich! Ständig muss sich die führende Person neu auf den Geführten einstellen. Führen ist eine Interaktion von lauter Individuen und kein bloßes Lenken!

Erfüllen Vorgesetzte nicht souverän ihre Rolle und Aufgabe, bekommen sie das schnell zu spüren, denn die Generation Z ist nicht so tolerant für Fehler wie ihre Vorgängergenerationen. Eine falsche Aktion, und sie sind weg. Sie halten den Vorgesetzten unverblümt den Spiegel vor. Die älteren Generationen haben sehr wohl gemerkt, wenn der Vorgesetzte beispielsweise ein Choleriker war, aber sie hatten niemanden, der ihnen beipflichtete. Keine Eltern, die sagten, dann wechsle den Job, denn Eltern waren vor einigen Jahren froh darüber, wenn ihr Kind in Butter und Brot stand. Heute sieht das anders aus, da man sich den Job aussuchen kann und die Jungen permanent unter FOBO leiden. Wie ein Damoklesschwert hängt ihr Urteil über ihre Zukunft im Unternehmen. Für Vorgesetzte der Generation Z heißt das, bei den Jungen endlich das anwenden, was sie über Führung gelernt haben.

Idealerweise hat jeder Mitarbeiter beziehungsweise jede Leistungseinheit einen Leiter, der für ihre Belange zuständig ist – bezogen auf die Gen Z tatsächlich »in allen Belangen«. Zudem hat der Vorgesetzte disziplinarische und fachliche Zuständigkeit inne, denn ohne sie würde die Mitarbeiterleistung gemindert. Wer für Simons, Hannahs oder Leas Urlaub zuständig ist, wird eher als Vorgesetzter angesehen als derjenige, der nur fachliche Ratschläge geben kann. Wichtig ist, dass der direkte Vorgesetzte auch das Vorstellungsgespräch führt und somit quasi von Beginn an das »Face to the Gen Z« ist. Sie sind diejenigen, die die Neuen begrüßen und das komplette Boarding übernehmen. Führung eben, in allen Bereichen! Eine Leitungseinheit sollte idealerweise aus fünf bis sieben Personen inklusive Leitung bestehen. Dabei sollte die Leitung wie ein Vater oder eine Mutter darauf achten, dass sich die jungen Teammitglieder wohlfühlen. Jedes arbeitsbezogene Anliegen des Neuen sollte vor der Tätigkeitserfüllung stehen, denn auch die Eltern waren immer für ihre Kinder da. Was auf keinen Fall heißen soll, die Neuen zu verwöhnen, sondern ihre Belange, Sorgen und Nöte ernst zu nehmen!

Der jeweilige Vorgesetzte sollte im Idealfall von jemandem auf der gleichen Leiterebene vertreten werden. Geht also Emilia in den Urlaub, könnte jemand der gleichen Ebene, der ebenfalls der Geschäftsführung direkt unterstellt ist, sie vertreten; kommt Emilia aus dem Urlaub zurück, übernimmt sie wieder. Dadurch sorgt sie dafür, dass sich nicht innerhalb ihrer Leistungseinheit ein heimlicher Leiter etabliert. Denn die Vertretung der gleichen Hierarchie-Ebene hat in der Regel nach der Rückkehr keinen direkten Leitungskontakt oder gibt weiterhin Informationen oder Anweisungen. Nur so ist es möglich, nach der Rückkehr des Leiters wieder nur einen Vorgesetzten zu haben. Es gibt eben in der Regel nur eine Mutter und einen Vater! Natürlich dürfen Aufgabenerteilungen, wichtige Informationen und Feedbacks idealerweise nur durch den direkten Vorgesetzten ausgesprochen werden.

Der Vorgesetzte muss Lust auf die Neuen haben, alles andere ist nicht mehr tragbar. Ähnlich einem Bademeister, der bis dato nur Schwimmbäder betreuen musste: Wenn dieser Bademeister nun am Strand Badeaufsicht halten muss, aber Angst vor Wellen oder Quallen und anderem Meeresgetier hat, ist er schlicht nicht mehr geeignet. Deshalb ist es wichtig, dass es auf beiden Seiten matcht. Jemanden einzustellen, weil man niemand anderen findet, reicht nicht als Begründung. Wie bei Tinder müssen beide Seiten voneinander überzeugt sein, sonst bleibt es eben nur eine Liaison von kurzer Dauer.

Idealerweise wird in der Einführungszeit am Ende einer jeden Woche ein Reverse Mentoring gemacht: Der/die Neue berichtet über die Wahrnehmung der Woche. Wertfrei wird bis zum Schluss zugehört! Dann das Spiel in die andere Richtung: Der/Die Neue hört sich an, wie der Vorgesetzte die Woche wahrgenommen hat. Wie man sieht, bedarf die Führung der Neuen nicht nur kleinerer Gruppen, sondern auch eines merklich höheren Zeitaufwands. Denn an vielen Stellen reden Alt und Jung sich die Unterschiede ein, hier hilft nur aufeinander zugehen und wertneutral dem Gegenüber einmal bis zum Schluss zuhören.

Wenn es also um die Organisation geht, müssen die Hierarchie- beziehungsweise Leitungsebenen sehr genau eingehalten werden, um so die Strukturen sichtbar zu machen und die Grauzonen zu minimieren, denn die sind für die Generation Z Gift. Ein Antidot könnte auch die wöchentlich wiederkehrende Strukturbesprechung sein. Der Leiter trifft sich zu Beginn jeder Woche einmal zu festen unveränderbaren Zeiten mit seinem Team und bespricht nicht nur den wöchentlichen Arbeitsablauf, sondern hört seinem Team zu. Idealerweise schreibt der Vorgesetzte das Protokoll, um dem Gesagten die nötige Wertschätzung zu geben. Eben nicht der Neue oder der Praktikant, der bei jedem ihm noch nicht bekannten Terminus nachfragen muss, was es bedeutet. Das Protokoll erhält so auch an Verbindlichkeit, weil es durch die vorgesetzte Person erstellt wurde. Durch diese regelmäßigen Besprechungen wird die Organisation mit ihrer Hierarchie sichtbar, da die Leitungseinheit immer die nötigen Informationen, die sie benötigt, vom direkten Vorgesetzten hört und die Mitarbeiter Problemstellungen, Wünsche und Anliegen an den unmittelbaren Vorgesetzten adressieren können. So machen wir es der Gen Z leichter, im Unternehmen anzukommen, aber allen anderen eben auch!

Die Revision der Bewerbung

Recrutainment, One-click-Bewerbung, die Hürden möglichst niedrig halten, nahezu alles anbieten, Hauptsache, man bekommt einen Kandidaten – all das führt dazu, dass das Unternehmen genau die Mitarbeiter bekommt, die es nicht braucht. Wenn die Bewerbung sieben Rechtschreibfehler auf einen Streich hat, ein lieblos verfasstes Anschreiben, garniert mit einer falschen Adresse, dann bekommt man genau so einen Mitarbeiter. Personaler und Unternehmer sollten von ihrem Qualitätsstandard nicht abweichen, sondern bei zu wenig Bewerbern zuerst einmal ihren Bewerbungsprozess hinterfragen oder den Bewerbermarkt. Eben nicht Quantität erzwingen, sondern von vornherein auf Qualität achten, denn der Arbeitsmarkt erlaubt zurzeit nichts anderes.

Idealerweise geht man im Bewerbungsgespräch schnell zu Arbeitssituationen über, denn sonst produziert man eine Art »Laborsituation«. Stärken und Schwächen abzufragen ist genauso sinnfrei, wie sich den Lebenslauf erklären zu lassen. Wann in der späteren Arbeit hat der potenzielle Mitarbeiter jemals wieder so eine Arbeitssituation, und welche Schlüsse soll die jeweilige Seite hieraus ziehen? Es fehlt zu oft der Bezug zur Arbeitswelt. Gesagtes ist nicht Getanes. Welche Erkenntnisse kann beispielsweise Emilia aus so einer unwirklichen Situation für zukünftige Arbeitssituationen ziehen?

Wie kann Emilia in so einem Setting Lea ein angenehmes Arbeitsklima vermitteln? Idealerweise setzt Emilia Lea an ihren zukünftigen Arbeitsplatz und lässt ihr die potenzielle Arbeit von ihrer zukünftigen Kollegin erklären, denn da Emilia die Personalleitung ist, wird sie sowieso später nicht mit Lea direkt zusammenarbeiten. Ihre Einschätzung ist daher weniger relevant als die der zukünftigen Kollegen oder des zukünftigen direkten Vorgesetzten. Vor allem die Jungen der Gen Z berichten positiv, wenn sie die Chance haben, mit Azubis aus dem dritten Lehrjahr zu sprechen, die ihnen frank und frei alles berichten – natürlich auch Negatives. Wieso den Neuen etwas vormachen? Die Wahrheit kommt spätestens nach Arbeitsbeginn ans Licht. Kündigt der/die Neue wegen Dingen, die man ihnen vorenthalten hatte, ist das nicht nur ärgerlich, es demotiviert die Kollegen und kann richtig teuer werden. Eine Neubesetzung kostet durchschnittlich 30 Prozent des Jahresgehaltes. Emilia muss den Kollegen vertrauen, dass sie a) sehr wohl einschätzen können, ob Lea zu ihnen passt, und dass sie b) die Agentur vernünftig präsentieren. Wenn das gelingt, wirkt es für Lea authentisch und eindrücklicher als die Laborsituation eines Vorstellungsgesprächs.

Viele Unternehmen berichten von erfolgreichen Neueinstellungen, wenn der Bewerber bei ihnen bereits ein Praktikum gemacht hat. Wichtig ist dabei wieder, dass die Neuen gleich mitmachen dürfen. Heutige junge Menschen sind es nicht gewohnt, geduldig zu hospitieren. Wenn auf Social Media etwas langweilig wird, weiterwischen, finde ich es gut, bekommt es ein Like. In der Regel sorgt der Algorithmus dafür, dass es ein Steigerungspotenzial gibt. Machen Sie genau das bitte 70 Stunden pro Woche und versuchen dann, an einem »normalen« achtstündigen Arbeitstag zu hospitieren. Ich denke, dann wären wir mit der enormen Unterforderung des reinen Zusehens überfordert.

Die Revision der Leistung

Stolz stellte Apelles seine Bilder öffentlich aus. Weil der griechische Maler (circa 370 v. Chr. geboren) sehen wollte, wie sein Gemälde bei den Betrachtern ankommt, versteckte er sich in der Nähe, um das Publikum beobachten zu können. Einer der Betrachter war ein Schuster. Er kritisierte, dass der Schuh auf dem Bild nicht richtig gemalt sei, es fehle eine Öse. Diese Kritik nahm sich Apelles zu Herzen. Er korrigierte das und stellte das Bild am nächsten Tag wieder öffentlich aus. Und wieder kam der Schuster des Weges. Auch heute hatte er Kritikpunkte mitgebracht: Er kritisierte die Form der Beine auf den Bildern, die Bekleidung und fand noch so allerlei zu meckern. Irgendwann reichte es Apelles, er kam aus seinem Versteck und rief: »Schuster, bleib bei deinen Leisten!«

Heute wird die Redensart verwendet, um auszudrücken, dass Menschen, wenn sie kritisieren, innerhalb ihres Fachgebiets bleiben sollen. »Urteile lieber über das, was du kannst«, könnte der Maler auch gesagt haben. Selbstredend, dass wir nur darin gut sind, was wir auch können. Und viele trauen sich auch gar nicht, etwas zu kritisieren, geschweige denn, etwas zu tun, von dem sie keine Ahnung haben. Doch leider fordert die Arbeitswelt oft Dinge von uns ein, die wir eigentlich gar nicht so gut können. Vielleicht können wir nicht gut mit Stress umgehen, hassen Vorträge, haben besonders montagmorgens Konzentrationsschwierigkeiten oder müssen repetitive Aufgaben erledigen, die uns zum Hals heraushängen. Doch genau hieran werden wir in der Arbeitswelt gemessen. Ihr Leistungsbegriff muss zu unserem Können passen.

Die »Leisten« des Schuhmachers waren Fußnachbildungen aus Holz, die als Form zur Schuhherstellung verwendet wurden. Ursprünglich bedeuten sie »Spur« oder »Fußabdruck«. Der Begriff »leisten«, wie wir ihn gegenwärtig verwenden, bedeutet daher übersetzt: »einer Spur nachgehen« oder ihr »nachspüren«. Wenn wir Leistung erbringen müssen, sollten wir in uns hineinfühlen: Welche Spur kann ich verfolgen, um zum Ziel zu kommen?

Und genau hier liegt der Hund begraben. Je nach Generation kursieren unterschiedliche Vorstellungen davon, was es heißt, in der Arbeitswelt etwas zu leisten, ja selbst innerhalb der jeweiligen Generation. Während es für den einen eine große Leistung sein mag, ein Projekt abgeschlossen zu haben, ist ein anderer mit sich zufrieden, wenn er es trotz anfänglicher Schwierigkeiten geschafft hat, eine kleine Aufgabe zu erledigen. Nun sitzen genau diese Menschen gemeinsam in einem Boot, jeder mit seiner ganz eigenen Vorstellung davor, was Leistung bedeutet. Diese Vorstellungen können sich mit dem Leistungsbegriff des Unternehmens decken, dann handelt es sich um einen leistungsbereiten Mitarbeiter, oder hin zum Negativen abweichen. Dann spricht man oft von Querulanten, Eigenbrötlern oder Freigeistern.

Unabhängig davon, wie sehr sich das Unternehmen bemüht, die Mitarbeiter durch interne Kommunikation auf ein gemeinsames Ziel einzuschwören, um sie zu mehr Leistung zu bewegen – dieses Leistungsverständnis muss nicht das der Kollegen sein. Zudem: »Wie« Leistung definiert wird, ist wesentlich von den Zielsetzungen des Unternehmens, der Branche und der wirtschaftlichen Situation abhängig. Ist es nicht etwas zu viel verlangt oder geradezu dystopisch, Mitarbeiter so auf Spur zu bringen?

Sport ohne Daniela und Marc, die beiden Schüler, die nicht gerade mit sportlichen Erfolgen aufwarten können, ist eben nicht okay. Schließlich würden auch die beiden Bankdrücker Daniela und Marc gemeinsam mit ihrem Team sportliche Höhen und Tiefen erleben, und ihr Team könnte von Danielas Sportsgeist und Marcs Durchhaltevermögen lernen und profitieren. Doch indem der Sieg im Spiel zum einzigen leistungskrönenden Indikator erhoben wird, gehen diejenigen unter, deren Können der Leistungserfüllung nicht in die Karten spielt.

Wieso sollten sich Daniela und Marc abrackern, wenn ihr sportliches Können nicht ausreicht und sie mit ihrem Können, nämlich Durchhaltevermögen und Sportsgeist zu zeigen, keine Anerkennung erhalten? Und wieso sollten sie überhaupt motiviert sein?

In der Arbeitswelt, die Menschen mit ganz unterschiedlichen Fähigkeiten zusammenbringt, wird der Leistungsbegriff obsolet. Mehr noch: Er avanciert zu einem kaum zu erreichenden Ideal. Erreichbar nur durch diejenigen, die sich ganz in die geforderte Struktur einbringen. Das sind dann die Kalles und die Kurts, die sich oft zwar im beruflichen Erfolg sonnen, bei denen aber etwas anderes auf der Strecke bleibt. Bei Kalle ist es die Zweisamkeit, die der 56-Jährige vergeblich sucht, doch sein Prahlen über seine Statussymbole macht ihn unsichtbar und lässt ihn als oberflächlichen Typen dastehen. Dabei könnte Kalle doch ganz anders, er »lässt sich« nur nicht. Und auch Kurt ist besorgt über seine Gesundheit, die ihm durch seinen viel zu hohen Blutdruck und die häufigen Hexenschüsse Sorgen bereitet. Mit 61 Jahren wollte er noch nicht so in den Seilen hängen, schließlich fängt mit 66 Jahren das Leben doch erst an.

Würden die beiden doch mal in sich hineinspüren, könnten sie erfahren, was sie eigentlich, abseits von gesellschaftlich erwünschten Vorstellungen, leisten könnten. Kalle, eigentlich ein sensibler Typ, hätte seinen Traum von einer Tierpension verfolgen können, und Kurt, dem seine Familie eigentlich über alles geht, hätte mehr Zeit mit seinen Kindern verbringen können. Wie gerne hätte er die beiden aufwachsen sehen! Leidtragende von Leistungsdruck sind alle: sowohl diejenigen, die die Leistungsvorgaben erfüllen, als auch die, die sie nicht erfüllen oder sich dagegen auflehnen.

Viel wichtiger – und letztlich gesünder für die beiden Herren Kurt und Kalle sowie schöner für die Kinder Marc und Daniela – wäre es doch, wenn verschiedene Vorstellungen von Leistungsfähigkeit im Zusammenleben und -arbeiten anerkannt werden würden. Daniela würde erfahren, dass ihr Sportsgeist wichtig ist, Marcs Durchhaltevermögen würde als vorbildlich betrachtet – was bei beiden vielleicht dazu führt, dass sie tatsächlich besser werden –, Kurts Privatsphäre akzeptiert und der aufbrausende Kalle für seine Fachkenntnisse über die Tierwelt respektiert. Alle vier hätten dann gemein, dass sie sich mit ihren Fähigkeiten einbringen können und diese als wichtig erachtet werden. Daniela und Marc lernen, dass sie keine sportlichen Höchstleistungen erbringen müssen, um doch etwas für das Team leisten zu können; Kurt hätte den Mut, mehr Zeit für seine Familie aufzubringen, und Kalle könnte sein prolliges Gehabe, das seiner sensiblen Persönlichkeit ohnehin nicht entspricht, an den Nagel hängen. Wenn das passiert, spricht man von Selbstwirksamkeit. Menschen erleben dann, dass sie mit ihren Fähigkeiten etwas bewirken können – dass ihr Handeln einen Einfluss auf eine Sache, einen Prozess, ein System oder eine Person hat.

Dabei ist es nicht nötig, dass alle Personen in einem Team stoisch nach den Leistungsvorgaben streben. Mit unterschiedlichen Kenntnissen und Fähigkeiten, die ein jeder mit sich rumschleppt, sind sie ohnehin Augenwischerei. Sich selbst als wirksam zu erfahren, ist einer der größten Motivatoren für das menschliche Handeln. Genau dann wird sich, mit etwas Zeit, auch die individuell so hoch geschätzte Leistung einstellen. Bei Marc ist es das Ziel, als ein vollwertiges Teammitglied anerkannt zu werden; bei Daniela, gemeinsam mit ihren Freunden Zeit zu verbringen; bei Kalle, mit seiner Persönlichkeit wahrgenommen zu werden; und bei Kurt, Zeit für seine Familie zu haben. Und weil sich die einzelnen Personen mit ihren Fähigkeiten wertgeschätzt fühlen, bringen sie sich, selbstwirksam gestärkt, umso stärker für ihr Team ein. Jeder auf seine Weise.

Die Herausforderung für Teamleiter ist es, die unterschiedlichen Fähigkeiten und Kenntnisse zu bündeln. Dafür zu sorgen, dass die verschiedenen Herangehensweisen an Aufgabenstellungen miteinander vereinbar sind. Die Teammitglieder ernst zu nehmen und abseits von Leistungsvorgaben ihre Ziele, Wünsche und Bedürfnisse zu erfragen. Dafür zu sorgen, dass ein Schuh daraus wird. Und dazu braucht es Leute, die Leistung darüber definieren, wie gut ihr Team zusammenarbeitet.

Doch steht in unserer Gesellschaft die Individualität im Vordergrund, dem Einzelnen ist es wichtig, als Individuum gesehen zu werden. Wie können wir uns dann vergleichen, wenn jeder individuell unterschiedlich ist? Was für den einen »normal« ist, ist es für den anderen nicht. Vielleicht gilt es, Vergleichspunkte im Außen zu setzen. Engagiert sich die Organisation, in der ich arbeite, zum Beispiel für ein soziales Anliegen, können *wir* als Team dazu beitragen. Gerade die Gen Z hat das Potenzial, globale Bewegungen anzustoßen und andere Generationen mitzunehmen. Allerdings ist hierbei darauf zu achten, dass die Selbstwirksamkeit, die für jede einzelne Person bedeutsam ist, nicht verloren geht und nicht nur die Masse gezählt wird. Und hierbei kommen wieder die eigenen Werte ins Zentrum, was mir als Person wichtig ist und wie ich das in meiner beruflichen Tätigkeit leben kann.

Die Bühne

Wie bei einem Theaterstück kommt es
beim Leben nicht darauf an, wie lange es dauert,
sondern wie gut es gespielt wird.
Lucius Annaeus Seneca

Wir alle spielen Theater lautet das Werk von Erving Goffman. Gemäß dieser Theorie existieren neben den Gen-Z-Kinder-Rockstars auch weitere Rockstars beziehungsweise Theaterschauspieler. Der US-amerikanische Soziologe stellt die These auf, dass alle Menschen Rollen bekleiden. Angestellte bekleiden zum Beispiel eine Berufsrolle. Sie erfüllen hierin die Anforderungen der Arbeitswelt, indem sie pünktlich zur Arbeit kommen, ihre Aufgaben erledigen, sich an die Unternehmenskommunikation anpassen oder sich in einer sozial erwünschten Weise anziehen. So wie Kurt. Der Vorzeigegeschäftsmann setzt sich zuverlässig wie ein Uhrwerk im gebügelten Anzug für die Unternehmensinteressen ein. Beim Soziologen Philipp dagegen, der in der Wissenschaft arbeitet, ist das Aussehen Nebensache. Wichtig ist in seiner Berufsgruppe, dass er sich ausdrücken und andere Perspektiven argumentativ nachzeichnen kann. Doch Kurt und Philipp sind mehr als die Rollen, die sie in der Arbeit bekleiden. Zu Hause erfüllt Kurt noch die Rolle als Familienvater, in der er sich liebevoll um seine zwei Kinder kümmert. Philipp ist in seiner Freizeit begnadeter Langstreckenschwimmer und leidenschaftlicher Aktivist für die LGBTIQ+-Community. Je nach Kontext, in dem wir uns bewegen, müssen wir anderen Rollenanforderungen genügen.

Goffman geht davon aus, dass wir alle in einem riesigen Theater sind. Mal sind wir auf der Bühne, mal die Zuschauer einer Szenerie, es gibt Rollen, die die Schauspieler gut bzw. weniger gut beherrschen. Das Publikum applaudiert, ignoriert, buht aus. Nach dem Theater verschwinden die Schauspieler in den Bereich hinter der Bühne. Es gibt Souffleusen, Doppelrollen, Rollenkonflikte und alles, was bei einem echten Theater dazugehört, manchmal auch dramaturgische Anweisungen.[161]

Zu Rollenkonflikten kommt es, wenn die verschiedenen Rollen, die eine Person innehat, miteinander in Konflikt geraten. So wie bei Kurt, der als erfolgreicher Vorzeigegeschäftsmann und liebevoller Vater zu wenig Zeit für das hat, was ihm am wichtigsten ist – nämlich seine Familie. Oder wie bei Philipp, der sich als Soziologe um die Gleichstellung von Menschen unabhängig ihres Aussehens sorgt, aber über Glatzköpfe spottet. Es kann auch zu Rollenkonflikten innerhalb einer Rolle komme. Sandra, die Studienleiterin, erwartete von Neueinstellung Hannah, dass sie ihre Aufgaben zuverlässig erfüllt, während Hannahs Vater die Festanstellung seiner Tochter ausschließlich als Baustein für den Lebenslauf der zukünftigen Geschäftsführerin erachtete.

Wie gut ein Mensch eine Rolle ausfüllt, ist davon abhängig, welche Erwartungen das Publikum an die Schauspieler hat. Kalle zum Beispiel, der nach eigenen Angaben bei der Weihnachtsfeier gerne »den Bogen überspannt«, irritiert regelmäßig seine Angestellten, wenn er im Anschluss an die Weihnachtsfeier wieder in den »Chefmodus« schaltet. Die Angestellten haben den Unternehmer Kalle im Schauspiel Arbeitswelt kennengelernt, aber Backstage als grölenden Party-Kalle. Kalle erscheint den Angestellten nicht mehr konsistent in seiner Rolle als Unternehmer. Er gilt als unauthentischer Schauspieler der Arbeitswelt, was er sagt, nimmt ihm keiner so wirklich ab. »Eine schlechte Leistung«, konstatieren die Zuschauer per Flurfunk. Ähnlich erging es mir, als Simon auf seine Uhr schaute, um eine Pause einzuläuten, obwohl seine Vorgesetzte Sandra, die in Arbeitsaufgaben erstickte, auf seine Mithilfe angewiesen war. Ein Rollenkonflikt, der zu einer unangenehm langen Stille führte, als ich Simon damit konfrontierte. Zu mehr aber auch nicht, denn auflösen konnten wir den Rollenkonflikt nicht, schließlich erwarteten wir eine andere Qualität der Aufgabenerfüllung, als Simon uns geben konnte.

Lassen sich Rollenkonflikte nicht auflösen oder sind die Widersprüche nicht akzeptabel, kann die Aufführung ins Stocken geraten. Die wohlbekannte Ordnung gerät dann aus den Fugen. Kalle wurde nicht mehr als Regisseur anerkannt, das Drehbuch der Aufgabenbewältigung des Instituts durch Simons Pausen obsolet. Desorientierung herrscht! Simon wollte oder konnte nicht die ihm zugeteilte Rolle im Institut einnehmen. Oder anders ausgedrückt: Simon konnte nur die Rolle des »Freizeit-Simon« spielen, die des »Arbeits-Simon« fiel ihm schwer. In der Arbeit verhielt er sich so, wie er sich Backstage verhält. Insgesamt zeigt er ein anderes Verhalten, als es gewöhnlicherweise von Menschen im Arbeitskontext erwartet wird. Er ist entweder ein schlechter Schauspieler oder gar kein Schauspieler! In seiner Rolle als *Arbeits-Simon* passte er nicht zum Drehbuch, und die dramaturgische Leitung fiel seiner Vorgesetzten Sandra schwer. Simon wurde schließlich gekündigt, das Theaterstück musste ohne ihn weitergehen. Zu wichtig war es, das Drehbuch einzuhalten, den Spielplan nicht zu gefährden und den übrigen Schauspielern die Gage zu bezahlen. Vielleicht handelt es sich aber auch um ein großes Missverständnis, und wir sind Banausen, die die großartige schauspielerische Leistung des *Arbeits-Simon* nicht erkannt haben.

Vielleicht hätte Simon mehr Beifall bekommen, hätten im Publikum Gleichaltrige gesessen. Ein Schauspiel von Gen Z'lern für Gen Z 'ler zum Beispiel. Doch das könnte nur eine Theaterprobe sein. Das echte Leben sieht anders aus.

Theaterstück »Generation arbeitsunfähig«

Die Schauspieler im Stück sind unterschiedlich alt. Dabei sagt das Alter nichts über ihr Talent aus: Es gibt talentierte junge Schauspieler und alte erfahrene.

Ich lade Sie nun ein zum Theaterstück »Generation arbeitsunfähig. Wie uns die Jungen zwingen, Arbeit und Gesellschaft jetzt neu zu denken.«

Haupt- und Nebendarsteller sind Ihnen wohlbekannt.

Die einsame Insel

Hinweis der Regie: Die Theaterbühne zeigt einen Sandstrand. Die Schauspieler befinden sich auf einer einsamen Insel. Alle Darsteller werden vorgestellt. Die Schauspieler betreten die Bühne.

Erzähler: Was haben der pragmatische Simon, die Personalexpertin Emilia, der Vorzeigegeschäftsmann Kurt, der Soziologe Philipp, das Organisationstalent Nele, die durchsetzungsstarke Sadé, Bildungsaufsteigerin Hannah, die flexible Lea, Party-Kalle, Seneca der Reiche sowie die chronischen Nörgler Aristoteles, Platon und Sokrates gemeinsam? Prinzipiell gar nichts, nur dass sie alle auf einer einsamen Insel gestrandet sind. Für Organisationstalent Lea »überhaupt kein Ding«. Als das brüchige Floß am Strand ankommt und sich die Schiffsbrüchigen orientierungslos, gar ratlos, ansehen, wie es weitergehen soll, hat Lea eine Idee.

Lea: Google Maps! Mist, mein Smartphone hat nur noch zwei Prozent Akku, aber es gibt ja nicht mal Internet hier!

Nele: *(notiert resigniert mit Blick auf ihre beiden Smartphones)* Ja, nicht einmal GPS-Signal!

Hannah, deprimiert und verzweifelt: Ein absoluter Albtraum!

Erzähler: Zerknirscht waten die so ungleichen Charaktere an Land und lassen sich erschöpft in eine Düne fallen.

Kurt: Verdammt, meine Firma … was machen die jetzt ohne mich?

Philipp: Was ist denn eigentlich dein Problem?

Kurt: Von Taxifahrern lasse ich mir nichts sagen!

Philipp: Bin ich gar nicht, ich bin Soziologe.

Kurt erwidert prompt: Sag ich doch, Taxifahrer!

Betretenes Schweigen aller Protagonisten.

Emilia: Weiß jemand, wie spät es ist?

Sokrates: Das Einzige, was ich weiß, ist, dass ich nichts weiß.

Party-Kalle: Der hat wohl ein paar Gläser zu viel intus.

Sokrates: Eher einen Becher zu viel …

Emilia: Es wird bald dunkel. Wir brauchen einen Unterschlupf, oder wollt ihr hier draußen übernachten?

Aristoteles: Jede Bewegung verläuft in der Zeit und hat ein Ziel.[162]

Simon: Und was genau ist dein Problem? *(ruft lautstark)* Mit deinem Geschwätz hilfst du uns nicht weiter. Ich bin wenigstens der Einzige, der außer heiße Luft etwas dabeihat, was uns helfen kann. *(Simon schüttelt sein Handgelenk, seine Uhr kommt hervor.)* Mist, timeless design! Ich will nach Hause!

Seneca: So eine würde meinem Wohlstand auch guttun.

Erzähler: Zeit- und orientierungslos machen sie sich auf die Suche nach einer Bleibemöglichkeit. Als sie sich die Füße wund gelaufen haben und die Ersten resigniert die Schultern hängen lassen, ergreift Sadé die Initiative.

Sadé: Wer von euch kann was besonders gut? Wer hat was im Gepäck? Zu dreizehnt sollte es nun wirklich kein Problem sein, einen Unterschlupf zu bauen! Nun habt euch mal nicht so!

Platon: Die Notwendigkeit ist die Mutter der Erfindung.

Simon: Noch so eine Laberbacke …

Hannah: Wäre ich doch nur im elterlichen Betrieb geblieben!

Emilia: Also, ich wäre für ein Assessment, um die jeweiligen Skills herauszufiltern. Das muss doch möglich sein!

Aristoteles: Plausible Unmöglichkeiten sollten unplausiblen Möglichkeiten vorgezogen werden.

Kalle: Im Zweifel einfach Layla singen. Mist, kein Alkohol hier.

Philipp: Ich hätte tatsächlich ein Problem, dieses Lied zu singen!

Seneca: Ich zahl, ihr singt!

Sadé: Gibt es das auch auf Französisch?

Vorhang

Die Chance ist hoch, dass das Theaterstück die Zuschauer überfordert. Zu verschieden sind die Schauspieler, als dass wir uns vorstellen könnten, sie könnten etwas gemeinsam haben.

Der kleinste gemeinsame Nenner

Simon passte nicht auf unsere Arbeitsinsel, auf unsere Bühne, zu unserer Corporate Identity. Sandra biss sich an ihm die Zähne aus und versuchte sich darin, Verständnis aus den Rippen zu leiern. Einige von Simons Kollegen drohten Sandra, das Handtuch zu werfen, schließlich wäre es ihnen nicht erlaubt, wenn es ihnen dünkt, Ausnahmen einzufordern. Der Fehler lag also bei uns, wir hatten ab dem zweiten Tag akzeptiert, dass er zu spät kam, aber auch am dritten, vierten und allen anderen Tagen. Dass er freitags früher gehen wollte und auch ging und all die anderen Extravaganzen. Wir haben uns zu sehr auf seine Welt konzentriert. Wir hätten sogar das Drehbuch umgeschrieben, als wir versuchten, zu verstehen, warum er seinen Standrechner mit nach Hause nehmen wollte. Ja, wir hätten ihm gleich Homeoffice anbieten müssen! Vielleicht hätten wir noch mehr Zeit, Geduld und Muße für den *Arbeits-Simon* aufbringen müssen, ihm erklären, wie wichtig es ist, pünktlich zu kommen, und vieles mehr. Hatten wir Ignoranten etwa Kosten und Mühen gescheut? Wenn wir ehrlich zu uns sind, wir hätten ihn schon beim ersten Zuspätkommen damit konfrontieren sollen, dass er ab sofort dafür Sorge tragen muss, pünktlich zu erscheinen. Vielleicht hätte er sich dann eine funktionierende Uhr gekauft oder sein Smartphone als Wecker genutzt. Doch wir ließen es schleifen. Zu sehr hatten wir nach Verstärkung gesucht, als dass wir Simon nicht noch eine zweite, dritte und vierte Chance geben wollten. »Die Akteure haben nicht zusammengepasst, der Dramaturg versagt, das Bild war nicht stimmig und lenkte vom Inhalt ab«, könnte die Rezension des Theaterstücks lauten.

Hannahs Rolle wurde von uns ebenfalls falsch interpretiert. Die Rolle, die sie spielte, war deckungsungleich mit der, die wir annahmen. Hannah hatte einen Bildungsaufstieg hingelegt, weil ihre Eltern als Steigbügelhalter fungierten. Wir haben das Drehbuch falsch interpretiert und viele Erwartungen in sie als Arbeitskraft hineingelesen. Rückblickend waren wir schlechte Dramaturgen. Bei Hannah hätte uns der Abgleich von Drehbuch, ihrer Bewerbung und ihrer tatsächlichen Arbeit, die sie in ihrer Rolle als *Arbeits-Hannah* erledigt, geholfen.

Lea spielte mit in *Jäger des Verlorenen Schatzes,* wo sie trotz all der Incentives, mit denen Emilia sie zuschüttete, nicht das fand, was sie wirklich suchte: nämlich Sicherheit und Orientierung. Emilia hätte ihr helfen sollen, herauszufinden, welcher Schatz wirklich die Jagd wert ist. Emilia hätte ihr das Theaterstück selbst anpreisen oder sie an einer Generalprobe teilhaben lassen können, aber nicht nur den Backstage-Bereich mit Catering et cetera bewerben sollen.

Emilia spielte die Jury von DSDS, nur kein Bewerber wollte hier wirklich gewinnen, sondern einfach einmal Bühnenluft schnuppern. Emilia hätte das erkennen und die Jobausschreibung und das Casting ändern müssen.

Kurt spielte den Kapitän in der Serie *Traumschiff,* ein Schiff, das in keinen Hafen mehr so richtig passt – zu groß und umständlich ist die Einfahrt in den Hafen: der Pott zu dick, zu viele Untiefen, zu viele andere Schiffe, mit denen er kollidieren könnte. Möchte er an Land, müsste er den Anker auswerfen und auf ein Tenderboot umsteigen, das er sicher an Land führen könnte.

Kalle spielte in einem Schlagerfilm die Hauptrolle, die Vokuhila-Frisur war immer mehr als eine Perücke für ihn. Seine Zuschauer dachten oft, er sei Comedian. Der sensible Tierliebhaber geht vor dem Hintergrund seines prolligen Verhaltens oft mit seinen Wünschen und Vorstellungen unter.

Nele spielte in einem Science-Fiction-Film die Hauptrolle. Das Stück macht den wenigsten Zuschauern Spaß, weil sie mit den digitalen Devices von Nele gar nichts anfangen können. Sie verstehen nicht, warum Nele Schwierigkeiten hat, ihren Alltag zu bewältigen. Würden die Zuschauer gemeinsam mit der Protagonistin in einem Dialog stehen, wie beispielsweise in einem Improtheater, könnten sie sich gegenseitig die Wissenslücken stopfen.

Unternehmen, Personalexperten und Arbeitgeber tun vieles, um den Jungen mit ihren gewünschten Rollen eine Bühne zu geben. Nur wird kein Stück erfolgreich, wenn die jungen Schauspieler nach der Pause in den Feierabend gehen oder ältere Schauspieler seit Jahren die gleiche Leier aufführen. Langfristig wird das zum Schmierentheater, denn Drehbuch, Regie und Bühne richten sich nach dem, was den Zuschauern gefällt. Es kommt zu Konflikten zwischen den Rollenvorstellungen der jungen Schauspieler und dem eingespielten Ensemble, das stoisch um den Beifall des Publikums buhlt. Solange das Ziel, ein erfolgreiches Stück zu spielen, für die jungen Schauspieler und das eingespielte Ensemble das gleiche ist, müssen sich das Drehbuch, die Regie und die Bühne an die Rollen der älteren und jüngeren Schauspieler anpassen, aber auch die Schauspieler an die Bedingungen des Theaterstücks.

Die Strategie

Wenn eine Unternehmensstrategie angewandt wird, die die jungen Schauspieler integriert, müssen heute drei Nova berücksichtig werden:

Novum Nummer 1: Erwachsene versuchen heute mehr als jemals zuvor, die Jungen zu verstehen. Jahrtausendelang galt der Spruch von Aristoteles und Co. Nein, heute sehen Ältere die Jungen anders und versuchen sozial erwünscht, den Jungen einen Raum zu geben, der einzigartig ist in der Geschichte. Doch oft ist es nur eine Pseudobewunderung, denn wirklich ernst nehmen die Älteren die Probleme, Nöte und Sorgen der Jungen nicht. Zudem wird dies auch noch tabuisiert. Kaum ein Mensch spricht offen darüber, und so wirkt es am Ende, als würden die Älteren neidvoll zu den jüngeren Menschen aufschauen. Einige der Älteren haben vielleicht auch Angst vor der Geschwindigkeit der technischen Entwicklung, oder all das geschieht dem Gefühl heraus, bei den Jüngeren läge der Quell der Veränderung. Am Ende geben die Älteren ihre Vorbildfunktion ab und beschwören einen Rollentausch herauf, der so gar nicht funktionieren kann. Eltern können ihr Kind über alle Maße bewundern, ihm gleichzeitig nichts zutrauen, seine besten Freunde sein wollen und gleichzeitig alles zahlen; den Kindern helfen wollen und dennoch permanent deren Ratschläge der eigenen Kinder zu befolgen. Es haben sich nicht die Jungen verändert, sie haben sich wie alle jungen Menschen vor ihnen einfach jeweils an die Umgebung entsprechend angepasst. Es haben sich tatsächlich die Älteren und deren Rollen verändert: Eltern, Unternehmer, Vorgesetzte, Lehrer, Dozenten und so weiter sind nicht mehr wie früher, sie wirken nicht mehr stimmig. Sie wirken wie eine Melange aus Ewig-selber-jung-sein-Wollen und gleichzeitig alt. Die Älteren passen sich nur bedingt der Umgebung an und hadern mehr mit ihrer Rolle als die Jungen. Aus diesem Widerspruch heraus resultieren all die Missverständnisse, die wir täglich vorfinden. Wenn Ältere den Jungen einen Raum geben, dies gleichzeitig aber nicht gut finden und nie ein entsprechendes Feedback geben, drehen sich alle im Kreis. Wenn die Älteren die Rolle der Älteren wieder übernehmen, es wieder Reibungspunkte gibt, könnten alle davon profitieren und am meisten die Jungen.

Die Älteren, die sich nun in der Position der Lernenden, Unwissenden oder Abgehängten befinden, tun sich schwer damit, Kritik zu äußern. Was könnten sie den Jungen schon beibringen, in einer Welt, in der sich althergebrachte Gewissheiten aufzulösen scheinen? Zu schwer ist die Last eigener, scheinbarer Unzulänglichkeiten.

Novum Nummer 2: Wir haben in Deutschland eine Smartphone-Flächendeckung der Generation Z von mehr als 99 Prozent. Die meisten davon sind täglich mehrere Stunden auf den Sozialen Medien oder im Cyberraum unterwegs. Sie befinden sich in einer Art »fragmentierter Zwischenwelt«: mal hier, mal dort und meist dazwischen. Die digitale Sozialisation verursacht eine völlig neue Prägung im Jugendalter, die in Inkommensurabilität zwischen analog geprägten Älteren und digital geprägten Jüngeren mündet. Diese Differenz führt aber eben nicht dazu, einfach weiterzumachen wie seit Jahrtausenden, in denen die Älteren ihr Leid über die Jungen klagen und umgekehrt, sondern vielmehr zu einem noch nie da gewesenen Bruch in der Kette! Denn ab jetzt werden alle nachfolgenden Generationen digital mitsozialisiert mit allem, was dazugehört: Stichwort KI, Algorithmen und Datenspuren.

Infolgedessen können die Älteren die Jungen nicht mehr nur anhand von rationalen Erwägungen und Erfahrungswerten begreifen. Möchte man als Ältere aber die Jungen verstehen, sie begeistern oder binden, fragt man sie am besten selbst um Rat, ohne dabei die Vorbildfunktion aufzugeben. Es geht vielmehr ontologisch um einen zusätzlichen Erkenntnisgewinn.

Novum Nummer 3: Die größte Kohorte an Arbeitskräften, die Babyboomer, verlässt in nahezu doppelter Anzahl den Arbeitsmarkt, wie junge Nachwuchskräfte auf den Arbeitsmarkt nachrücken. Die Generation Z ist die kleinste Kohorte seit dem Zweiten Weltkrieg. Ihnen stehen doppelt so viele Arbeitsplätze zur Verfügung wie den Vorgängergenerationen. Als Folge ist der einzelne Arbeitsplatz entwertet. Die FOBO, die Angst, es gebe irgendwo noch einen besseren Arbeitsplatz als den, den ich gerade habe, ist die Folge. Der Anspruch steigt, die Wertung sinkt – unzählige Forderungen der Nimmersatten sind die Folgen. Arbeit kann dadurch nicht mehr den Stellenwert haben wie noch zu der Zeit, als man sich um einen Arbeitsplatz »bewerben musste«. Da der Wohlstand bei der Elterngeneration sehr verbreitet war, wuchsen die meisten Gen Z'ler in einer sehr gesättigten Welt auf. Viele Jugendliche können sich ein Smartphone leisten und machen jedes Jahr Urlaub. Die Arbeit und der Lohn werden an diesem Istzustand nicht mehr viel ändern. Da die Vorstellung eines Eigenheims für viele utopisch wirkt, existieren bezogen auf die Arbeit für viele junge Nachwuchskräfte keine langfristigen und hochpreisigen Ziele mehr, wie ein Haus oder ein teures Auto. Wir haben heute zwei Gruppen von Gen-Z-Mitgliedern:

- Gruppe A erbt ein Vermögen: Arbeit ändert nichts am Istzustand sowie Ziel
- Gruppe B erbt kein Vermögen: Arbeit ändert nichts am Istzustand sowie Ziel

Es braucht ab jetzt neue Ziele. Wenn Freizeit einen immer höheren Stellenwert bekommt, könnte überlegt werden, die jeweilige Freizeitgestaltung verstärkt in die Arbeit zu integrieren. Sinnig könnten auch langfristigere Ziele innerhalb der Freizeit sein, die Arbeit liefert durch den Lohn die Möglichkeit hierzu. Denn Arbeit und Freizeit ohne Ziel oder, wie viele sagen, »reines Chillen« macht auf Dauer antriebsarm, und antriebsarm wiederum ist einfach nicht erstrebenswert (und nicht zufällig Symptom einer Depression).

Unsere Gesellschaft und Arbeitswelt müssen vermehrt diese drei Nova berücksichtigen, um ein gemeinsames, erfolgreiches Theaterstück auf die Bühne zu bringen.

Ein Unternehmen könnte in seiner jeweiligen Strategie diese Nova integrieren, um gezielter auf die momentanen Nachwuchskräfte einzugehen.

Der Begriff »Strategie« kommt aus dem Altgriechischen und leitet sich aus Feldherrentum ab. Er bezeichnet die Vorbereitung eines Landes auf die Kriegsführung und den Einsatz der Streitkräfte während dieser Zeit. Die Strategie hat das große Ganze im Blick. Unternehmen müssen sich also so ausrüsten, dass sie die kommenden Jahre erfolgreich überstehen können. Der Begriff »Taktik« dagegen bezeichnet die Anordnung der Streitkräfte während einzelner Gefechtssituationen. So kann es die Taktik eines Feldherrn sein, bestimmte Truppenteile als Bauernopfer auf dem Schlachtfeld darzubieten, damit er seinen Feind täuschen und seine Strategie aufgehen kann, den Feind langfristig zu besiegen. Der Schüler von Aristoteles, Alexander der Große, war ein Meisterstratege. Obwohl er eine zahlenmäßig kleinere Armee als seine Kontrahenten hatte, setzte er sie taktisch sehr geschickt ein und erreichte so sein strategisches Ziel, seine Macht auszudehnen.

Ein erfolgreiches Theaterstück funktioniert nur, wenn allen Beteiligten die Unternehmensstrategie bekannt ist. Wenn sie Lust haben, in ihre Rollen zu schlüpfen, wenn sie das Drehbuch kennen und auf die Anweisungen der Regie hören. Das alles wiederum funktioniert nur, wenn eine sinnvolle Taktik gewählt wird und die Regieführenden die Taktik mit den Rollenträgern abstimmen. Ohne eine zukunftsträchtige Taktik kann keine Strategie in die Tat umgesetzt werden.

Die Schlacht

Vor über 2.500 Jahren schrieb der chinesische Philosoph General Sun Tzu alias Sunzi sein Handbuch *Die Kunst des Krieges*, das wohl bekannteste Handbuch über Strategie. In 13 Kapiteln und 68 Thesen erklärt Sunzi, was es für eine erfolgreiche Strategie zu berücksichtigen gilt. Er schreibt, wie wichtig es ist, den Gegner zu kennen und sich selbst. Wer den Gegner nicht kennt, sondern nur sich selbst, wird das eine Mal siegen, das andere Mal unterliegen. Wer aber weder den Gegner kennt noch sich selbst, der wird in jeder Schlacht unweigerlich geschlagen werden[163]. Wenn sich nun eine neue Generation formiert, wäre es ratsam, dieser Generation Z einmal zuzuhören, um zu verstehen, wer da eigentlich kommt.

Weiter schreibt Sunzi, dass jemand, der rhetorisch nicht versiert ist, seine Gefolgschaft verliert. Es gilt nun, so zu sprechen, dass es die Generation Z versteht sowie auch die anderen Generationen.

Auch Sunzi rät strikt von ständigen Belohnungen ab, denn dies verrate nur, wie sehr man in Bedrängnis sei. Und wer würde schon gerne eine Schlacht mit geschwächten Truppen und Feldherren bestreiten? Aber auch das Gegenteil führt zum Misserfolg, denn wer ständig Strafen verhängt, so Sunzi, zeigt das ebenfalls, dass er in großer Not sei.

Der tüchtige Feldherr, so Sunzi, setzt die anderen in Bewegung und lässt sich nicht von ihnen in Bewegung setzen. Laut Sunzi verkörpert Führung: Weisheit, Glaubwürdigkeit, Menschlichkeit, Tapferkeit und Strenge. Volltreffer bei der Generation Z, diese würde heute nur andere Wörter benutzen wie etwa: Authentizität, emotionale Intelligenz, proaktives Handeln, Augenhöhe und Guidance.

Die Ideen zum Erfolg mit den Jungen sind also sehr alt und bewährt, wir müssen nur das Wording ändern und an der ein oder anderen Stelle das Drehbuch anpassen.

Nachwort

Unüberwindbar erscheint gegenwärtig die Kluft, die sich, medial befeuert, zwischen den Generationen aufgetan hat. Die Älteren sehnen sich oft nach den Werten vergangener Zeiten, während die Jüngeren nun auf die Freiheit und die neuen Möglichkeiten setzen. In der heute immer komplexer werdenden Welt scheinen die Angehörigen verschiedener Generationen mit inkongruenten Grundeinstellungen nebeneinanderher zu leben. Diese Diskrepanz schafft Spannungen.

Die Vertreter der Generation Z, die bei der im Vorwort beschriebenen Veranstaltung zu »Generationenkonflikten« auftraten, bekamen vor allem den Applaus der Menschen älteren Semesters. Gelobt wurde ihr scheinbares Selbstbewusstsein, welches ja erst durch das Verhalten der Älteren möglich war. Auch die Kritikfähigkeit, der Raum gewährt wurde, war nicht das, was vermeintlich angenommen wurde. Wir agieren mittlerweile in Fassaden, die wir Älteren aufgebaut haben, um uns in einer Welt zu integrieren, die eine andere geworden ist. Eine Welt, die sich immer schneller dreht und an Fahrt aufnimmt. Auf dieser Fahrt scheinen sich die Rollen neu zu erfinden: Verunsicherte Eltern fragen ihre Kinder um Rat, Arbeitgeber die Nachwuchskräfte. Diese wirken mittlerweile ermüdet von den Auswahl- und Entscheidungsmöglichkeiten, vom ständigen Aufklären ihrer Eltern, aber auch von all der Aufmerksamkeit und der täglich negativen Berichterstattung über ihre Generation. Als Antwort bieten Eltern und Arbeitgeber immer weiter das Maximum an, und am Ende ist niemand wirklich zufrieden. Wir suchen Schuldige, wir finden Schuldige.

Doch die Verschiedenheit und der universelle Überfluss können auch eine Chance darstellen. Indem sie als Ressource verstanden und genutzt werden, um Brücken zwischen den Generationen zu bauen, bergen sie großes Potenzial, die Gesellschaft voranzubringen. Findet ein Perspektivwechsel statt, von der Konzentration auf die Unterschiede hin zur Wertschätzung der Vielfalt und Betonung gemeinsamer Grundwerte, entsteht Verständnis, das das Potenzial hat, Konflikte zu bearbeiten und Raum für Zusammenarbeit und Innovationen zu schaffen. Die Heterogenität der symbiotischen Beziehung lässt Wandel, Wachstum und Innovationskraft zu, die die Kluft zwischen den Generationen überbrücken kann.

Literatur

Alltagsforschung (2011). *Psychologie des Schenkens – Weniger ist mehr.* Abgerufen am 27.09.2023 unter https://www.alltagsforschung.de/psychologie-des-schenkens-weniger-ist-mehr/.

Arabnews Pakistan (2020). Top Pakistani TikTok stars say will support government if it bans video app. 30.07.2020. Abgerufen am 26.03.2023 unter https://www.arabnews.pk/node/1712076/pakistan.

Ashton-James, C. E., Kushlev, K., & Dunn, E. W. (2013). Parents reap what they sow: Child-centrism and parental well-being. *Social Psychological and Personality Science, 4*(6), 635–642.

Austin, J. T., & Villanova, P. (1992). The criterion problem: 1917–1992. *Journal of Applied Psychology, 77*(6), 836–874. https://doi.org/10.1037/0021-9010.77.6.836.

Auswärtiges Amt (2021). *Pakistan: Politisches Porträt.* 21.04.2023. Abgerufen am 18.10.2023 unter https://www.auswaertiges-amt.de/de/aussenpolitik/laender/pakistan-node/politisches-portraet/205010.

Bepanthen-Kinderförderung (2022). Familien unter Druck – Mehrheit der Eltern wünscht sich mehr Verständnis bei der Kindererziehung. Abgerufen am 26.09.2023 unter https://www.bepanthen.de/kinderfoerderung/sozialforschung/familien-unter-druck.

Bendersky, C., & Hays, N. (in press). Status conflict in groups. Organization Science.

Berning, W. (2021). Steuerungsgröße Feedback. In *Führungskompetenz und Motivation: Führungserfolg steuern und bewerten* (pp. 57–80). Wiesbaden: Springer Fachmedien.

Berger, P. & Luckmann, T. (1969). Die gesellschaftliche Konstruktion der Wirklichkeit. Abgerufen am 27.09.2023 unter http://irwish.de/PDF/_Soziologie/_Sonstige/Berger+Luckmann-Die_gesellschaftliche_Konstruktion_der_Wirklichkeit.pdf.

Boltanski, L. & Chiapello, È (2003). *Der neue Geist des Kapitalismus.* Aus dem Französischen von Michael Tillmann (= édition discours; Bd. 30), Konstanz: UVK.

Bögenhold, D. (2016). *Konsum: Reflexionen über einen multidisziplinären Prozess.* Wiesbaden: Springer Fachmedien.

Bradley-Geist, J. C. & Olson-Buchanan, J. B. (2014). Helicopter parents: an examination of the correlates of over-parenting of college students. In *Education + Training* 56 (4), 314–328. DOI: 10.1108/ET-10-2012-0096.

Braun, K. & Helmke, C. et al. (2009). Bindung und der Einfluss der Eltern-Kind-Interaktion auf die neuronale Entwicklung präfrontaler und limbischer Regionen: Tierexperimentelle Befunde. In Britisch, K. H. & Hellbrügge, T. (Hrsg.): *Wege zur sicheren Bindung in Familie und Gesellschaft.* Prävention, Begleitung, Beratung und Psychotherapie. Stuttgart: Klett-Cotta, S. 52–78.

Bröckling, Ulrich (2007): Das unternehmerische Selbst. Soziologie einer Subjektivierungsform. Berlin: Suhrkamp Verlag.

Brunstein, J. C., Heckhausen, H. (2018). Leistungsmotivation. In Jutta Heckhausen und Heinz Heckhausen (Hrsg.): *Motivation und Handeln.* Berlin, Heidelberg: Springer Berlin Heidelberg, S. 163–221.

Bundesministerium für Familie, Senioren, Frauen und Jugend (2021). Neunter Familienbericht. *Eltern sein in Deutschland. BMFSFJ.*

Bundesinstitut für Berufsbildung (2021). *Datenreport 2021.* Abgerufen am 05.10.2023 unter https://www.bibb.de/datenreport/de/2021/140176.php.

Bundesinstitut für Berufsbildung (2023a). *Datenreport zum Berufsbildungsbericht 2023.* Informationen und Analysen zur Entwicklung der beruflichen Bildung. Bonn. Abgerufen am 05.10.2023 unter https://www.bibb.de/dokumente/pdf/bibb_datenreport_2023.pdf.

Bundesinstitut für Berufsbildung (2023b). *Verzeichnis der anerkannten Ausbildungsberufe 2023 in Deutschland.* Abgerufen am 27.09.2023 unter https://www.bibb.de/dienst/publikationen/en/19128#:~:text=Abstract,in%20den%20freien%20Berufen%20auf.

Bundesinstitut für Berufsbildung (2023c). *Berufsbildungsbericht 2023.* Abgerufen am 22.11.2023 unter https://www.bmbf.de/SharedDocs/Downloads/de/2023/berufsbildungsbericht-2023-kabinettfassung.pdf?__blob=publicationFile&v=2.

Bundeszentrale für politische Bildung (2020). *Bevölkerung nach Altersgruppen und Geschlecht.* Abgerufen am 07.09.2022 unter https://www.bpb.de/kurz-knapp/zahlen-und-fakten/soziale-situation-in-deutschland/61538/bevoelkerung-nach-altersgruppen-und-geschlecht/.

Business of Apps (2021). *TikTok Revenue and Usage Statistics (2021).* Abgerufen am 03.03.2023 unter https://www.businessofapps.com/data/tik-tok-statistics/.

Calmbach, Marc, et. al: Wie ticken Jugendliche 2016? Lebenswelten von Jugendlichen im Alter von 14 bis 17 Jahren in Deutschland. 2016 Springer, S. 475.

Campbell, J. P. & Wiernik, B. M. (2015). The modeling and assessment of work performance. *Annu. Rev. Organ. Psychol. Organ. Behav.*, 2(1), 47–74.

Camus, Albert. Der Mythos des Sisyphos. Reinbek, 2004.

Carlyle, T. (1898). Über Helden, Heldenverehrung und das Heldentümliche in der Geschichte: 6 Vorträge. *Bibliothek der Gesamtliteratur des In- und Auslandes, 1149.*

Crone, E. (2009). Das pubertierende Gehirn. Wie Kinder erwachsen werden. München: Droemer.

Deal, T. E. & Kennedy, A. A. (1983). Corporate cultures: The rites and rituals of corporate life: Addison-Wesley, 1982. Business Horizons, 26(2), 82–85.

Deuleuze, G. (2015). Postskriptum über die Kontrollgesellschaften, S. 345–352. In Klimke, D.; Legnaro, A. (Hrsg.) (2016). *Kriminologische Grundlagentexte.* Wiesbaden: Springer Fachmedien.

De Waal, F. B. M. (1989). Peacemaking among primates. Cambridge, MA: Harvard University Press.

Dickhäuser, C., Dickhäuser, O. (2021). »Engagierte Eltern - engagierte Kinder?« Zum Zusammenhang zwischen Helicopter Parenting und Selbstwirksamkeit, Autonomie und Engagement im Studium. In *FEL-Verlag Forschung - Entwicklung - Lehre* 7 (2), 113–134. Abgerufen am 26.09.2023 unter https://opus-hslb.bsz-bw.de/frontdoor/index/index/docId/1881.

Dion, M. (2012). Are ethical theories relevant for ethical leadership? Leadership & Organization Development Journal, 33(1), 4–24.

Doepke, M. & Zilibotti, F. (2021). Do rising returns to education justify «helicopter« parenting? In *izawol.* DOI. 10.15185/izawol.487.

Eisenberger, N. I., Lieberman, M. D., & Williams, K. D. (2003). Does rejection hurt? An fMRI study of social exclusion. Science, 302(5643), 290–292.

El-Mafaalani, A. [IPU Berlin] (02.02.2023). *Potenziale & Herausforderungen in der superdiversen (Klassen-)Gesellschaft.* [Video]. Youtube. https://www.youtube.com/watch?v=ggFx590Acj8.

Faltermaier, T., Mayring, P., Saup, W. Strehmel, P. (2014). *Entwicklungspsychologie des Erwachsenenalters.* 3. Vollst. Überarb. Aufl. Stuttgart: Kohlhammer.

Felfe J. & Franke, F. (2012). Commitment-Skalen (COMMIT). *Fragebogen zur Erfassung von Commitment gegenüber Organisationen, Beruf/Tätigkeit, Team, Führungskraft und Beschäftigungsform.* Bern: Verlag Hans Huber.

Fewell, J. (2019). Agile and Ageism: Before You Dismiss Enterprise Transformations as a Way to Push out Expensive Older Workers, Consider This. *PM Network,* 33(2), 27.

Fiske, S. T. (2010). Stratification. In S. T. Fiske, D. T. Gilbert, & G. Lindzey (Eds.), Handbook of social psychology (5. Auflage, Seite 941–982). New York, NY: Wiley.

Flake, R.; Malin, L. & Risius, P. (2017). Einflussfaktoren der Bildungsentscheidung von Abiturienten für Ausbildung oder Studium. In *IW Trends* (3). DOI: 10.2373/1864-810X.17-03-06.

Foladare, I. S. (1969). A clarification of »ascribed status« and »achieved status«. *The Sociological Quarterly*, 10(1), 53–61.

forsa Gesellschaft für Sozialforschung und statistische Analysen (2017). WhatsApp, Instagram und Co. – so süchtig macht Social Media. *DAK-Studie: Befragung von Kindern und Jugendlichen zwischen 12 und 17 Jahren.* DAK-Gesundheit (Ed.). Hamburg: forsa Politik- und Sozialforschung GmbH.

Galinsky, A. D., Gruenfeld, D. H., & Magee, J. C. (2003). From power to action. Journal of Personality & Social Psychology, 85, (Seiten 453–466).

Galinsky, A. D., Magee, J. C., Gruenfeld, D. H., Whitson, J. A., & Liljenquist, K. A. (2008). Power reduces the press of the situation: Implications for creativity, conformity, and dissonance. Journal of Personality and Social Psychology, 95, (Seiten 1450 –1466).

Galinsky, A. D., Magee, J. C., Inesi, M. E., & Gruenfeld, D. H. (2006). Power and perspectives not taken. Psychological Science, 17, (Seiten 1068–1074).

Goffman, Erving (2021): Wir alle spielen Theater. Die Selbstdarstellung im Alltag. München: Piper Verlag, 19. Auflage, S. 217–233.

Gruenfeld, D. H., & Tiedens, L. Z. (2010). Organizational preferences and their consequences. In S. T. Fiske, D. T. Gilbert, & G. Lindsay (Eds.), The handbook of social psychology 5. Auflage, New York, NY: Wiley. (Seiten 1252–1287).

Gruenfeld, D. H., Inesi, M. E., Magee, J. C., & Galinsky, A. (2008). Power and the objectification of social targets. Journal of Personality and Social Psychology, 95, (Seiten 111–127).

Halaychik, C. S. (2016). Chapter 2-Leadership Styles. CS Halaychik (Ed.), 57–96.

Haslam, S. A., Platow et al. (2001). Social identity and the romance of leadership: The importance of being seen to be ›doing it for us‹. *Group processes & intergroup relations*, 4(3), 191–205.

Hammermann A., Schmidt J. & Stettes O. (2022.) Fluktuation auf dem deutschen Arbeitsmarkt. In *Institut der deutschen Wirtschaft*. Köln: Medien GmbH. Abgerufen am 27.09.2023 unter https://www.iwkoeln.de/fileadmin/user_upload/Studien/IW-Analysen/PDF/2022/Analysen_Nr._149_Fluktuation-Arbeitsmarkt.pdf.

Hanisauland (2020): Pakistan. *Bundeszentrale für politische Bildung*. Abgerufen am 04.03.2023 unter https://www.hanisauland.de/node/116002#:~:text=Politische%20Lage&text=Pakistan%20ist%20offiziell%20eine%20parlamentarische,Terrorismus%20und%20vom%20Extremismus%20aus.&text=Mit%20seinem%20Nachbarland%20Indien%20streitet%20sich%20Pakistan%20um%20die%20Region%20Kaschmir.

Heilmann, H. (2021). Kinder mit Migrationshintergrund in der Kindertagesbetreuung. *Bundeszentrale für politische Bildung.* Datenreport 2021. Abgerufen am 14.11.2023 unter https://www.bpb.de/kurz-knapp/zahlen-und-fakten/datenreport-2021/familie-lebensformen-und-kinder/329586/kinder-mit-migrationshintergrund-in-kindertagesbetreuung/.

Henry, P. J. (2009). Low-status compensation: A theory for understanding the role of status in cultures of honor. Journal of Personality and Social Psychology, 97, (Seiten 451–466).

Hiroto, D. S. (1974). Locus of control and learned helplessness. *Journal of Experimental Psychology, 102*(2), 187–193. https://doi.org/10.1037/h0035910.

Hiroto, D. S. & Seligman, M. E. (1975). Generality of learned helplessness in man. *Journal of Personality and Social Psychology,* 31(2), 311–327. https://doi.org/10.1037/h0076270.

Hörtnagl, J. (2023). *Self-Tracking im Alltag.* Qualitative Aneignungsstudie zur Wechselwirkung zwischen Praktiken der digitalen Selbstvermessung und Körperselbstbild. Wiesbaden: Springer Fachmedien.

Immer, C. (2021). TikTok-Bann in Pakistan aufgehoben – unter strikten Voraussetzungen. *Online-Marketing.de.* 20.10.2020. Abgerufen am 04.04.2023 unter https://onlinemarketing.de/unternehmensnews/tiktok-bann-in-pakistan-aufgehoben-unter-strikten-voraussetzungen.

Imtiaz, N., Middleton, J. et al. (2019, May). Investigating the effects of gender bias on GitHub. In 2019 *IEEE/ACM 41st International Conference on Software Engineering (ICSE)* (pp. 700–711). IEEE.

Internations – Expat Insider (2022). *Die besten und schlechtesten Länder für Expats*. Abgerufen am 27.09.2023 unter https://www.stern.de/wirtschaft/job/expat-umfrage--was-auslaendische-fachkraefte-an-deutschland-nervt-33306924.html.

Iyengar, S. & Lepper M. (2000.) Paradox of choice. Abgerufen am 27.09.2023 unter https://www.lajkonik-content.de/verkaufspsychologie/paradox-of-choice/.

Jakob, J. (2023). Quiet Quitting - Was bedeutet das eigentlich? NDR. Abgerufen am 26.09.2023 unter https://www.ndr.de/kultur/kulturdebatte/Quiet-Quitting-Was-bedeutet-das-eigentlich,quietquitting100.html.

Kahneman, D. (2011). *Schnelles Denken, langsames Denken.* Aus dem Englischen von Thorsten Schmidt. 3. Auflage. München: Siedler Verlag.

Kanes, M; Steiner,E. (2013). Psychologie der Wirtschaft, 2013, S. 4365–4356.

Kannig, U. P. (2023). Quiet Quitting ist keine innere Kündigung. *Haufe Akademie.* Abgerufen am 26.09.2023 unter https://www.haufe.de/personal/hr-management/die-wahre-definition-von-quiet-quitting_80_574924.html.

Khaleej Times (2020): *TikTok upgrades guidelines, releases Urdu version in Pakistan.* 07.08.2020. Abgerufen am 26.02.2021 unter https://www.khaleejtimes.com/world/pakistan/tiktok-upgrades-guidelines-releases-urdu-version-in-pakistan.

Knauf, H. (2019). Die intensive Elternschaft als neues Paradigma für die Erziehung in Familien? In *Soziale Passagen* 11 (1), 175–190. DOI. 10.1007/s12592-019-00315-3.

Knop, C. (2016). Das ist die größte Herausforderung der Digitalisierung. Frankfurter Allgemeine Zeitung. Davos. 24.01.2016. Abgerufen am 05.10.2023 unter www.faz.net/aktuell/wirtschaft/weltwirtschaftsforum/weltwirtschaftsforum-in-davos-das-ist-die-groessteherausforderung-der-digitalisierung-14031777.html.

Konversionskraft (2019). Abgerufen am 27.09.2023 unter https://www.konversionskraft.de/konsumpsychologie/behavior-patterns.html#:~:text=Breaking%20Rules,f%C3%A4llt%20eine%20Ver%C3%A4nderung%20sofort%20auf.

Kröger, M. (2023). An diesen Anzeichen erkennt ihr Qualleneltern. Leben & erziehen. Abgerufen am 11.10.2023 unter https://www.leben-und-erziehen.de/kind/erziehung-entwicklung/diesen-anzeichen-erkennt-ihr-qualleneltern-16003.html

LaGree D. et al. (2021). The effect of respect: Respectful communication at work drives resiliency, engagement, and job satisfaction among early career employees. *International Journal of Business Communication,* I/21. DOI. 10.1177/23294884211016529.

Landers, R. (2012). «Unfolding the IKEA Effect: Why We Love the Things We Build«. *Journal of Consumer Psychology. 22 (3): 453–460.* doi: 10.1016/j.jcps.2011.08.002. Retrieved 18 March 2017.

Lesetest.schulkreis.de (2023). Texte mit vertauschten Buchstaben, Buchstabensalat. Abgerufen am 13.11.2023 unter https://lesetest.schulkreis.de/mixtext.php.

Levitt, S. D. & List, J. A. Was There Really a Hawthorne Effect at the Hawthorne Plant? An Analysis of the Original Illumination Experiments. *NBER Working Paper Series,* National Bureau of Economic Research, No 15016, May 2009, 1–19.

Maas, R. (2019). *Generation Z für Personaler, Führungskräfte und jeden, der die Jungen verstehen muss. Ergebnisse der Generation-Thinking-Studie.* München: Hanser.

Maas, R. (2023). *Generation Alpha: Wie sie tickt und wie Unternehmen sich darauf einstellen sollten.* München: Hanser.

Maas, R. (2021). *Cyberpsychologie in der Arbeitswelt.* Was Führungskräfte über die Auswirkungen des Internetkonsums wissen müssen. München: Hanser.

Maas, R. (2021a). *Neueste Generationenforschung in ökonomischer Perspektive: Reichen Generation X, Y, Z zur Beschreibung der Wirklichkeit aus?* Stuttgart: Kohlhammerverlag.

Maas, H. (2023). New Work – ein Paradoxon? *Zeitschrift für Organisationsentwicklung,* 1/2023, Januar 2023, S. 56–57.

Maier, S. F., & Seligman, M. E. (1976). Learned helplessness: Theory and evidence. *Journal of Experimental Psychology: General, 105*(1), 3–46. https://doi.org/10.1037/0096-3445.105.1.3.

Magee, J. C., & Galinsky, A. (2008). Social hierarchy: The self-reinforcing nature of power and status. *Academy of Management Annals*, 2, (S. 351–398).

Magee, J. C., Galinsky, A., & Gruenfeld, D. H. (2007). Power, propensity to negotiate, and moving first in competitive interactions. Personality and Social Psychology Bulletin, 33, (S. 200–212).

Milz, A. (2020). Pakistan verbietet TikTok. *Online-Marketing.de*. 12.20.2020. Abgerufen am 26.02.2023 unter https://onlinemarketing.de/unternehmensnews/pakistan-tiktok-bann.

Montag, C., Lachmann, B. et al. (2019). Addictive Features of Social Media/Messenger Platforms and Freemium Games against the Background of Psychological and Economic Theories. *International Journal of Environmental Research and Public Health 2019*, 16, 2612.

Motowidlo, S. J., Hanson, M. A. & Crafts, J. L. (1997). Low-fidelity simulations. In D. L. Whetzel & G. R. Wheaton (Eds.), *Applied measurement methods in industrial psychology*, 241–260. Davies-Black Publishing.

Neyer, F. J. & Asendorpf, J.B. (2018). *Psychologie der Persönlichkeit (6. Auflage)*. Berlin: Springer-Verlag GmbH. DOI: 10.1007/978-3-662-54942-1.

Norton, M. I., Mochon, D. & Ariely, D. (2012). The IKEA effect: When labor leads to love. *Journal of Consumer Psychology*, 22, 453–460.

Pelz, W. (2017). Umsetzungskompetenz als Schlüsselkompetenz für Führungspersönlichkeiten. Eine theoretische und empirische Analyse. *In Corinna von Au* (Hrsg.). Führung im Zeitalter von Veränderung und Diversity. Wiesbaden: Springer Fachmedien, 103–123.

Piefke, M. & Markowitsch, H. J. (2008). Bewusstsein und Gedächtnis: Die Bedeutung der Kohärenz und Konsistenz von Erinnerungen, in: Humanprojekt – Zur Stellung des Menschen in der Natur: Funktionen des Bewusstseins. Berlin: Walter de Gruyter.

Ph.D. Peterson, C. Psychology Today (2012). The Presenter's Paradox: When Less is More. Abgerufen am 27.09.2023 unter https://www.psychologytoday.com/intl/blog/the-good-life/201201/the-presenters-paradox-when-less-is-more.

Rathgeber, C.; Edeling, S. & Pilz, M. (2019). Master statt Meister: Warum nehmen Abiturienten mit abgeschlossener Berufsausbildung ein Studium auf? In: *Pädagogische Rundschau* 73 *(4)*, S. 375–390. DOI: 10.3726/PR042019.0035.

Reeve Johnmarshall, Cole, Steven G. (1986). *The Zeigarnik Effect and Intrinsic Motivation: Are They the Same?* In: Motivation and Emotion, VoL 10, No. 3, 1986.

Rhodes, L. (1993). Leadership from a feminist perspective. Word and World, 13(1), 13–18.

Ritzer, G. (1997). *Die McDonaldisierung der Gesellschaft.* Frankfurt a. M.: Fischer Taschenbuch Verlag GmbH.

Rosenthal, R. & Babad, E. Y. (1985). Pygmalion in the Gymnasium. *Educational Leadership*, 43(1), 36–39.

RyteWiki (2021). Streisand-Effekt. Abgerufen am 27.09.2023 unter https://de.ryte.com/wiki/Streisand-Effekt.

Schiffmann, N. (1992). Bulletin of the Psychonomic Society, 30 (1), 9–11. New Jersey: The State University.

Schubarth, W., Gruhne, C., & Zylla, B. (2017). Werte machen Schule: Lernen für eine offene Gesellschaft. Kohlhammer Verlag.

Schuler, H. Brandstätter, H.; Nungard, W; Greif, S.; Ulich E.; Wiplert, B.: Lehrbuch Organisationspsychologie, 4. Aktualisierte Auflage, 2007, S. 387–414.

Schuler, H. & Funke, U. (1993). Diagnose beruflicher Eignung und Leistung. In H. Schuler, H. Brandstätter, W. Bungard, S. Greif, E. Ulich & B. Wilpert (Hrsg.), *Lehrbuch Organisationspsychologie* (S. 235–283). Bern: Huber.

Spector, B. A. (2016). Carlyle, Freud, and the great man theory more fully considered. *Leadership*, 12(2), 250–260.

Sprachenlernen24 (2023). Länderinformationen Pakistan. Abgerufen am 18.10.2023 unter https://www.sprachenlernen24.de/archiv/reisefuehrer/urdu/medien.html.

Stangl, W. 2023. U-Boot-Eltern. Online-Enzyklopädie aus den Wissenschaften Psychologie und Pädagogik. Abgerufen am 25.09.2023 unter https://lexikon.stangl.eu/34225/u-boot-eltern#:~:text=U-Boot_Eltern%20ist%20ein%20weiterer%20populärwissenschaftlich%20Neologismus%2C%20der%20wie,sich%20großartig%20um%20die%20Schullaufbahn%20ihrer%20Kinder%20kümmern.

Statista (2022). Durchschnittsalter der Bevölkerung in Deutschland nach Staatsangehörigkeit am 31. Dezember 2019. Abgerufen am 07.09.2022 unter https://de.statista.com/statistik/daten/studie/723069/umfrage/durchschnittsalter-der-bevoelkerung-in-deutschland-nach-staatsangehoerigkeit/#:~:text=Die%20Statistik%20zeigt%20das%20Durchschnittsalter%20der%20-Bev%C3%B6lkerung%20in,Durchschnittsalter%20der%20gesamten%20Bev%C3%B6lkerung%20in%20Deutschland%2044%2C5%20Jahre.

Statista 2023a. Anzahl der Bachelor- und Masterstudiengänge und aller übrigen Studiengänge *in Deutschland im Wintersemester 2022/2023 nach Bundesländern.* Abgerufen am 27.09.2023 unter https://de.statista.com/statistik/daten/studie/2854/umfrage/bachelor-und-masterstudiengaenge-in-den-einzelnen-bundeslaendern/#:~:text=Insgesamt%20gab%20es%20im%20.

Statista 2023b. Wünschen Sie sich eine 4-Tage-Woche mit entsprechend kürzeren Arbeitszeiten? Abgerufen am 17.10.2023 unter https://de.statista.com/statistik/daten/studie/1383464/umfrage/wunsch-nach-einer-4-tage-woche/.

Statistisches Bundesamt (2022). *Pressemitteilung Nr. 036 vom 30. Januar 2023.* Abgerufen am 12.10.2023 unter https://www.destatis.de/DE/Presse/Pressemitteilungen/2023/01/PD23_036_621.html.

Statistisches Bundesamt (2023a). Anzahl der Auszubildenden in Deutschland von 1950 bis 2022. In *Statista*. Abgerufen am 28.09.2023 unter https://de.statista.com/statistik/daten/studie/156916/umfrage/anzahl-der-auszubildenden-in-deutschland-seit-1950/Wintersemester,9.648%20Bachelor%2D%20und%2010.068%20Masterstudiengänge.

Statistisches Bundesamt (2023b). Anzahl der Studierenden an Hochschulen in Deutschland in den Wintersemestern von 2002/2003 bis 2022/2023. In *Statista*. Abgerufen am 28.09.2023 unter https://de.statista.com/statistik/daten/studie/221/umfrage/anzahl-der-studenten-an-deutschen-hochschulen/.

Sunzi. Die Kunst des Krieges. Insel Verlag; 6. Edition (19. September 2011). Übersetzt von Volker Klöpsch.

Sinning, S. (2014). Pushy Parents: Brüllende Eltern am Spielfeldrand wirken negativ auf Kinder. *Universität Koblenz Landau*. Abgerufen am 25.09.2023 unter https://blog.uni-koblenz-landau.de/pushy-parents-bruellende-eltern-am-spielfeldrand-wirken-negativ-auf-Kinder.

Titzmann, O. (2022). New Leadership. Menschen führen heißt Menschen stärken. Berlin, Heidelberg: Springer.

t3n (2020). *Am meisten heruntergeladene Apps: Tiktok schlägt WhatsApp.* Abgerufen am 04.03.2023 unter https://t3n.de/news/meisten-heruntergeladene-apps-1269363/.

Van Knippenberg, D., & Hogg, M. A. (2003). A social identity model of leadership effectiveness in organizations. *Research in organizational behavior*, 25, 243–295.

Vargová, L., Zibrínová, Ľ., & Baník, G. (2020). The way of making choices: Maximizing and satisficing and its relationship to well-being, personality, and self-rumination. Judgment and Decision Making, 15(5), 798–806.

Wason, P. C. (1968). Reasoning about a rule. Quarterly journal of experimental psychology, 20(3), 273–281.

Weber, Max (1904/1905): *Die protestantische Ethik und der Geist des Kapitalismus.* Köln: Anaconda Verlag. Sonderausgabe für Jokers (2009).

Welzer, H. (2008). Die Medialität des menschlichen Gedächtnisses. In BIOS. 21 Jg. Heft 1, S. 15–27.

Westdeutsche Allgemeine Zeitung (2017). *»Sport ohne Leistung ist Kappes«.* 16.02.2017. https://www.waz.de/staedte/hagen/sport-ohne-leistung-ist-kappes-id209621149.html.

Wheeler, J. A. in J. J. Halliwell, J. Pérez-Mercader und W. H. Zurek (Hrsg.), Physical Origins of Time Asymmetry, Cambridge University Press, 1994.

Witt, F.H. (1995). Management und soziale Beziehungen: Die Hawthorne Versuchsreihen und ihre Folgen. In: *Theorietraditionen der betriebswirtschaftlichen Forschung. Neue betriebswirtschaftliche Forschung* (nbf), Vol. 153. Gabler Verlag. https://doi.org/10.1007/978-3-322-86563-2_12.

Zeit online (2023). *Bundesjugendspiele sind nicht mehr Wettkampf.* 05.07.2023. https://www.zeit.de/sport/2023-07/grundschulsport-bundesjugendspiele-wettkampf-wettbewerb-kinder.

Zuther, D. (2019). *Popmusik aneignen.* Selbstbestimmter Erwerb musikalischer Kompetenzen von Schülerinnen und Schülern. Bielefeld: Transcript Verlag.

Anmerkungen

1 Vgl. Bundesinstitut für Berufsbildung 2023c, S. 47.
2 Vgl. BFG-Institut: 2021 fehlten 3,65 Prozent, 2022 waren es schon 5,18 Prozent.
3 Vgl. Bundesinstitut für Berufsbildung 2023c, S. 93.
4 Vgl. Bundesinstitut für Berufsbildung 2023c, S. 92f.
5 Vgl. Bundesinstitut für Berufsbildung 2023c, S. 97.
6 Vgl. Berger & Luckmann 1969.
7 Medizinisch-technische Assistent/in
8 Die genaue Abgrenzung des autobiografischen Bewusstseins zu anderen Arten von Bewusstsein ist wissenschaftlich umstritten. Manche Psychologen zählen auch Teile des »semantischen Gedächtnisses«, das unter anderem demografische Daten zur eigenen Person und zum Selbstkonzept enthält, zum autobiografischen Gedächtnis (vgl. Gudehus & Eichenberg et al. 2010: 75)
9 Vgl. Welzer 2008:25
10 vgl. Piefke & Markowitsch 2003, S. 1
11 vgl. Crone 2009
12 vgl. Braun & Helmke et al. 2009, S. 59
13 Wheeler, 1994
14 Finanzkompassstudie 2023
15 Vgl. Berger & Luckmann 1969
16 Vgl. Maas, 2021a
17 Maas, 2021
18 Mannheim 1964: 527
19 vgl. Becker 2008
20 vgl. Jureit 2006: 29f
21 Calmbach et. al. 2016
22 Vgl. Schubarth, W. et. Al. 2017
23 Vgl. Zuther 2019

24 Vgl. Spector 2016
25 Vgl. Carlyle 1898
26 Vgl. Halaychik 2016
27 Vgl. Haslam & Platow et al. 2001
28 Vgl. Van Knippenberg & Hogg 2003
29 Vgl. Dion 2012
30 Vgl. Rhodes 1993
31 Eine Sucht liegt häufig dann vor, wenn aufgrund einer bestimmten Verhaltensweise grundlegende Tätigkeiten wie Nahrungsaufnahme und/oder Körperhygiene oder sonstige Tätigkeiten, die nötig sind, um den Alltag erfolgreich zu bewältigen, eingeschränkt werden oder nicht mehr möglich sind. Und: Ein weiteres wichtiges Merkmal einer Sucht ist, dass die betreffende Person immer mehr von dem Suchtmittel benötigt.
32 Vgl. Rosenthal & Babad 1985
33 Vgl. Levitt & List 2009
34 Vgl. LaGree 2021
35 Psychology Today (2012). The Presenter's Paradox: When Less is More
36 Weaver, K., Garcia, S. M., Schwarz, N. (2012): *The Presenter's Paradox.* Journal of Consumer Research, 39, 445–460.
37 Alltagsforschung (2011). Psychologie des Schenkens – Weniger ist mehr
38 Konversionskraft (2020). *Konsumpsychologie und Behavior Patterns: Was Conversion-Optimierer wissen müssen.*
39 Kununu ist die größte Arbeitgeberbewertungsplattform. Hier kann sich jeder über jedes Unternehmen beschweren.
40 Konversionskraft (2020).
41 Vgl. lesetest.schulkreis.de 2023
42 Iyengar, S. & Lepper M. (2000)
43 Vgl. Noah Schiffmann, 1992
44 Vgl. https://www.merkur.de/lokales/erding/erding-ort28651/hubert-aiwanger-nicht-erinnerlich-ministerpraesident-markus-soeder-erding-weissbraeuzelt-rede-92501918.html
45 Vgl. Reeve &, Cole (1986)
46 Vgl. Maas (2023)
47 Schuler&Funke (1993)
48 Vgl. Wason 1968
49 Vgl. Kröger 2023
50 Vgl. Neyer & Asendorpf, 2018, S. 219
51 Vgl. Bradley-Geist & Olson-Buchanan 2014
52 Vgl. Knauf 2019
53 Vgl. BMFSFJ 2021, S. 218

54 Vgl. Bepanthen 2022
55 Vgl. Ashton-James, Kushley & Dunn 2013
56 Vgl. Dickenhäuser & Dickenhäuser 2021
57 Vgl. Bradley-Geist & Olson-Buchanan 2014
58 Vgl. Dickenhäuser & Dickenhäuser 2021
59 Vgl. Maier & Seligman 1976, S. 6
60 Vgl. Maier & Seligman 1976, S. 17–18
61 Maier & Seligman 1976
62 Vgl. Maier & Seligman 1976, S. 7–13
63 Vgl. Hiroto 1974
64 Vgl. Maier & Seligman 1976, S. 18
65 Vgl. Hiroto & Seligman 1975
66 Vgl. Sinning 2014
67 Sinning, S. (2014)
68 Vgl. Doepke & Zilibotti 2021
69 Seneca war einer der reichsten Menschen seiner Zeit, was das Zitat vielschichtig macht …
70 Vgl. Maas, 2021
71 Vgl. Statista 2023
72 Vgl. BIBB 2023
73 Vargová, L., Zibrínová, Ľ. & Baník, G. 2020
74 Vgl. Kahneman 2011
75 Vgl. RyteWiki 2021
76 Vgl. Witt 1995
77 Vgl. Deal & Kennedy 1983
78 Vgl. Montag, Lachmann et al. 2019, S. 6
79 Vgl. Montag, Lachmann et al. 2019, S. 5
80 Vgl. Montag, Lachmann et al. 2019, S. 7
81 Vgl. Eisenberger, Liebermann et al. 2003
82 Vgl. Montag, Lachmann et al. 2019
83 65 Prozent sind zwischen 18 und 24 Jahre alt: vgl. Statista 2022
84 Vgl. forsa Gesellschaft für Sozialforschung und statistische Analysen 2017, S. 30
85 Vgl. Maas, 2023
86 Vgl. Heilmann 2021
87 vgl. Maas 2019
88 t3n 2020
89 Business of Apps 2021
90 Maas 2021

91 Hanisauland 2020
92 Auswärtiges Amt 2021
93 Sprachenlernen24 2023
94 Milz 2020
95 Arabnews Pakistan 2020
96 Khaleej Times 2020
97 Immer 2021
98 Statista 2022
99 Bundeszentrale für politische Bildung 2020
100 Vgl. Flake, Malin & Risius 2017
101 Vgl. Statistisches Bundesamt 2023b
102 Vgl. Flake, Malin & Risius 2017
103 Vgl. Statistisches Bundesamt 2023a
104 Vgl. Bundesinstitut für Berufsbildung 2023a, S. 15
105 Vgl. Bundesinstitut für Berufsbildung 2023a, S. 17, 18
106 Vgl. Bundesinstitut für Berufsbildung 2023a, S. 26
107 Vgl. Bundesinstitut für Berufsbildung 2023a, S. 21
108 Vgl. Bundesinstitut für Berufsbildung 2023a, S. 17
109 Vgl. Bundesinstitut für Berufsbildung 2023a, S. 22
110 Vgl. Bundesinstitut für Berufsbildung 2021
111 Vgl. Rathgeber, Edeling & Pilz 2019
112 Vgl. Faltermaier, Mayring et al. 2014, S. 563
113 Vgl. Imtiaz, Middleton 2019
114 Vgl. Statistisches Bundesamt 2022
115 Vgl. Aladin El-Mafaalani 2023, 07:50 – 09:00min.
116 Vgl. Titzmann 2022, S. 60-62
117 vgl. Hörtnagl 2023, S. 41 ff
118 vgl. Bröckling 2007
119 vgl. Hörtnagl 2023: 50
120 vgl. Deuleuze, Gilles 2015: 347
121 Vgl. Ritzer 1997, S. 32
122 Vgl. Bögenhold 2016, S. 40
123 Vgl. Bögenhold 2016, S. 38 zit. n. Ritzer 1993, S. 163
124 Vgl. Bögenhold 2016, S. 39
125 Vgl. Bögenhold 2016, S. 38 zit. n. Ritzer 1993, S. 18–20
126 Vgl. Ritzer 1997, S. 9
127 Ritzer 1997, S. 205
128 Vgl. Ritzer 1997, S. 143
129 Vgl. Bögenhold 2016, S. 38

130 Vgl. Ritzer 1997, S. 127
131 Ritzer 1997, S. 206
132 Vgl. Landers 2012
133 Vgl. Norton, Mochon & Ariely 2012
134 Sowohl Ford als Taylor beschrieben dies ebenfalls, darauf bezieht sich nun Ritzer und passt seine Theorie an die heutige Zeit an.
135 Vgl. Ritzer 1997, S. 165
136 Ritzer 1997, S. 68
137 Vgl. Weber 1904/1905, S. 165
138 Vgl. Westdeutsche Allgemein Zeitung 2017
139 Vgl. Zeit online 2023
140 Vgl. Campbell & Wiernik 2015
141 Vgl. Brunstein & Heckhausen 2018
142 Vgl. Bröckling 2007
143 Vgl. Titzmann 2022
144 Vgl. Bröckling 2007, S. 74
145 Vgl. Bröckling 2007
146 Vgl. Foladare 1969
147 Camus, Albert: Der Mythos des Sisyphos. Reinbek, 2004. S. 159f
148 Camus, Albert: a.a.O.
149 Vgl. Statista 2023b
150 Vgl. Boltanski, Chiapello 2003, S. 64
151 Vgl. Fewell 2019
152 Vgl. Maas 2023, S. 56–57
153 Vgl. Magee & Galinsky 2008
154 Vgl. Fromm, 1941; Bendersky & Hays, 2010
155 Vgl. Bendersky & Hays; Kildurff & Anderson, 2010; De Waal, 1989; Fiske, 2010
156 Schuler et. al. 2007
157 Vgl. Henry. 2009; Fiske, 2010; Gruenfeld & Tiedens, 2010; Magee & Galinsky, 2008
158 Vgl. Galinsky, Gruenfeld & Magee, 2003
159 Kanes & Steiner, 2013
160 Vgl. Maas, 2019, 2023
161 Vgl. Goffmann, 2021 S. 221f
162 Vgl. Nikomachische Ethik X, Kap. 4, 19f, 1174a Original griech.: »Ἐν χρόνῳ γὰρ πᾶσα κίνησις καὶ τέλους τινός·«
163 Sunzi, 2011